Kohlhammer

Andreas Pangritz

Die Schattenseite des Christentums

Theologie und Antisemitismus

Verlag W. Kohlhammer

Erstellung des Personenregisters: Ralf H. Arning (Berlin).

1. Auflage 2023

Alle Rechte vorbehalten
© W. Kohlhammer GmbH, Stuttgart
Gesamtherstellung: W. Kohlhammer GmbH, Stuttgart

Print:
ISBN 978-3-17-040046-7

E-Book-Format:
pdf: 978-3-17-040047-4

Für den Inhalt abgedruckter oder verlinkter Websites ist ausschließlich der jeweilige Betreiber verantwortlich. Die W. Kohlhammer GmbH hat keinen Einfluss auf die verknüpften Seiten und übernimmt hierfür keinerlei Haftung.

Dieses Werk einschließlich aller seiner Teile ist urheberrechtlich geschützt. Jede Verwendung außerhalb der engen Grenzen des Urheberrechts ist ohne Zustimmung des Verlags unzulässig und strafbar. Das gilt insbesondere für Vervielfältigungen, Übersetzungen, Mikroverfilmungen und für die Einspeicherung und Verarbeitung in elektronischen Systemen.

Inhalt

Vorwort 9

1   Zur Einführung 11

1.1   Kirchliche Stellungnahmen gegen Antisemitismus 11
1.2   Zur Notwendigkeit einer Aufarbeitung des Zusammenhangs von Theologie und Antisemitismus 13
1.3   Zum Problem des christlichen Antisemitismus 17

2   Antijudaismus oder Antisemitismus? Zur Terminologie 19

2.1   Zur Entstehung des Begriffs „Antisemitismus" 19
2.2   Sozialpsychologische Antisemitismustheorien 20
2.3   Zur Unterscheidung von Antisemitismus und Antijudaismus 22
2.4   Zum historischen Ursprung des Antisemitismus 25
2.5   Übergänge vom Antijudaismus zum Antisemitismus 27
2.6   Für einen weiten Begriff des Antisemitismus 30
2.7   Noch einmal: christlicher Antisemitismus 34

3   Die theologischen Wurzeln des Antisemitismus: Zur „Lehre der Verachtung" bei den Kirchenvätern 37

3.1   Die „Lehre der Verachtung" 37
3.2   Antijudaismus als „linke Hand" der Christologie? 38
3.3   Meliton von Sardes 41
3.4   Johannes Chrysostomus 43
3.5   Ambrosius von Mailand 45
3.6   Augustinus von Hippo 46
3.7   Ausblick: Zur Wirkungsgeschichte der Lehre des Augustinus im christlichen Westen 52

4   Mythen des Mittelalters und die Politik der Vertreibung 55

4.1   Pogrome während der Kreuzzüge 55
4.2   Die Ritualmordlegende 56
4.3   Der Vorwurf der Hostienschändung 60
4.4   Der Vorwurf der Brunnenvergiftung 62
4.5   1492 – das spanische „Jahr der Wunder" 62
4.6   Ausblick 65

5	Reformation und Judenfeindschaft: Martin Luther und die Folgen	67
5.1	Luthers Tod in Eisleben	67
5.2	Von der Freiheit eines Christenmenschen	70
5.3	Von den Juden und ihren Lügen	71
5.4	Zur Rezeption von Luthers Judenfeindschaft im neueren Protestantismus	73
5.5	Martin Luthers theologischer Antisemitismus	78
5.6	Andreas Osianders Widerspruch gegen Luther	81
6	Frühneuzeitliche Transformationen des christlichen Antisemitismus	85
6.1	Die frühneuzeitliche Ahasver-Legende	85
6.2	Johann Andreas Eisenmenger und Johann Jacob Schudt	88
6.3	Ausblick: Zur Wirkungsgeschichte der Ahasver-Legende im 19. und 20. Jahrhundert	91
7	Antijudaismus bei Friedrich Schleiermacher	95
7.1	Schleiermachers Beziehung zu Henriette Herz	95
7.2	Antijudaismus in Schleiermachers Reden *Über die Religion*	97
7.3	Die *Briefe bei Gelegenheit der politisch theologischen Aufgabe und des Sendschreibens jüdischer Hausväter*	102
7.4	Schleiermachers Stellung zum Alten Testament	108
7.5	Fazit und Ausblick	110
8	Nationalprotestantismus und Antisemitismus	111
8.1	Übergänge vom religiösen zum säkularen Judenhass in der deutschen Nationalbewegung	112
8.2	Zum Beispiel Ernst Moritz Arndt, Friedrich Rühs und Jakob Friedrich Fries	115
8.3	Die „Berliner Bewegung" und der „Berliner Antisemitismusstreit"	119
8.4	Exkurs: Die *Protokolle der Weisen von Zion*	128
9	Evangelische Theologie und Nationalsozialismus	133
9.1	Alfred Rosenberg und seine „Deutsche Volkskirche"	133
9.2	Die Anfänge der „Deutschen Christen"	136
9.3	Der Sportpalastskandal vom 13. November 1933	138
9.4	Antisemitische Einstellungen in der protestantischen Landschaft der NS-Zeit	140
9.5	Walter Grundmann und das Eisenacher „Entjudungsinstitut"	144

9.6	Ausblick: Nachwirkungen der „Lehre der Verachtung" nach der Schoa	150
10	**Ambivalente Einstellungen gegenüber dem Judentum**	155
10.1	Das Beispiel Dietrich Bonhoeffers	155
10.2	Der Fall Heinrich Grüber	157
10.3	Karl Barths Ambivalenz gegenüber dem Judentum	161
10.4	Karl Barths Antisemitismustheorie	166
10.5	Exkurs: Die sozialwissenschaftliche Antisemitismustheorie der *Dialektik der Aufklärung* zum Vergleich	169
11	**Alternativen zur traditionellen „Lehre der Verachtung"**	171
11.1	Karl Barth als Pionier der Entdeckung der theologischen Bedeutung des Judentums	171
11.2	Ausblick: Umkehr und Erneuerung im christlich-jüdischen Verhältnis nach der Schoa	179
12	**Fazit**	187
12.1	Von Luther zu Hitler?	187
12.2	Bleibende Aufgaben	192
	Literaturverzeichnis	197
	Personenregister	215

Vorwort

Dieses Buch ist hervorgegangen aus einer Vorlesung zum Thema „Theologie und Antisemitismus", die ich im Sommersemester 2020 an der Universität Bonn angeboten habe. Bedingt durch die Corona-Pandemie konnte die Vorlesung nicht als Präsenzveranstaltung durchgeführt werden, so dass ich mich entschied, die Vorlesungsskripte wörtlich auszuarbeiten und auf der digitalen Lern- und Lehrplattform der Universität für die angemeldeten Teilnehmerinnen und Teilnehmer hochzuladen. Erschwert wurde das Unternehmen zusätzlich dadurch, dass auch Bibliotheken während der Vorbereitungszeit weitgehend geschlossen waren, so dass ich mich stärker als gewohnt auf Informationen aus zweiter Hand und aus dem Internet verlassen musste.

Manche Leserinnen und Leser der Skripte haben mit einer gewissen Verwunderung festgestellt, dass es eine überblicksartige Gesamtdarstellung über Zusammenhänge zwischen christlicher Theologie und Antisemitismus bisher nicht zu geben scheint. Dieser Tatbestand legte den Gedanken an eine Veröffentlichung nahe. Inzwischen hatte ich Gelegenheit, die Vorlesung im Sommersemester 2022 in einer leicht überarbeiteten und geringfügig erweiterten Fassung an der Universität Osnabrück in Präsenz vorzutragen. Der Vortragsstil wurde auch bei der Bearbeitung des Textes für die Buchveröffentlichung grundsätzlich beibehalten.

Ohne Zweifel könnten manche der dargelegten Probleme durch Gegenbeispiele relativiert oder durch ergänzende Beispiele profiliert oder auch differenziert werden. Mir kam es jedoch darauf an, große Linien zu verdeutlichen, ohne mich in Details zu verlieren. Eine gewisse Einseitigkeit der Darstellung habe ich bewusst in Kauf genommen, ja, sie war geradezu Programm – ging es doch darum, Schattenseiten der Geschichte des Christentums herauszuarbeiten, die in gängigen Gesamtdarstellungen bisher in aller Regel vernachlässigt worden sind.

Für kundigen Rat bei der Überarbeitung und für Ermutigung zu danken habe ich Prof. Dr. Ursula Rudnick, Rabbiner Dr. Gábor Lengyel (beide Hannover), Pastorin Dr. Daniela Koeppler (Osnabrück) und Pfarrer i. R. Karl-Werner Weißbeck (Heilbronn). Das Ergebnis, für dessen Mängel ich alleine die Verantwortung trage, liegt hiermit vor.

Osnabrück im August 2022

Andreas Pangritz

1 Zur Einführung

Ein Buch zum Thema „Theologie und Antisemitismus" – so der Titel der zugrundeliegenden Vorlesung – bedarf der Rechtfertigung. Denn das Thema gehört bislang nicht zum etablierten Kanon theologischer Lehre.[1] Nimmt man den Titel auseinander, dann könnte allerdings gesagt werden, dass eine grundsätzliche Reflexion darüber, was eigentlich „Theologie" ist, am Anfang jeder dogmatischen Reflexion stehen sollte; sie ist traditionell Teil der theologischen Prolegomena (Vorreden). Das Stichwort „Antisemitismus" hingegen gehört bislang zwar nicht zu den zentralen Themen theologischer Lehre; aber zumindest im Zusammenhang der Sozialethik sollte man hoffen, dass gelegentlich auch aus theologischer Perspektive auf die Gefahren des Judenhasses hingewiesen wird.

Das eigentliche Problem des Titels „Theologie und Antisemitismus" steckt aber in dem Wörtchen „und". Es suggeriert, dass zwischen Theologie und Antisemitismus ein Zusammenhang bestehen könnte, der der Analyse bedarf. Das ist in der Tat die Grundannahme dieses Buches. Es versteht sich insofern als ein Beitrag zur notwendigen Selbstkritik theologischer Lehre. Es ist aber eben dieser selbstkritische Aspekt, der auf Widerspruch stoßen könnte. So ist in neueren kirchlichen Dokumenten, wenn dort der Antisemitismus thematisiert wird, in aller Regel von einem Gegensatz zwischen Theologie und Antisemitismus, keinesfalls jedoch von einem Zusammenhang die Rede. Dazu einige Beispiele:

1.1 Kirchliche Stellungnahmen gegen Antisemitismus

Der Ökumenische Rat der Kirchen (Weltkirchenrat) hat bei seiner Gründungsversammlung in Amsterdam im August 1948 im Rückblick auf die nationalsozialistischen Judenmorde ohne Wenn und Aber erklärt: „Der Antisemitismus ist Sünde gegen Gott und Menschen."[2]

Die Synode der Evangelischen Kirche in Deutschland (EKD) hat am 27. April 1950 in Berlin-Weißensee in ihrem „Wort zur Judenfrage" unmissverständlich formuliert: „Wir bitten alle Christen, sich von jedem Antisemitismus loszusagen

---

[1] Vgl. aber Ekkehard W. Stegemann, Von der Schwierigkeit, sich von sich zu unterscheiden. Zum Umgang mit der Judenfeindschaft in der Theologie, in: Werner Bergmann u. Mona Körte (Hg.), *Antisemitismusforschung in den Wissenschaften*, Berlin 2004, 47–66.

[2] Vollversammlung des Ökumenischen Rates der Kirchen, Erklärung über „Das christliche Verhalten gegenüber den Juden" von August/September 1948, in: Rolf Rendtorff u. Hans Hermann Henrix (Hg.), *Die Kirchen und das Judentum. Bd. 1: Dokumente von 1945 bis 1985*, Gütersloh u. Paderborn (3. Aufl.) 2001, 325–329; 327.

und ihm, wo er sich neu regt, mit Ernst zu widerstehen und den Juden und Judenchristen in brüderlichem Geist zu begegnen."[3]

Zehn Jahre später, im Januar 1960, sah sich die Provinzialsynode der Evangelischen Kirche in Berlin-Brandenburg „angesichts der Welle antisemitischer Aktionen, die unser Volk mit neuer Schuld bedrohen", veranlasst, an die Erklärung der EKD-Synode von Berlin-Weißensee und die damit verbundenen Verpflichtungen zu erinnern, indem sie bezeugte: „Der immer wieder durchbrechende Judenhaß ist offenkundige Gottlosigkeit." Sie forderte Eltern und Erzieher auf, „das weitverbreitete peinliche Schweigen in unserem Land über unsere Mitverantwortung am Schicksal der Juden" zu brechen und der Verführung der jungen Generation zu Judenfeindschaft zu widerstehen.[4]

Auch in den ersten Jahrzehnten des 21. Jahrhunderts kann auf ähnliche kirchliche Dokumente hingewiesen werden. So haben die Evangelische Kirche in Deutschland, die Union Evangelischer Kirchen in der EKD und die Vereinigte Evangelisch-Lutherische Kirche Deutschlands im September 2006 ein Faltblatt unter dem Titel *Antisemitismus – Wir haben etwas dagegen* herausgegeben, das sich insbesondere an junge Leute wendet. Darin heißt es klipp und klar: „Christlicher Glaube und Judenfeindschaft schließen einander aus."[5]

Am 27. Januar 2015 haben der Vorsitzende der Deutschen Bischofskonferenz, Reinhard Kardinal Marx, und der Ratsvorsitzende der Evangelischen Kirche in Deutschland, Landesbischof Heinrich Bedford-Strohm, aus Anlass des siebzigsten Jahrestages der Befreiung des Vernichtungslagers Auschwitz gemeinsam erklärt:

> „Wir wiederholen gerade an diesem Tag: Die katholische und die evangelische Kirche treten in ökumenischer Gemeinschaft gegenwärtig und zukünftig entschieden jeder Form von Antijudaismus und Antisemitismus entgegen, die [...] leider immer noch virulent und im Wortsinn tödlich sind."[6]

Am 9. November 2016 hat die Synode der EKD in ihrer Kundgebung „... der Treue hält ewiglich" u. a. festgestellt:

---

[3] Synode der Evangelischen Kirche in Deutschland, *Wort zur Judenfrage* vom April 1950, in: Rendtorff u. Henrix (Hg.), *Die Kirchen und das Judentum*. Bd. 1, 548f.

[4] Provinzialsynode der Evangelischen Kirche in Berlin-Brandenburg, *Erklärung gegen den Antisemitismus* vom Januar 1960, in: Rendtorff u. Henrix (Hg.), *Die Kirchen und das Judentum*. Bd. 1, 551f.

[5] Evangelische Kirche in Deutschland (EKD), Union Evangelischer Kirchen in der EKD (UEK) und Vereinigte Evangelisch-Lutherische Kirche Deutschlands (VELKD), *Antisemitismus – Wir haben etwas dagegen*, Hannover, September 2006; 2. Aufl. März 2007, 7. Das Faltblatt ist im Internet zu finden unter: <www.ekd.de/ekd_de/ds_doc/antisemitismus.pdf>, zuletzt aufgerufen am 28.02.2022.

[6] Kardinal Reinhard Marx und Landesbischof Dr. Heinrich Bedford-Strohm, *Erklärung aus Anlass des 70. Jahrestages der Befreiung des Vernichtungslagers Auschwitz am 27. Januar 2015* <www.ekd.de/pm11_2015_erklaerung_70_jahrestag_befreiung_auschwitz.htm>, zuletzt aufgerufen am 28.02.2022.

> „Wo in Verkündigung und Unterricht, Seelsorge und Diakonie das Judentum verzeichnend oder verzerrt dargestellt wird, sei es bewusst oder unbewusst, treten wir dem entgegen. Wir bekräftigen unseren Widerspruch und unseren Widerstand gegen alte und neue Formen von Judenfeindschaft und Antisemitismus. Das Miteinander von Christen und Juden ist vielmehr ein gemeinsames Unterwegssein in der Verantwortung für Gerechtigkeit, Frieden und Bewahrung der Schöpfung."[7]

Im September 2017, d. h. im Rahmen des Reformationsjubiläums, haben die drei evangelischen Dachorganisationen (EKD, UEK und VELKD) eine Broschüre unter dem Titel *Antisemitismus – und was wir dagegen tun können* herausgegeben, in der es u. a. heißt: „Juden und Christen treten gemeinsam für Menschenwürde, Frieden und Gerechtigkeit ein. Sie lehnen Rassismus und Antisemitismus in jeder Form ab. Antisemitismus ist Gotteslästerung."[8]

Diese Beispiele kirchlicher Stellungnahmen gegen den Antisemitismus könnten mühelos durch weitere Dokumente ähnlicher Tendenz ergänzt werden.

1.2 Zur Notwendigkeit einer Aufarbeitung des Zusammenhangs von Theologie und Antisemitismus

Angesichts der zitierten kirchenamtlichen Stellungnahmen könnte man zu der Auffassung kommen, dass die Frage nach dem Zusammenhang von Theologie und Antisemitismus, wie sie diesem Buch zugrundeliegt, eigentlich kein relevantes Thema sei. Und doch heißt es gerade in der zuletzt zitierten Broschüre auch: „Antisemitismus ist eine Realität in der Mitte der Gesellschaft und so auch in der Mitte der Kirchen." Und: „Judenfeindschaft hat durch alle Jahrhunderte Lehre und Praxis der Kirchen begleitet [...]. Auch die nationalsozialistische Propaganda knüpfte an die verbreiteten antijüdischen Einstellungen an und nutzte sie für ihre mörderischen Zwecke." Es werden „antijüdische Klischees in der Kirche" erwähnt, denen kritisch begegnet werden müsse. Und schließlich wird darauf hingewiesen, dass die EKD aus Anlass des 500. Jahresgedenkens der Reformation „erneut auch zu den judenfeindlichen Schriften Martin Luthers kritisch Stellung bezogen" habe.[9]

---

[7] Evangelische Kirche in Deutschland, „.... *der Treue hält ewiglich." (Psalm 146,6) Eine Erklärung zu Christen und Juden als Zeugen der Treue Gottes*, Kundgebung der 12. Synode der EKD (Magdeburg, 9. November 2016). Im Internet unter: <www.ekd.de/synode2016/beschluesse/s16_05_6_kundgebung_erklaerung_zu_christen_und_juden.html>, zuletzt aufgerufen am 28.02.2022.

[8] EKD, UEK u. VELKD, *Antisemitismus – und was wir dagegen tun können. Vorurteile, Ausgrenzungen, Projektionen*, Hannover, September 2017, 15. Im Internet unter: <www.ekd.de/ekd_de/ds_doc/2017_Antisemitismus_WEB.pdf>, zuletzt aufgerufen am 28.02.2022.

[9] EKD, UEK u. VELKD, *Antisemitismus – und was wir dagegen tun können*, 5, 12f., 16 u. 19.

Tatsächlich hatte die Synode der EKD in ihrer Kundgebung „Martin Luther und die Juden" vom 11. November 2015 formuliert: „Luthers Sicht des Judentums und seine Schmähungen gegen Juden stehen nach unserem heutigen Verständnis im Widerspruch zum Glauben an den einen Gott, der sich in dem Juden Jesus offenbart hat." Und sie hatte gefolgert:

> „Wir stellen uns in Theologie und Kirche der Herausforderung, zentrale theologische Lehren der Reformation neu zu bedenken und dabei nicht in abwertende Stereotype zu Lasten des Judentums zu verfallen. Das betrifft insbesondere die Unterscheidungen ‚Gesetz und Evangelium', ‚Verheißung und Erfüllung', ‚Glaube und Werke' und ‚alter und neuer Bund'."[10]

Demnach gibt es, anders als die Wahrnehmung kirchlicher Distanzierungen vom Antisemitismus seit dem Zweiten Weltkrieg vermuten lassen könnte, nach wie vor etwas aufzuarbeiten – gerade auch in der evangelischen Theologie, die sich nicht zuletzt von der reformatorischen Theologie Martin Luthers herleitet.

In diesem Zusammenhang sei darauf hingewiesen, dass der *Antisemitismusbericht* des Unabhängigen Expertenkreises für den Deutschen Bundestag aus dem Jahr 2017 auch ein Kapitel „Antisemitismus und Religion" enthält, wo es heißt:

> „Der religiöse Antisemitismus gilt als die älteste Form der Judenfeindschaft […]. V. a. in Anbetracht des 2017 anstehenden ‚Lutherjahres' und den zu erwartenden Diskussionen über das Verhältnis zu Juden und Judentum wird […] im vorliegenden Bericht lediglich ein kurzer Überblick über Antisemitismus in der katholischen und evangelischen Kirche gegeben. Angeregt wird jedoch, nach Ende des Lutherjahres retrospektiv die Debatten zu analysieren und in einem gesonderten Bericht zu evaluieren."

Hinsichtlich des Antisemitismus in den christlichen Kirchen wird dann „eine offensichtliche Diskrepanz zwischen den offiziellen Verlautbarungen beider Kirchen und den Einstellungen an der Kirchenbasis bzw. auf Gemeindeebene" beobachtet. Der christliche Glaube schütze offenbar „nicht vor Antisemitismus, Islamfeindlichkeit und Homophobie".[11]

Speziell im Blick auf die Evangelische Kirche betont der *Antisemitismusbericht*, dass

> „[a]uf der Ebene von Kirchenleitungen, theologischen Fachkommissionen sowie mehrheitlich der universitären Lehre […] der theologische Diskurs geprägt [sei] vom Bemühen um den christlich-jüdischen Dialog und dem Bestreben, selbstkritisch mit der Unterstützung kirchlicher Kreise bei der nationalsozialistischen Verfolgung der

---

[10] Evangelische Kirche in Deutschland, *Martin Luther und die Juden – Notwendige Erinnerung zum Reformationsjubiläum*. Kundgebung der 12. Synode der EKD (Bremen, 11. November 2015), in: *Begegnungen. Zeitschrift für Kirche und Judentum* 99 (H. 1/2016), 96f.

[11] Deutscher Bundestag, *Bericht des Unabhängigen Expertenkreises Antisemitismus*. 18. Wahlperiode, Drucksache 18/11970, Berlin, 07.04.2017, 198.

1.2 Zur Notwendigkeit einer Aufarbeitung

deutschen und europäischen Juden und dem dafür genutzten Potenzial christlicher Tradition umzugehen".

Dabei gehe es „auch um die kritische Auseinandersetzung mit dem christlich tradierten Bild der ‚Verwerfung Israels'". Zwar habe sich die Synode der EKD am 9. November 2016 eindeutig von der damit begründeten „Judenmission" distanziert; es lasse sich aber nicht überprüfen, „[i]nwieweit diese Selbstkritik die Kirchengemeinden erreicht, von Pfarrerinnen und Pfarrern diskutiert und mitgetragen wird, sich auf die Arbeit mit jungen und alten Gemeindemitgliedern auswirkt oder im Religionsunterricht vorkommt".[12] Im Folgenden werden dann zwei Fallbeispiele diskutiert: die sog. „Slenczka-Debatte" zur Relevanz des Alten Testaments für das christliche Selbstverständnis und die auch im Kontext der Evangelischen Kirche verbreitete sog. „Israelkritik".

Die „bedeutendste und schärfste akademische Debatte" im Berichtszeitraum habe „die Frage des Verhältnisses der Kirche zum Alten Testament" aufgegriffen, „die innerhalb der Evangelischen Kirche immer wieder kontrovers diskutiert wird und offenbar ungeklärt ist". Ausgelöst worden sei die Kontroverse durch den Berliner Systematischen Theologen Notger Slenczka, „der in einem Artikel die Position vertreten hatte, das Alte Testament solle für die Kirche keine normative Geltung haben".[13] Damit habe er die Frage aufgeworfen, „ob das Christentum eine Traditionslinie zwischen sich und dem Judentum sieht oder aber einen Traditionsbruch voraussetzt". Slenczka habe „an Texte und Diskussionen aus dem 19. Jahrhundert" angeknüpft und sei sich dabei bewusst gewesen, „dass seine Formulierungen in deutlichem Widerspruch zu den seit 1945 im Kontext des jüdisch-christlichen Dialogs entwickelten Positionen standen". Entsprechend habe es „heftige Kritik seitens der Gesellschaften für Christlich-Jüdische Zusammenarbeit", aber auch aus den Reihen von Slenczkas Fakultät an der Humboldt-Universität zu Berlin „sowie von jüdischen Intellektuellen" gegeben, „die mit dem protestantischen Diskurs vertraut sind". Der Hauptvorwurf gegen Slenczka laute, dass seine Argumentation „einen Mangel an historischer Reflexion" erkennen lasse. Zwar habe sich Slenczka gegen den Vorwurf verwahrt, seine Argumentation weise eine „Nähe zu antisemitischen Theologien aus der NS-Zeit" auf; er habe aber keine Bereitschaft erkennen lassen, „sich mit der jüdischen Perspektive auseinanderzusetzen". Aus der Beobachtung, dass es in der öffentlichen Debatte Positionierungen sowohl für als auch gegen Slenczkas Thesen gegeben habe, leitet der *Antisemitismusbericht* „die Notwendigkeit eindeutigerer Forschungen zu kirchlich-theologisch motivierten antisemitischen Haltungen innerhalb der evangelischen Kirche" ab.[14]

---

[12] *Bericht des Unabhängigen Expertenkreises Antisemitismus*, 199.
[13] Vgl. Notger Slenczka, Die Kirche und das Alte Testament, in: Elisabeth Gräb-Schmidt (Hg.), *Das Alte Testament in der Theologie*, Leipzig 2013, 83–119.
[14] *Bericht des Unabhängigen Expertenkreises Antisemitismus*, 199f.

„Weitere Hinweise für mögliche antisemitische Haltungen innerhalb der Evangelischen Kirche" sieht der *Antisemitismusbericht* „im Kontext von Äußerungen zum Nahostkonflikt sowie zur Solidaritätsarbeit und entsprechenden Solidaritätsbekundungen mit den Palästinenserinnen und Palästinensern". So würden im Kontext des „Kairos-Palästina-Dokuments",[15] einer Erklärung palästinensischer Befreiungstheologen, nicht nur die israelische Besatzungs- und Siedlungspolitik kritisiert, sondern auch Boykottforderungen gegen Waren aus „völkerrechtswidrigen israelischen Siedlungen in der Westbank" erhoben. Das Palästina-Netzwerk innerhalb der Evangelischen Kirche engagiere sich für „Maßnahmen wie Boykott, Desinvestitionen und Sanktionen (BDS)", denen der *Antisemitismusbericht* eine mangelnde Abgrenzung zum Antisemitismus vorhält, da sie nicht zwischen Siedlungen und dem Staat Israel unterschieden. Im Rahmen der Evangelischen Kirchentage stelle sich die Frage, ob das Auftreten von Palästina-Solidaritätsgruppen nicht die Grenze einer legitimen Kritik an der Politik der israelischen Regierung zum Antisemitismus überschreitet. Dies sei insbesondere dann der Fall, wenn in dem „ganz der Solidarität mit einem unterdrückten Volk gewidmeten Engagement" jegliche Reflexion auf „die Verantwortung palästinensischer Vertreter, arabischer Staaten oder stark fundamentalistischer Organisationen, die seit 1948 das Existenzrecht des Staates Israel in Frage stellen", unterbleibe.[16]

Die Warnungen des *Antisemitismusberichts* im Blick auf Kirche und Theologie sollten ernst genommen werden. Dies gilt gerade auch in einer gesellschaftlichen Lage, in der ein Wiederaufleben längst überwunden geglaubter antisemitischer Einstellungen und Handlungen beobachtet wird. Immerhin hat sich die EKD im Oktober 2019 veranlasst gesehen, den Berliner Theologen Christian Staffa zum Beauftragten für den Kampf gegen den Antisemitismus zu berufen.

In die Auseinandersetzung mit antisemitischen Tendenzen in der kirchlichen Tradition reiht sich dieses Buch zum Thema „Theologie und Antisemitismus" ein. Es unterscheidet sich in seiner Zielstellung also von der verdienstvollen Darstellung der Geschichte der Beziehungen zwischen Christen und Juden, wie sie von dem Osnabrücker Kirchenhistoriker Martin Jung vorgelegt worden ist. Während Jung neben der Unheilsgeschichte christlicher Judenfeindschaft ausdrücklich auch an die „positiven Traditionen" im Verhältnis von Christen und Juden erinnern will,[17] wird in der hier vorgelegten Darstellung bewusst eine gewisse Einseitigkeit in Kauf genommen, um die Schattenseiten christlicher Theologie, die einer kritischen Aufarbeitung bedürfen, um so deutlicher zu beleuchten.

---

[15] Vgl. *Die Stunde der Wahrheit. Ein Wort des Glaubens und der Hoffnung aus der Mitte des Leidens der Palästinenser* (11.12.2009), Berlin 2009.
[16] *Bericht des Unabhängigen Expertenkreises Antisemitismus*, 200.
[17] Martin H. Jung, *Christen und Juden. Die Geschichte ihrer Beziehungen*, Darmstadt 2008, 12 [Vorwort].

1.3 Zum Problem des christlichen Antisemitismus

Nun könnte man aber fragen, inwiefern in der Geschichte und den gegenwärtigen Erscheinungsweisen des Antisemitismus, aber auch im Kampf gegen den Antisemitismus der christlichen Theologie überhaupt eine wesentliche Bedeutung zukomme. Haben bei der Entstehung und Entwicklung des Antisemitismus nicht außertheologische Faktoren eine viel größere Rolle gespielt? Und müsste sich der Kampf gegen die gesellschaftliche Erscheinung des Antisemitismus heute nicht in erster Linie politischer Mittel bedienen, wobei die Theologie allenfalls in ihren sozialethischen Aspekten gefragt wäre?

Dem möchte ich hier widersprechen: Die Rolle der christlichen Theologie bei der Entstehung des Antisemitismus, aber auch als heimliches Motiv seiner säkularen Formen bis heute darf nicht unterschätzt werden. Zwar hat es bereits vor der Entstehung des Christentums in der Antike hier und da Erscheinungen von Judenfeindschaft gegeben.[18] Eine systematische Ausbildung des Hasses gegen die Juden mit einer ausformulierten ideologischen Begründung ist jedoch erst unter dem herrschenden Einfluss christlicher Theologie erfolgt. Eine solche systematische Form der Judenfeindschaft verdient die Bezeichnung Antisemitismus, auch wenn dieser Terminus erst im späten 19. Jahrhundert geprägt worden ist.

Es ist die These dieses Buches, dass zwischen christlicher Theologie und Antisemitismus ein spezifischer Zusammenhang besteht. Zugespitzt formuliert: Antisemitismus ist im Kern „christlicher Antisemitismus".[19] Daher kommt der Analyse und Kritik des Zusammenhangs von Theologie und Antisemitismus als der Schattenseite des Christentums eine wesentliche Bedeutung im Kampf gegen den Antisemitismus zu. Und umgekehrt ist für die christliche Theologie „die Bearbeitung des Antisemitismus von zentraler Bedeutung, um zu reflektieren, wie christliche Identität ohne Abwertung des Judentums gefasst werden kann, um Ambivalenzen der eigenen Religion zu erkennen und zu akzeptieren und um eigene Gewalttraditionen aufzuarbeiten."[20]

Dies gilt auch angesichts säkularer Formen des Antisemitismus, wie sie sich insbesondere im 19. Jahrhundert im Zusammenhang mit der deutschen Nationalbewegung, aber auch mit pseudowissenschaftlichen Rassentheorien herausgebildet haben und im 20. Jahrhundert in der Vernichtung des europäischen Judentums resultierten. Tatsächlich lässt sich zeigen, wie auch diese modernen

---

[18] Vgl. Peter Schäfer, *Kurze Geschichte des Antisemitismus*, München 2020, 19–42 [Griechisch-römische Antike].
[19] Zum hier zugrundegelegten Verständnis des Begriffs „Antisemitismus" vgl. Kapitel 2: Antijudaismus oder Antisemitismus? Zur Terminologie.
[20] Evangelische Akademien in Deutschland (Hg.), *Antisemitismus und Protestantismus. Impulse zur Selbstreflexion*, Berlin 2019, 6.

Formen des Antisemitismus an theologische Denkmuster und Traditionen anknüpfen konnten und angeknüpft haben. Zwar ist christliche Theologie nicht allein für den mörderischen Antisemitismus des Nationalsozialismus verantwortlich zu machen. Dies enthebt uns aber nicht der Aufgabe, den verschlungenen Pfaden nachzuspüren, die eben auch z. B. von Luther zu Hitler geführt haben. Gewiss muss hier differenziert werden; einfache Gleichungen zwischen christlichem Judenhass und modernem Rassenantisemitismus sind irreführend. Dies darf jedoch nicht zum Vorwand genommen werden, um der „Erkenntnis christlicher Mitverantwortung und Schuld an dem Holocaust, der Verleumdung, Verfolgung und Ermordung der Juden im Dritten Reich" auszuweichen.[21] Eben dieser Frage nach der christlichen Mitverantwortung für den Antisemitismus als einer wesentlichen Voraussetzung für die nationalsozialistischen Judenmorde will dieses Buch nachgehen, indem es den Zusammenhang von christlicher Theologie und Antisemitismus thematisiert. Damit will es zugleich einen Beitrag dazu leisten, den „neuen kategorischen Imperativ" zu beherzigen, den Theodor W. Adorno für die Menschen „im Stande ihrer Unfreiheit" formuliert hat: „ihr Denken und Handeln so einzurichten, daß Auschwitz nicht sich wiederhole, nichts Ähnliches geschehe".[22]

---

[21] Evangelische Kirche im Rheinland, *Synodalbeschluß „Zur Erneuerung des Verhältnisses von Christen und Juden"* vom 11. Januar 1980, in: Rendtorff u. Henrix (Hg.), *Die Kirchen und das Judentum*. Bd. 1, 593–596; 594.
[22] Theodor W. Adorno, *Negative Dialektik*, Frankfurt a. M. 1975, 358.

2 Antijudaismus oder Antisemitismus? Zur Terminologie

Wir haben bisher von einem christlichen „Antisemitismus" gesprochen, ohne diesen Begriff genauer von sinnverwandten Termini wie Antijudaismus, Judenfeindschaft oder Judenhass abzugrenzen. Eine vorläufige Klärung der Begriffe dürfte zur Begründung dieses Sprachgebrauchs sinnvoll sein, bevor wir die Ausprägungen christlicher Judenfeindschaft in der Geschichte genauer analysieren.[1]

2.1 Zur Entstehung des Begriffs „Antisemitismus"

Der Begriff „Antisemitismus" wurde bekanntlich erst im späten 19. Jahrhundert geprägt. Während das Adjektiv „antisemitisch" wohl gelegentlich schon früher Verwendung fand, wird das Substantiv „Antisemitismus" im Allgemeinen auf den deutschen Journalisten Wilhelm Marr zurückgeführt, der damit seit 1879 seine „wissenschaftlich", d. h. rassenbiologisch begründete Judenfeindschaft von der älteren, religiös begründeten Judenfeindschaft abgrenzen wollte.[2] Entsprechend will Reinhard Rürup den Gebrauch des Wortes „Antisemitismus" auf moderne Formen der Judenfeindschaft eingrenzen:

> „Das Wort ‚Antisemitismus' ist eine Neubildung aus dem letzten Drittel des 19. Jahrhunderts. Seit der Antike und zumal seit der frühchristlichen Zeit hat es in Europa eine Judenfeindschaft gegeben, die wesentlich vom Religionsgegensatz bestimmt war. Im Mittelalter bildete sich infolgedessen eine ständische Absonderung der Juden heraus, die Glaubensgemeinschaft wurde zur isolierten Lebensgemeinschaft, die religiöse Judenfeindschaft verband sich mit der Feindschaft gegen eine außerhalb der Gesellschaft stehende Gruppe. Das Wort ‚Antisemitismus' meint demgegenüber eine grundsätzlich neue judenfeindliche Bewegung [...]."[3]

---

[1] Zum Folgenden vgl. Andreas Pangritz, *Theologie und Antisemitismus. Das Beispiel Martin Luthers*, Frankfurt a. M. 2017, 225–253 [Antisemitismus bei Martin Luther?].

[2] Eleonore Sterling hat jedoch darauf hingewiesen, dass „die Unterscheidung zwischen ‚Semiten' und ‚Germanen' auf frühere Jahrzehnte" zurückgehe. Insofern werde Wilhelm Marr „fälschlicherweise das ‚Verdienst'" zugeschrieben, „als erster die Judenfeindschaft auf ‚rassische Grundlage' gestellt [...] zu haben" (Ismar Elbogen u. Eleonore Sterling, *Die Geschichte der Juden in Deutschland. Eine Einführung*, Frankfurt a. M. 1966, 255 mit Anm. 5).

[3] Reinhard Rürup [gemeinsam mit Thomas Nipperdey], Antisemitismus – Entstehung, Funktion und Geschichte eines Begriffs, in: ders., *Emanzipation und Antisemitismus*, Göttingen 1975, 95–114; 95.

Dabei ist jedoch zu beachten, dass der Gebrauch des Begriffs „Antisemitismus" von Anfang an uneinheitlich war; so konnte damit durchaus auch die ganze Palette anderweitig (religiös, kulturell, ökonomisch etc.) begründeter Judenfeindschaft bezeichnet werden.[4] Gegen das „wissenschaftliche" Selbstverständnis führender Antisemiten insistierte etwa Heinrich Graf Coudenhove-Kalergi darauf, *„daß [...] der Antisemitismus schon in seiner Wiege den Stempel des religiösen Fanatismus an sich trug"*.[5]

2.2 Sozialpsychologische Antisemitismustheorien

Auch sozialpsychologische Antisemitismustheorien neigen zur Universalisierung des Begriffs. Jean-Paul Sartre etwa beschreibt in seinen *Réflexions sur la question juive* (1946) den Antisemitismus als ein „Engagement der Seele", das „nicht der Erfahrung entspringt". Das führt zur zugespitzten These: „Existierte der Jude nicht, der Antisemit würde ihn erfinden."[6] Soviel an dieser psychologischen Herleitung des Antisemitismus dran sein mag, so birgt sie doch die Gefahr, die Opfer des Antisemitismus, die Juden, aus der Theorie verschwinden zu lassen; demgegenüber muss die Frage gestellt werden, warum es gerade die Juden sind, die von den Antisemiten als „Sündenböcke" gewählt werden.

Anders als Sartre halten Max Horkheimer und Theodor W. Adorno in ihrer Analyse der „Elemente des Antisemitismus" im Rahmen der *Dialektik der Aufklärung* an der Existenz der Juden als Objekt des Hasses fest.[7] Gleichwohl kommen sie in ihrer Beschreibung des paranoiden Charakters des Antisemitismus der These Sartres nahe, indem auch hier die Opfer austauschbar werden: „Die Wut entlädt sich auf den, der auffällt ohne Schutz. Und wie die Opfer untereinander auswechselbar sind, je nach Konstellation: Vagabunden, Juden, Protestanten, Katholiken, kann jedes von ihnen anstelle der Mörder treten [...]" (180). Auch Horkheimer und Adorno gehen davon aus, dass „der faschistische Antisemitismus [...] sein Objekt gewissermaßen erst erfinden" müsse (216).

Die Analyse von Horkheimer und Adorno fokussiert den Mechanismus „falscher Projektion", „das Pathische" in der völkischen Ideologie des Nationalsozialismus (199). Das hindert die Autoren aber nicht daran, zugleich „de[n] re-

---

[4] Vgl. etwa Ernest Renan, *Histoire du peuple d'Israël* (1887): „Der Antisemitismus ist nicht eine Erfindung unserer Zeit, er war niemals brennender als im letzten Jahrhundert vor unserer Zeitrechnung" (zit. nach Heinrich Graf Coudenhove-Kalergi, *Das Wesen des Antisemitismus*. Eingeleitet durch „Antisemitismus nach dem Weltkrieg" von R. N. Coudenhove-Kalergi, Wien 1932, 91).

[5] Heinrich Graf Coudenhove-Kalergi, *Das Wesen des Antisemitismus*, 96.

[6] Jean-Paul Sartre, *Überlegungen zur Judenfrage*, Reinbek bei Hamburg 1994, 11f.

[7] Vgl. Max Horkheimer u. Theodor W. Adorno, *Dialektik der Aufklärung. Philosophische Fragmente* (1944/1947), Frankfurt a. M. 1986. Zitatnachweise im fortlaufenden Text beziehen sich im Folgenden auf diese Ausgabe der *Dialektik der Aufklärung*.

2.2 Sozialpsychologische Antisemitismustheorien

ligiöse[n] Ursprung des Antisemitismus" herauszuarbeiten, der im Konkurrenzverhältnis zwischen Judentum und Christentum wurzele: „Die Anhänger der Vaterreligion werden von denen des Sohnes gehaßt als die, welche es besser wissen" (188). Dies gelte auch noch für den „völkischen Antisemitismus", der „von der Religion absehen" will. Horkheimer und Adorno bezweifeln, dass „die religiöse Feindschaft, die für zweitausend Jahre zur Judenverfolgung antrieb, ganz erloschen" sei.

> „Eher bezeugt der Eifer, mit dem der Antisemitismus seine religiöse Tradition verleugnet, daß sie ihm insgeheim nicht weniger tief innewohnt als dem Glaubenseifer früher einmal die profane Idiosynkrasie [= (krankhafte) Abneigung, Überempfindlichkeit]. Religion wird als Kulturgut eingegliedert, nicht aufgehoben" (185).

Da es sich bei der Analyse der Elemente des Antisemitismus um die Erkenntnis der „Grenzen der Aufklärung" handelt (177), der „Begriff der Aufklärung" von den Autoren aber nicht mit einer Epoche der Geistesgeschichte identifiziert, sondern inhaltlich vom „Ziel" her bestimmt wird, „von den Menschen die Furcht zu nehmen und sie als Herren einzusetzen" (9), muss der Antisemitismus als die Nachtseite des Lichts der Vernunft gelten. „Wie die Mythen schon Aufklärung sind, so verstrickt Aufklärung mit jedem ihrer Schritte tiefer sich in Mythologie" (18). Die der Aufklärung inhärente Mythologie scheint nach Auffassung von Horkheimer und Adorno darin zu bestehen, dass der aufgeklärten Menschheit das „Bild [...] des Glückes ohne Macht, des Lohnes ohne Arbeit, der Heimat ohne Grenzstein, der Religion ohne Mythos", für das die Juden stehen, unvorstellbar geworden ist (208f.).

Entsprechend partizipiere der Antisemitismus an der „dialektischen Verschlingung von Aufklärung und Herrschaft" (178). Er sei „ein eingeschliffenes Schema, ja ein Ritual der Zivilisation", und die Pogrome seien „die wahren Ritualmorde" (180). Die Juden sind für Horkheimer und Adorno die exemplarischen Schwachen, die in der totalitär gewordenen bürgerlichen Gesellschaft der Verachtung und der Verfolgung durch die Starken wehrlos ausgesetzt sind.

> „Die bloße Existenz des anderen ist das Ärgernis. Jeder andere ‚macht sich breit' und muß in seine Schranken gewiesen werden, die des schrankenlosen Grauens. Was Unterschlupf sucht, soll ihn nicht finden; denen, die ausdrücken, wonach alle süchtig sind, den Frieden, die Heimat, die Freiheit: den Nomaden und Gauklern hat man seit je das Heimatrecht verwehrt. Was einer fürchtet, wird ihm angetan. Selbst die letzte Ruhe soll keine sein. Die Verwüstung der Friedhöfe ist keine Ausschreitung des Antisemitismus, sie ist er selbst. Die Vertriebenen erwecken zwanghaft die Lust zu vertreiben" (192).

Dies ist ein Vorgang, der nach Auffassung der Autoren letztlich nur psychoanalytisch aufgeklärt werden kann. Es handelt sich um einen dem Sadismus vergleichbaren Mechanismus: „Was unten liegt, zieht den Angriff auf sich: Erniedrigung anzutun macht dort die größte Freude, wo schon Unglück getroffen hat"

(120). Erst eine über die ihr innewohnende „dialektische Verschlingung von Aufklärung und Herrschaft" aufgeklärte, eine „ihrer selbst mächtige, zur Gewalt werdende Aufklärung [...] vermöchte die Grenzen der Aufklärung zu durchbrechen" und damit den Antisemitismus zu überwinden (217).

2.3 Zur Unterscheidung von Antisemitismus und Antijudaismus

Gegen die „Annahme eines gleichsam ewigen Antisemitismus [...], dokumentiert aus der Geschichte eines nahezu zweitausendjährigen Judenhasses", hat jedoch Hannah Arendt heftig protestiert. Indem „die antisemitische Geschichtsschreibung sich dieser Theorie professional bemächtigt" habe, liefere sie

> „das bestmögliche Alibi für alle Greuel: Wenn es wahr ist, daß die Menschheit immer darauf bestanden hat, Juden zu ermorden, dann ist Judenmord eine normale, menschliche Betätigung und Judenhaß eine Reaktion, die man noch nicht einmal zu rechtfertigen braucht."[8]

Demgegenüber behauptet Arendt mit größter Selbstverständlichkeit: „Jedermann weiß, daß Entstehen und Anwachsen des modernen Antisemitismus mit dem Prozeß der jüdischen Assimilation, der Säkularisierung und dem Absterben der alten religiösen und geistigen Gehalte des Judentums, koinzidiert." Das Interesse, das sich in der These vom „ewigen Antisemitismus" verberge, sei die spiegelbildliche Sicherung der „‚ewigen' Existenz des jüdischen Volkes". So sei „der christliche Judenhaß [...] in der Tat ein politisch wie geistig außerordentlich wirksames Mittel für die Erhaltung des Judentums gewesen". Wenn Juden „den modernen, antichristlichen Rassen-Antisemitismus unbesehen mit dem mittelalterlichen Judenhaß verwechseln konnten", dann liege das jedoch u. a. „daran, daß sie trotz aller Assimilation sehr wenig vom Christentum wußten [...]."[9] „Angesichts der Katastrophe, die das jüdische Volk fast vernichtet hätte," erscheine „die Theorie vom ‚ewigen Antisemitismus'" jedoch „absurder und gefährlicher denn je. Sie würde den Antisemiten zu einem Alibi für größere Verbrechen, als sie irgend jemand für möglich gehalten hätte, verhelfen [...]." Demgegenüber gelte es festzuhalten: „Der Antisemitismus ist genau das, was er zu sein vorgibt: eine tödliche Gefahr für Juden und nichts sonst."[10]

Irritierend an diesen Ausführungen Arendts erscheint nicht nur die Beobachtung, dass sie ohne jeden Beleg aus der Literatur auskommen. Vielmehr ist

---

[8] Hannah Arendt, *Elemente und Ursprünge totaler Herrschaft* (orig. engl. 1951; deutsch 1955), München (1986) 2. Aufl. 1991, 31.
[9] Arendt, *Elemente*, ebd.
[10] Arendt, *Elemente*, 32.

2.3 Zur Unterscheidung von Antisemitismus und Antijudaismus

auch die Logik des Arguments nicht ohne weiteres nachvollziehbar: Mag auch die Warnung vor der Gefahr einer Universalisierung des Antisemitismus als Alibi für Verbrechen einleuchten, so ist damit doch nichts gegen die These von der Universalität des Antisemitismus bewiesen. Schon gar nicht ist damit bewiesen, dass die Frage nach religiösen Wurzeln des Antisemitismus in der Vormoderne zwangsläufig auf ein Alibi hinauslaufen müsse. Umgekehrt kann es nicht angehen, die Frage nach Kontinuitäten zwischen früheren Formen der Judenfeindschaft und dem modernen Antisemitismus von vornherein niederzuschlagen, indem ihr die Annahme eines angeblich „ewigen Antisemitismus" unterstellt wird. Gerade Arendts Plädoyer dafür, den Antisemitismus als „eine tödliche Gefahr für Juden und nichts sonst" zu verstehen, könnte vielmehr die Frage nahelegen, ob denn nicht auch vormoderne Formen des Judenhasses eine tödliche Gefahr für Juden dargestellt haben und insofern als Antisemitismus bezeichnet werden müssten.

Zumindest in den Sozialwissenschaften ist es jedoch – auf den Spuren von Hannah Arendt – üblich geworden, den modernen, rassisch begründeten Antisemitismus terminologisch von vormodernen, insbesondere religiös begründeten Formen der Judenfeindschaft abzuheben. Letztere werden dann gerne als „Antijudaismus" bezeichnet. Umgekehrt hat es Versuche gegeben, den theologisch begründeten „Antijudaismus" von anderweitig – ökonomisch, gesellschaftlich, politisch – motivierten Formen der Judenfeindschaft, insbesondere vom rassisch begründeten Antisemitismus abzugrenzen.

Entsprechend hat Reinhard Rürup die Unterscheidung des modernen Antisemitismus von früheren Formen der Judenfeindschaft als einen wissenschaftlichen Konsens ausgeben wollen:

> „Die These, daß der moderne Antisemitismus ein Produkt der bürgerlichen Gesellschaft des 19. Jahrhunderts ist und aus den Strukturen und Tendenzen dieser Gesellschaft begriffen werden muß, dürfte in der wissenschaftlichen Diskussion heute kaum noch ernsthaft bestritten werden. Man ist sich einig darüber, daß es trotz einer scheinbaren räumlichen und zeitlichen Universalität der Judenfeindschaft seit hellenistischer Zeit keine Kontinuität eines ‚ewigen' Antisemitismus gibt, daß vielmehr die religiös und wirtschaftlich motivierte, durch den einzigartigen Minderheitsstatus der Juden bedingte Judenfeindschaft der vorbürgerlichen abendländischen Welt deutlich vom Antisemitismus des 19. und 20. Jahrhunderts unterschieden werden muß."[11]

So habe „die traditionelle Judenfeindschaft" im 19. Jahrhundert an „Bedeutung" verloren; an ihre Stelle sei „der moderne Antisemitismus" getreten.[12]

---

[11] Reinhard Rürup, Die ‚Judenfrage' der bürgerlichen Gesellschaft und die Entstehung des modernen Antisemitismus, in: ders., *Emanzipation und Antisemitismus. Studien zur „Judenfrage" der bürgerlichen Gesellschaft*, Göttingen 1975, 74–94; 75.

[12] Reinhard Rürup, Zur Entwicklung der modernen Antisemitismusforschung, in: ders., *Emanzipation und Antisemitismus*, 115–125; 115.

Dem folgt im Wesentlichen Johannes Heil, der dafür plädiert, den Begriff Antisemitismus für den im 19. Jahrhundert entstandenen rassisch begründeten Judenhass zu reservieren:

> „Der Begriff Antisemitismus war von Anfang an auf Opposition angelegt, setzte den Begriff der Rasse, der ‚semitischen' wie auch der anderen, der ‚arischen', voraus [...]. Entsprechend hat die Bezeichnung vormoderner Judenfeindschaft ohne Verwendung des Antisemitismusbegriffs auszukommen: Zu sprechen ist von Antijudaismus, sofern das gegen das Judentum als Ganzes gerichtete theologische Konzept von der spirituellen – und daraus gefolgert rechtlich-sozialen – Inferiorität der Juden im Vergleich zum ‚neuen Israel', d. h. den Christen als Trägern des ‚neuen Bundes' gemeint ist."[13]

Die Darstellung unterschiedlichster Begriffsabgrenzungen, die Heil vorführt, belegt jedoch eher die Vergeblichkeit des Versuchs, begriffliche Trennschärfe in hinreichender Klarheit herzustellen. Denn „Antijudaismus als theologisches Konzept", so behauptet Heil, ziele „nicht auf Vernichtung der Juden"; vielmehr habe „christliche Theologie [...] stets auf den Fortbestand des Judentums" aufgebaut.[14] Hier ist zu fragen, ob diese Charakterisierung des Antijudaismus nicht auf eine Verharmlosung der tödlichen Konsequenzen auch der religiös motivierten Judenfeindschaft hinausläuft. Als Beispiel könnte auf die Judenmorde im Rheinland durch die Kreuzfahrer auf ihrem Weg ins Heilige Land hingewiesen werden. Heil will jedoch allenfalls zugestehen, dass die klar unterschiedenen Konzepte von Antijudaismus und Antisemitismus „am Rand auch Unschärfen" zulassen, so dass es auch „Zwischenformen" bzw. „Transformationsformen" geben könne, für die er Begriffe wie „Proto-" oder „Früh-Antisemitismus" gelten lässt. Diese müssten jedoch wie der Antijudaismus „begrifflich scharf getrennt" bleiben vom „nach 1870 ausformulierten Antisemitismus".[15]

Wesentlich differenzierter argumentiert Christhard Hoffmann.[16] Dieser ordnet das Interesse einer begrifflichen Unterscheidung zwischen Antijudaismus und Antisemitismus primär einem sozialwissenschaftlichen Paradigma zu, während er daneben das Recht mentalitäts- und kulturgeschichtlicher Forschungsansätze einräumt, die den Kontinuitäten und Übergängen zwischen vormodernem Antijudaismus und modernem Antisemitismus größere Beachtung widme-

---

[13] Johannes Heil, „Antijudaismus" und „Antisemitismus". Begriffe als Bedeutungsträger, in: *Jahrbuch für Antisemitismusforschung* 6 (1997), 92–114; 105f. – Vgl. ähnlich auch Rainer Kampling, Theologische Antisemitismusforschung. Anmerkungen zu einer transdisziplinären Fragestellung, in: Werner Bergmann u. Mona Körte (Hg.), *Antisemitismusforschung in den Wissenschaften*, Berlin 2004, 67–81.
[14] Heil, „Antijudaismus" und „Antisemitismus", 106.
[15] Heil, „Antijudaismus" und „Antisemitismus", 108f.
[16] Vgl. Christhard Hoffmann, Christlicher Antijudaismus und moderner Antisemitismus. Zusammenhänge und Differenzen als Problem der historischen Antisemitismusforschung, in: Leonore Siegele-Wenschkewitz (Hg.), *Christlicher Antijudaismus und Antisemitismus. Theologie und kirchliche Programme Deutscher Christen*, Frankfurt a. M. 1994, 293–317.

ten. Zwar plädiert Hoffmann dafür, den Terminus „Antisemitismus" nur für dessen „moderne" Form zu verwenden; dennoch weist er darauf hin, dass mentalitäts- und kulturgeschichtliche Forschungen zum Antisemitismus deutlich machten,

> „daß religiös geprägte Bilder und Mythen über Juden und Judentum, wie z. B. der Gottesmordvorwurf und die Blutbeschuldigung, auch nach der Aufklärung tief im kollektiven Bewußtsein verankert waren und […] auch im vermeintlich säkularen modernen Antisemitismus wirkungsmächtig blieben".[17]

Anstelle der Behauptung einer bloßen Kontinuität hält Hoffmann daher „ein Transformations- oder Modernisierungskonzept" für „weiterführend", das die Umwandlung ursprünglich religiös geprägter Topoi in säkulare Argumentationsweisen rekonstruiert".[18] Mit einer solchen „Transformationsthese" will Hoffmann die sozialwissenschaftliche These von der Diskontinuität zwischen traditionellem Antijudaismus und modernem Antisemitismus mit der kulturwissenschaftlichen These von der Kontinuität vermitteln.[19]

Die These, es sei ein klarer Bruch zwischen Antijudaismus und Antisemitismus erkennbar, muss demnach als unzureichend gelten. Sie würde darauf hinauslaufen, dass Kontinuitäten zwischen einst und jetzt geradezu methodisch ausgeblendet würden und Übergangsphänomene begrifflich nicht erfasst werden könnten. Bei aller Notwendigkeit der „historische[n] Differenzierung zwischen verschiedenen Formen der Judenfeindschaft" sollte darauf geachtet werden, dass die Differenzierung „nicht zur Apologetik verkommt".[20]

2.4 Zum historischen Ursprung des Antisemitismus

Wendet man den Begriff „Antisemitismus" bereits auf vormoderne Formen der Judenfeindschaft an, legt es sich nahe, seinen historischen Ursprung bereits in der Antike zu verorten. Zu klären bleibt dann allerdings die Frage nach den spezifischen ideologischen Voraussetzungen des Antisemitismus in der Antike. Während die einen auf den vorchristlichen Ursprung des Antisemitismus in der heidnischen Philosophie und Literatur verweisen,[21] betonen andere die religiö-

---

[17] Hoffmann, Christlicher Antijudaismus und moderner Antisemitismus, 302f.
[18] Hoffmann, Christlicher Antijudaismus und moderner Antisemitismus, 303.
[19] Hoffmann, Christlicher Antijudaismus und moderner Antisemitismus, 306.
[20] Hoffmann, Christlicher Antijudaismus und moderner Antisemitismus, 314.
[21] Vgl. Jan Nicolaas Sevenster, *The Roots of Pagan Anti-Semitism in the Ancient World*, Leiden 1975. – Vgl. auch Peter Schäfer, *Judenhaß und Judenfurcht. Die Entstehung des Antisemitismus in der Antike*, Berlin 2010. – Vgl. jetzt auch ders., *Kurze Geschichte des Antisemitismus*, München 2020.

sen und insbesondere die spezifisch christlichen Wurzeln des Antisemitismus.[22] Der Pionier der Antisemitismusforschung, Léon Poliakov, berücksichtigt in seiner umfassenden *Geschichte des Antisemitismus* sowohl heidnische als auch christliche Wurzeln in der Antike.[23]

Für unsere Fragestellung nach dem Zusammenhang von Theologie und Antisemitismus sind Untersuchungen besonders aufschlussreich, die den Ursprung des Antisemitismus nicht so sehr im antiken Heidentum, sondern eher im frühen Christentum verorten. Der französische Religionshistoriker Marcel Simon etwa hat die frühe christliche Theologie für die systematische Herausbildung einer antisemitischen Ideologie verantwortlich gemacht. Er sah in der christlichen Enterbungslehre, die im Selbstverständnis der frühen Kirche als „wahres Israel" begründet war, eine wesentliche Ursache für die Entwicklung des Antisemitismus.[24] Zwar habe die antike Welt schon vor der Verbreitung des Christentums „antisemitische Reaktionen" gekannt. Aber „der christliche Antisemitismus, der sich schon vor dem Triumph der Kirche abzuzeichnen beginnt und der sich im 4. Jahrhundert präzisiert, nimmt eine sehr besondere Nuance und grundlegend neue Aspekte an".[25] Der „wahre christliche Antisemitismus" sei „theologisch".[26] Er stelle nicht nur eine „Adaption heidnischer Themen" dar, sondern biete in Geist und Methode durchaus „eigenständige Elemente".[27]

In ähnlicher Weise hat der französisch-jüdische Historiker Jules Isaac die primäre Verantwortung des Christentums für die Herausbildung des Antisemitismus betont. In seinem Buch *Jesus und Israel* ging es ihm darum, die „versteckten Quellen" des Antisemitismus in der christlichen Theologie freizulegen.[28] Und in dem Buch *Genesis des Antisemitismus* deckte er einen „Strom der Vergiftung" auf, der – von den frühchristlichen Quellen ausgehend – zur Entstehung eines christlichen Antisemitismus geführt habe. Die christliche Überlieferung habe „in den wehrlosen Seelen einen unbewußten Antisemitismus, eine Art heiligen Schauder vor dem Juden, hinterlassen".[29] Der „christliche Antisemitismus" übertreffe den ihm vorangehenden „heidnischen Antisemitismus" und den ihm folgenden muslimischen Antisemitismus „hinsichtlich Dauer, Aufbaus des Systems, schädlicher Wirkung, Umfang und Tiefe" bei weitem. Zwar gebe es keine

---

[22] Vgl. Jules Isaac, *Jésus et Israël*, Paris 1948. – Vgl. auch Marcel Simon, *Verus Israël. Étude sur les relations entre chrétiens et juifs dans l'Empire romain (135–425)*, Paris 1948; 2. Aufl. 1964.
[23] Vgl. Léon Poliakov, *Geschichte des Antisemitismus*. Bd. 1: *Von der Antike bis zu den Kreuzzügen*, Worms 1977 [Kapitel I: Der Antisemitismus in der heidnischen Antike; Kapitel II: Der Antisemitismus während der ersten Jahrhunderte des Christentums].
[24] Vgl. Marcel Simon, *Verus Israël*, 239–274 [chapitre VIII: L'antisémitisme chrétien].
[25] Vgl. Simon, *Verus Israël*, 239 (orig. französisch; Übersetzung AP).
[26] Simon, *Verus Israël*, 246: „[...] le vrai antisémitisme chrétien est théologique".
[27] Simon, *Verus Israël*, 250 (orig. französisch; Übersetzung AP).
[28] Vgl. Jules Isaac, *Jesus und Israel*, Wien 1968 (orig. *Jésus et Israël*, Paris 1948).
[29] Jules Isaac, *Genesis des Antisemitismus. Vor und nach Christus*, Wien 1969 (orig. *Genèse de l'antisémitisme. Essay historique*, Paris 1956), 14 [Einleitung].

direkte Beziehung zwischen dem rassistischen und dem christlichen Antisemitismus"; dennoch bestehe „eine mittelbare, in der Tiefe wurzelnde, enge Verbindung zwischen ihnen".[30]

Damit wollte Isaac keineswegs die These vom „ewigen Antisemitismus" vertreten, der angeblich „ebenso alt" sei „wie das Judentum".[31] „Jede Behauptung dieser Art, sei sie theologisch oder nicht", sei historisch „nicht fundiert".[32] Zwischen dem „heidnischen Antisemitismus" der Antike und dem „christlichen, der ab dem 4. Jahrhundert dessen Stelle einnehmen sollte", gebe es „mehr Unterschiede als Analogien". Der christliche Antisemitismus besitze „stets offiziellen, systematischen und zusammenhängenden Charakter, Eigenschaften, die dem heidnischen Antisemitismus immer fehlten". Erst der christliche Antisemitismus habe „die systematische Erniedrigung" der Juden erfunden.[33]

Aufgrund seiner These vom christlichen Ursprung des Antisemitismus hat Jules Isaac schließlich von einer spezifisch christlichen „Lehre der Verachtung" gesprochen:

> „Es gibt einen christlichen Antisemitismus [...]. In ihrer großen Mehrheit sind die Christen – ob bewusst oder unterbewusst – Antisemiten. Denn sogar unter den besten, sogar jenen, die gegen den Nazi-Antisemitismus den edelmütigsten Kampf geführt haben, ist es nicht schwer, Spuren eines irgendwie unterbewussten Antisemitismus aufzudecken."[34]

Im Unterschied zum paganen Antisemitismus, der meist nur als spontane Reaktion aufgetreten sei, verfolge der christliche Antisemitismus ein präzises Ziel, nämlich: die Juden verhasst zu machen. Er diene der Theologie und werde von ihr genährt, indem er seine Argumente einer bestimmten Bibelexegese gegen das auserwählte Volk entlehne. Daraus sei eine christliche Lehre entstanden, die den Namen „Lehre der Verachtung" verdiene.[35]

2.5 Übergänge vom Antijudaismus zum Antisemitismus

Vieles spricht nach alledem für die „Transformationsthese", die mit fließenden Übergängen vom religiösen Antijudaismus zum modernen Antisemitismus rechnet. Offen bleibt dann aber immer noch die Frage, ab wann innerhalb des Trans-

---

[30] Isaac, *Genesis*, 16 [Einleitung].
[31] Isaac, *Genesis*, 26. Isaac stellt fest, diese These sei insbesondere in der Theologie beliebt, und verweist u. a. auf Hermann Gunkel und Wilhelm Vischer.
[32] Isaac, *Genesis*, 95.
[33] Isaac, *Genesis*, 98f.
[34] Vgl. Jules Isaac, *L'enseignement du mépris*, Paris 1962, 14 (orig. französisch; Übersetzung AP).
[35] Vgl. Isaac, *L'enseignement*, 24: „*enseignement du mépris*".

formationsprozesses die Verwendung des Begriffs „Antisemitismus" angebracht wäre. Hierüber ist auch in der neueren Forschung bislang kein Konsens erzielt worden. Das Problem scheint in der Sache zu liegen, da bereits vor der Neuzeit zahlreiche Übergangs- und Mischformen der Judenfeindschaft aufgezeigt werden können, die eine eindeutige Zuordnung entweder zum religiös begründeten Antijudaismus oder zum säkular begründeten Antisemitismus unmöglich machen.[36] So zeigen sich bei näherem Hinsehen trotz aller Differenzen auch deutliche Kontinuitäten zwischen älteren und jüngeren Formen der Judenfeindschaft.

In Spanien hat schon im 15. Jahrhundert das Konstrukt der „Blutreinheit" (*limpieza de sangre*) eine prominente Rolle in der Begründung der Judenfeindschaft gespielt, so dass hier zumindest eine Vorform des rassisch begründeten Antisemitismus erkennbar wird. Aufgrund solcher „beunruhigender Abweichungen" hat der jüdische Historiker Yosef Hayim Yerushalmi den Konsens „nahezu aller Antisemitismusforscher", wonach „der *rassische* Antisemitismus kein mittelalterliches, sondern ein spezifisch neuzeitlich-säkulares Phänomen" sei,[37] in Frage gestellt:

> „Die ‚Blutreinheitsgesetze' (*estatutos de limpieza de sangre*) waren ein zunächst zaghafter, letzten Endes aber gelungener Versuch, *conversos* [= getaufte Juden] von öffentlichen Ämtern, Privilegien und Ehren auszuschließen [...]. Es ist eine Ironie der Geschichte, daß die gleiche iberische Gesellschaft, die so lange und so eifrig die Juden hatte bekehren wollen, sich jetzt per Gesetz gegen das Eindringen der konvertierten Juden wehrte [...]. Zur Legitimierung einer eigenen diskriminierenden Gesetzgebung gegen die *conversos* und ihre Nachkommen blieb nur noch die rassistische Grundlage. Nicht die Religion, sondern das Blut mußte die entscheidende Grundlage sein [...]. Reinheit des Blutes war wichtiger geworden als Reinheit des Glaubens."[38]

Entsprechend will Yerushalmi von einem „latenten *rassischen* Antisemitismus im europäischen Christentum" schon „vor der Neuzeit" sprechen.[39]

Protorassistische Aspekte sind aber auch in judenfeindlichen Äußerungen aus der Zeit des Humanismus und der Reformation nachweisbar. So konnte Erasmus von Rotterdam den Konvertiten Johannes Pfefferkorn als einen „durchaus nicht wahren Bekenner der wahren Religion" beschimpfen, einen „Satansengel, verwandelt in einen Lichtengel", der dem Teufel als „Werkzeug" diene. Er habe „die Bezeichnung ‚Halbjude' vollauf verdient, da er sich durch sein Verhalten als

---

[36] Vgl. Schäfer, *Judenhaß*, 292: „Es gibt ganz offenkundig keinen klaren endeutigen Punkt in der Geschichte, wo Antijudaismus in Antisemitismus umgeschlagen ist. Die Übergänge zwischen den verschiedenen Komponenten sind fließend, und dies gilt für alle Epochen [...]."
[37] Yosef Hayim Yerushalmi, Assimilierung und rassischer Antisemitismus. Die iberischen und die deutschen Modelle, in: ders., *Ein Feld in Anatot. Versuche über jüdische Geschichte*, Berlin 1993, 53–80; 54f.
[38] Yerushalmi, Assimilierung und rassischer Antisemitismus, 59.
[39] Yerushalmi, Assimilierung und rassischer Antisemitismus, 66.

2.5 Übergänge vom Antijudaismus zum Antisemitismus

150prozentigen Juden erwies".[40] Das Motiv der Verachtung eines Juden als Juden ist in dieser humanistischen Polemik unverkennbar.

Bezeichnend ist auch die eindeutig antisemitische Tendenz der Neuausgabe von Martin Luthers „Judenschriften" durch den Leipziger Lutherschüler und -biographen Nikolaus Selnecker aus dem Jahr 1577. Dieser lässt in seinem Vorwort einen bereits modern wirkenden Antisemitismus erkennen, indem er Juden – unabhängig davon, ob getauft oder nicht – aus der bürgerlichen Gesellschaft der Anständigen ausgeschlossen wissen will: „Ein vngeteuffter Jüde / vnnd ein geteuffter Jüde / ist ein Bub wie der ander."[41]

Übergänge vom christlichem Antijudaismus zum nationalen Antisemitismus können um die Wende zum 19. Jahrhundert nachgewiesen werden,[42] wie insbesondere die Historikerin Eleonore Sterling in ihrer Dissertation zur „Frühgeschichte des Antisemitismus in Deutschland" gezeigt hat:

> „Hier [in der deutschen Nationalbewegung] deutet der Fanatismus sich an, der Jahrzehnte später im Rassenantisemitismus sich auslebt und selber zur Weltanschauung wird. Noch redet man nur selten von der biologischen Verschiedenheit zwischen ‚Deutschen und Hebräern', wohl aber oft von invarianten seelischen und charakterlichen ‚einander widerstrebenden' Volkseigenschaften."[43]

Sterlings Beobachtungen im Blick auf Übergangsphänomene zwischen religiösem Antijudaismus und rassischem Antisemitismus werden durch Rainer Erb und Werner Bergmann bestätigt, die im Blick auf die judenfeindlichen Pamphlete der deutschen Nationalbewegung am Anfang des 19. Jahrhunderts von einem „vormodernen" bzw. „frühen Antisemitismus" vor dem „modernen Antisemitismus" reden. Den „politischen Diskontinuitäten" habe „eine bemerkenswerte inhaltliche und motivische Kontinuität von der Judenfeindschaft zum Antisemitismus" gegenübergestanden. „Keinesfalls entstand die antisemitische Mentalität erst mit der Prägung des Begriffs ‚Antisemitismus' in den 70er Jahren

---

[40] Erasmus von Rotterdam, Brief an Willibald Pirkheimer vom 2. 11. 1517, Löwen, in: ders., *Briefe*, verdeutscht u. hg. v. Walther Köhler, Leipzig 1938, 180.

[41] Nikolaus Selnecker, Vorrede, in: Martin Luther, *Von den Jüden und jren Lügen [...]. Item / Von den teglichen Gotteslesterungen der Jüden wider vnsern HERRN Jhesum Christum / wider vnsere liebe Obrigkeit / vnd wider alle Christen. Alles jetzt auff ein newes fromen rechten christen zum vnterricht / lehr / vnd besserung in Druck verfertiget vnd mitgeteilet / Durch Nicolaum Selneccerum D. Pfarrern zu Leipzig. Matth. Wir haben euch gepfiffen / vnd jr woltet nicht tantzen / Wir haben euch geklaget / vnd jr woltet nicht weinen*, Leipzig (Berwald) 1577, 6.

[42] Vgl. Martin Friedrich, Vom christlichen Antijudaismus zum modernen Antisemitismus. Die Auseinandersetzung um Assimilation, Emanzipation und Mission der Juden um die Wende zum 19. Jahrhundert, in: *Zeitschrift für Kirchengeschichte* 102 (1991), 319–347.

[43] Eleonore Sterling, *Judenhaß. Die Anfänge des politischen Antisemitismus in Deutschland (1815-1850)*, Frankfurt a. M. 1969 [ursprüngl. u. d. T. *Er ist wie Du. Aus der Frühgeschichte des Antisemitismus in Deutschland (1815-1850)*, München 1956], 112.

des 19. Jahrhunderts." Sie sei „in wichtigen Zügen bereits im Vormärz nachweisbar".[44]

Fließende Übergänge von religiös begründeter Judenfeindschaft zu rassischem Antisemitismus lassen sich im späten 19. Jahrhundert auch bei dem Hofprediger Adolf Stoecker beobachten.[45] Spätestens in der NS-Zeit fließen schließlich religiöse und rassistische Motive der Judenfeindschaft häufig ununterscheidbar ineinander – und keineswegs nur bei den nazifizierten „Deutschen Christen". Die Diskussionen innerhalb der Deutschen Evangelischen Kirche im Jahr 1933 um die Frage der Notwendigkeit eines kirchlichen Arierparagraphen nach staatlichem Modell belegen, dass die Trennschärfe zwischen religiös begründeter Verachtung der Juden und rassistischer Ideologie nur schwach ausgeprägt war.[46] Auch die Tatsache, dass die antisemitischen „Nürnberger Gesetze" vom September 1935 auf die Zugehörigkeit der Großeltern zur jüdischen Religion verweisen mussten, um zu definieren, wer rassisch als Jude zu gelten habe, zeigt, dass die klare Trennung der Begriffe der Wirklichkeit nicht entspricht.[47] Indem gerade auch der rassische Antisemitismus der Nazis auf Kirchenbücher angewiesen blieb, um Juden von „Ariern" unterscheiden zu können, wird seine religiöse Wurzel offenbar.

2.6 Für einen weiten Begriff des Antisemitismus

Aufs Ganze gesehen hat sich die scharfe Unterscheidung von Antisemitismus und Antijudaismus, die in der internationalen Antisemitismusforschung ohnehin kaum Anklang gefunden hat, nicht bewährt.[48] So schließt etwa Léon Poliakov in seine Darstellung der *Geschichte des Antisemitismus* judenfeindliche Bewegun-

---

[44] Vgl. Rainer Erb u. Werner Bergmann, *Die Nachtseite der Judenemanzipation. Der Widerstand gegen die Integration der Juden in Deutschland 1780–1860*, Berlin 1989, 10f.
[45] Vgl. dazu die Ausführungen in Kapitel 8: Nationalprotestantismus und Antisemitismus.
[46] Vgl. dazu die Ausführungen in Kapitel 9: Evangelische Theologie und Nationalsozialismus.
[47] Vgl. die „Erste Verordnung zur Durchführung des Gesetzes zur Wiederherstellung des Berufsbeamtentums (11. April 1933)" vom 7. April 1933: „Als nicht arisch gilt, wer von nicht arischen, insbesondere jüdischen Eltern oder Großeltern abstammt. Es genügt, wenn ein Elternteil oder ein Großelternteil nicht arisch ist. Dies ist insbesondere dann anzunehmen, wenn ein Elternteil oder ein Großelternteil der jüdischen Religion angehört hat" (in: documentArchiv.de [Hg.], <http://www.documentArchiv.de/ns/1933/berufsbeamtentum_vo01.html>, zuletzt aufgerufen: 10.08.2021).
[48] Vgl. Hans-Martin Kirn, Martin Luthers späte Judenschriften – Apokalyptik als Lebenshaltung?, in: Dietrich Korsch u. Volker Leppin (Hg.), *Martin Luther – Biographie und Theologie*, Tübingen 2010, 271–285; 272, Anm. 3: „Die Verwendung des Begriffs ‚Antisemitismus' für vormoderne Phänomene der Judenfeindlichkeit stößt vor allem im deutschsprachigen Diskurs gelegentlich noch auf Skepsis. Diese ist bei entsprechender definitorischer Sorgfalt unberechtigt."

2.6 Für einen weiten Begriff des Antisemitismus

gen von der Antike über das Mittelalter und die Reformationszeit bis in die Neuzeit ein.[49] Dass es sich bei der Verwendung des Begriffs Antisemitismus für Phänomene vormoderner Judenfeindschaft um einen terminologischen Anachronismus handelt, ist ihm sehr wohl bewusst. Gleichwohl entscheidet sich Poliakov für diesen Sprachgebrauch, da der Begriff Antisemitismus nun einmal eingebürgert sei.[50] Ähnlich argumentiert Peter Schäfer:

> „Es ist heutzutage ein Allgemeinplatz, darauf hinzuweisen, daß das Wort ‚Antisemitismus' ein reiner Anachronismus sei und, wörtlich verstanden, das zu beschreibende Phänomen eher verzerre als erhelle [...]. Man könnte natürlich auf den Begriff Antisemitismus verzichten und stattdessen weniger mißliche und mißverständliche Begriffe wie Judenfeindschaft, Judenhaß oder Antijudaismus verwenden. Aber damit macht man es sich zu leicht, weil sich historische Probleme nicht dadurch lösen lassen, daß man die Begriffe austauscht [...]."[51]

Selbst Reinhard Rürup, der großen Wert auf die Unterscheidung des modernen Antisemitismus von früheren Formen der Judenfeindschaft legt,[52] hat schließlich eingeräumt, dass sich die Unterscheidung nicht habe durchsetzen können: „Versuche, die ältere, nicht rassisch bestimmte Judenfeindschaft als ‚Antijudaismus' oder ‚Antimosaismus' vom modernen Antisemitismus abzusetzen," seien „praktisch erfolglos geblieben". Vielmehr habe sich „im allgemeinen Sprachgebrauch [...] der Begriff ‚Antisemitismus' in seinem weitesten Sinn im wesentlichen durchgesetzt". Auf diesen Sprachgebrauch müsse auch die Wissenschaft Rücksicht nehmen.[53] Daher schlug Rürup schließlich vor, einen „weiteren" und einen „engeren Begriff" des Antisemitismus zu unterscheiden:

---

[49] Vgl. Léon Poliakov, *Geschichte des Antisemitismus*. Bd. 2: *Das Zeitalter der Verteufelung und des Ghettos*, Worms 1978. Bd. 3: *Religiöse und soziale Toleranz unter dem Islam. Mit einem Anhang: Die Juden im Kirchenstaat*, Worms 1979. Bd. 4: *Die Marranen im Schatten der Inquisition. Mit einem Anhang: Die Morisken und ihre Vertreibung*, Worms 1981. Bd. 5: *Die Aufklärung und ihre judenfeindliche Tendenz*, Worms 1983. Bd. 6: *Emanzipation und Rassenwahn*, Worms 1987. Bd. 7: *Zwischen Assimilation und „jüdischer Weltverschwörung"*, Worms 1988. Bd. 8: *Am Vorabend des Holocaust*, Worms 1988.

[50] Vgl. Poliakov, *Geschichte*, Bd. 1, Worms 1977, Vorwort [zur deutschen Ausgabe, 1976], Xf.: „Da nun aber der Begriff ‚Antisemitismus' sich in allen westlichen Sprachen eingebürgert hat, bleibt auch mir nichts anderes übrig, als mich seiner im Sinne eines alle Arten von Antijudaismus aller Zeiten bezeichnenden Ausdrucks zu bedienen. ‚Antisemitismus' bedeutet also keineswegs eine besondere Form des ‚Rassismus'!"

[51] Schäfer, *Judenhaß*, 282. – Vgl. ders., *Kurze Geschichte*, 9: „Ich benutze den Begriff [‚Antisemitismus'] für alle ausgeprägten Formen von Judenhass und Judenfeindschaft von den Anfängen bis zur Gegenwart im vollen Bewusstsein der Tatsache, dass er anachronistisch ist und erst im 19. Jahrhundert geprägt wurde [...]."

[52] Vgl. Rürup, Die ‚Judenfrage' der bürgerlichen Gesellschaft und die Entstehung des modernen Antisemitismus, in: ders., *Emanzipation und Antisemitismus*, 75.

[53] Vgl. Rürup (gemeinsam mit Nipperdey), Antisemitismus – Entstehung, Funktion und Geschichte eines Begriffs, in: ders., *Emanzipation und Antisemitismus*, 114.

> „[W]ährend der *weitere Begriff* unabhängig von den jeweiligen Ursachen, Formen und Funktionen jegliche Judenfeindschaft im Laufe der Geschichte umfaßt, bezeichnet der *engere Begriff* eine ganz bestimmte, historisch und systematisch von der älteren Judenfeindschaft deutlich unterscheidbare Doktrin und Bewegung im 19. und 20. Jahrhundert."

Um diesen „Antisemitismus im engeren Sinne" klarer von älteren Formen abzuheben, redet Rürup auch von „modernem Antisemitismus".[54]

Ähnlich wie Rürup muss auch Werner Bergmann eingestehen, dass „alle Versuche, Antisemitismus zeitlich und inhaltlich von anderen Formen der Judenfeindschaft klar abzugrenzen, [...] umstritten geblieben" seien. „Antisemitismus" sei „zum übergreifenden Terminus geworden, den man jeweils über Beifügungen wie antiker, christlicher, völkischer, rassistischer Antisemitismus spezifiziert." Zwar hält Bergmann „diese Ausweitung" des Begriffs für „nicht unproblematisch", denn sie suggeriere „eine historische Kontinuität und scheinbare Allgemeinheit von Judenfeindschaft [...] sozusagen vom biblischen Haman bis Hitler [...]."[55] Dennoch kommt auch Bergmann nicht umhin, in seiner *Geschichte des Antisemitismus* bei der antiken Judenfeindschaft insbesondere innerhalb des Christentums einzusetzen, auch wenn er den Begriff „Antisemitismus" den modernen Formen seit dem 19. Jahrhundert vorbehalten will, von denen dann der „NS-Antisemitismus" noch einmal als „Erlösungsantisemitismus" abzuheben sei.[56]

Gerade aufgrund solcher Differenzierungen innerhalb des Begriffs Antisemitismus hat sich die weite, epochenübergreifende Verwendung terminologisch weitgehend durchgesetzt. Hier nur einige Beispiele: Der Artikel „Antisemitismus" in der *Theologischen Realenzyklopädie* setzt nach einer knappen Diskussion des Begriffs mit einem Kapitel zum „vorchristlichen Antisemitismus" ein, umfasst dann aber auch alle Epochen der Kirchengeschichte.[57] Im Blick auf die Antike hat schon Jan N. Sevenster von einem „heidnischen Antisemitismus" geredet.[58] John G. Gager hat vergleichend heidnische und christliche Formen der Judenfeindschaft in der Antike untersucht, um den „Ursprüngen des Antisemitismus" auf die Spur zu kommen.[59] Auch Peter Schäfer spricht von der „Entste-

---

[54] Vgl. Rürup, Zur Entwicklung der modernen Antisemitismusforschung, in: ders., *Emanzipation und Antisemitismus*, 115.

[55] Werner Bergmann, *Geschichte des Antisemitismus*, München 2002; 4. Aufl. 2010, 6f.

[56] Bergmann, *Geschichte*, 102.

[57] Vgl. Nicholas R. M. de Lange, Clemens Thoma, G. B., Theo C. de Kruijf, Willehad Paul Eckert, Gerhard Müller u. Erika Weinzierl, Art. Antisemitismus, in: TRE 3, 1978, 113–168.

[58] Vgl. Sevenster, *The Roots*, 4: „Perhaps, after all, it is better to go on using the word anti-Semitism no matter how susceptible it is of misunderstandings and of suggesting to the modern mind a racial distinction that was scarcely, or not at all, a factor in the ancient world."

[59] Vgl. John G. Gager, *The Origins of Anti-Semitism. Attitudes Toward Judaism in Pagan and Christian Antiquity*, New York/Oxford 1983.

2.6 Für einen weiten Begriff des Antisemitismus

hung des Antisemitismus in der Antike" und betont: „Obwohl ich verschiedene Begriffe für das Phänomen verwende, das wir untersuchen, habe ich trotz des offensichtlichen Anachronismus keine Bedenken, den Ausdruck ‚Antisemitismus' zu gebrauchen."[60]

Auch Günther B. Ginzel setzt für seine Definition des Antisemitismus bereits in der Antike ein. Und er erläutert:

> „Der Begriff Antisemitimus [...] wurde zur Sammelbezeichnung für die Erscheinungsformen eines Vorurteils. Antisemitismus umfaßt alle Aspekte einer religiösen, sozialen und kulturellen Voreingenommenheit [...]. Kurz: Antisemitismus steht für ein Bündel der unterschiedlichsten und teilweise gegensätzlichsten Motive, denen eines gemeinsam ist: die Diskreditierung des Jüdischen, die oft bis zum Haß gesteigerte Ablehnung eines Menschem von dem man weiß oder nur annimmt, er sei Jude."[61]

Nach alledem legt es sich nahe, den Ausdruck „Antisemitismus" im Sinne des „weiteren Begriffs", d. h. in seiner allgemeinsten Bedeutung, zu verwenden. Das Wort „Antisemitismus" bezeichnet Feindschaft, Hass und Verachtung aller Art gegen Juden und das Judentum; dies schließt Differenzen in der Motivierung nicht aus, sondern ein. Wegen seiner Missverständlichkeit und unterschiedlicher Definitionen ist der Begriff Antisemitismus zwar problematisch; dennoch ist seine Verwendung fast unvermeidlich, da er eingebürgert ist.

Gerade auch der von Saul Friedländer geprägte Begriff „Erlösungsantisemitismus", mit dem das Spezifikum des „NS-Antisemitismus" bezeichnet werden soll, verrät schon terminologisch seine religiöse Herkunft.

> „Der Erlösungsantisemitismus ging aus der Furcht vor rassischer Entartung und aus dem religiösen Glauben an Erlösung hervor. Der Hauptgrund der Entartung war das Eindringen der Juden in das deutsche Gemeinwesen, in die deutsche Gesellschaft und in den deutschen Blutkreislauf [...]. Die Erlösung würde als Befreiung von den Juden kommen – als ihre Vertreibung, wenn möglich ihre Vernichtung."[62]

Als Quelle dieses „Erlösungsantisemitismus" gibt Friedländer jenen Punkt an, „an dem sich deutsches Christentum, Neuromantik, der mystische Kult des heiligen arischen Blutes und ultrakonservativer Nationalismus begegneten". Dies sei der „Bayreuther Kreis" um Richard Wagner gewesen.[63] Die Frage muss erlaubt sein, ob die Wurzeln dieses „Erlösungsantisemitismus" nicht weiter zu-

---

[60] Vgl. Schäfer, *Judenhaß*, 20.
[61] Vgl. Günther B. Ginzel, „.... und er brüstet sich frech und lästert wild ..." Über Antisemiten und Antisemitismus in Deutschland oder: Trotz und alledem ... es ist eine Lust, Jude zu sein, in: ders. (Hg.), *Antisemitismus. Erscheinungsformen der Judenfeindschaft gestern und heute*, Köln 1991, 15-32; 15.
[62] Saul Friedländer, *Das Dritte Reich und die Juden*. Erster Band: *Die Jahre der Verfolgung 1933-1939*, München 1998, 101f.
[63] Friedländer, *Das Dritte Reich und die Juden*, Erster Bd., 102.

rückreichen. Damit kommen wir auf den Begriff des „christlichen Antisemitismus" zurück.

2.7 Noch einmal: christlicher Antisemitismus

Merkwürdigerweise hat die Theologie, die in der Aufnahme von Konzepten aus den Sozialwissenschaften sonst eher zögerlich ist, die sozialwissenschaftliche Unterscheidung von religiös begründetem „Antijudaismus" und rassisch begründetem „Antisemitismus" gerne aufgegriffen und die kulturelle Möglichkeit einer Transformation religiöser Gehalte in säkulare Denkmuster weitgehend ignoriert. Hier zeigt sich jedoch: So nützlich solche Differenzierungen sein können, so groß ist die Gefahr, dass sie zur Verharmlosung des Problems dienen.[64] Es wird der Eindruck erweckt, dass ein theologisch begründeter Antijudaismus legitim und daher vertretbar sei; zu verurteilen sei nur der Rassen-Antisemitismus der Nationalsozialisten, der bei den Kirchen tatsächlich auf Vorbehalte stieß.

Demgegenüber hat schon Jules Isaac suggestiv gefragt: „Sind die Neuheiden aus dem Nichts aufgetaucht oder aus dem Schoß eines christlichen Volkes?"[65] Und angesichts des Bestrebens christlicher Theologen, zwischen einem angeblich legitimen, religiös begründeten Antijudaismus und dem modernen Antisemitismus zu unterscheiden, hat er insistiert: „Letzten Endes widerlegt die Wirklichkeit alle diese mehr oder weniger richtigen Unterscheidungen. Die antijüdische Einstellung führt oft zum Antisemitismus, und beide sind eng miteinander verflochten."[66]

Mit Recht bemerkt daher Leonore Siegele-Wenschkewitz:

> „Der völkisch-rassische Antisemitismus hat den christlichen Antijudaismus nicht einfach abgelöst, ihn überboten und ihn unbrauchbar gemacht, sondern er hat ihn in sich aufgenommen und sich seiner bedient. Wenngleich der Antijudaismus mit dem Antisemitismus verschmelzen, in ihm aufgehen konnte, ist der Antijudaismus als religiöse Traditionslinie des antijüdischen Stereotyps doch als etwas Eigenes zu fassen. Er kann indessen nicht – wie es unhinterfragt bis in die 70er Jahre unseres Jahrhunderts in der christlichen Theologie geschah – als akzeptable Variante mögli-

---

[64] Vgl. Christian Wiese u. Doron Kiesel, Zur politischen Dimension des Theologischen. Kontinuität und Diskontinuität von christlichem Antijudaismus und politischem Antisemitismus, in: Doron Kiesel u. Ronald Lutz (Hg.), *Religion und Politik. Analysen. Kontroversen, Fragen*, Frankfurt a. M. 2015, 207–256; 225: „Diese Unterscheidung von ‚Antijudaismus' und ‚Antisemitismus' ist für eine Verharmlosung religiöser Judenfeindschaft zumindest anfällig und neigt jedenfalls nicht selten dazu, die konkrete politische Dimension des Theologischen zu übersehen."
[65] Isaac, *Genesis*, 16 [Einleitung].
[66] Isaac, *Genesis*, 20 [Vorwort].

cher Einstellungen gegenüber jüdischen Menschen und dem Judentum bewertet werden."[67]

Zwar hat Siegele-Wenschkewitz am Begriff „Antijudaismus" als Bezeichnung für eine spezifisch „religiöse Traditionslinie" innerhalb des antisemitischen Spektrums festgehalten; dennoch hat sie den Begriff „Antisemitismus" im theologischen Zusammenhang gerade nicht mit einem Tabu belegt. Vielmehr hat sie einerseits einen „christlichen Antisemitismus" von einem „antichristlichen Antisemitismus" unterschieden.[68] Um aber auch Übergänge zwischen beiden Formen zu erfassen, hat sie andererseits von „Transformations- und Modernisierungsprozessen des Antisemitismus" geredet.[69]

Es erscheint demnach angemessen, nicht von einem Bruch, sondern eher von einer Transformation der traditionellen christlichen „Lehre der Verachtung" in die modernen Formen des Antisemitismus zu reden. So hat Jacob Katz bemerkt, dass auch Denker, die sich vom Christentum emanzipiert hatten, an der „Lehre von der Überlegenheit des Christentums über das Judentum" festhielten. Insofern habe sich „der moderne Antisemitismus" weitgehend „als eine Fortsetzung der vormodernen Ablehnung des Judentums durch das Christentum" erwiesen, „selbst wenn er jede Verbindung damit bestritt oder er sich sogar als feindlich zum Christentum bekannte".[70]

Ähnlich hat der israelische Historiker Yehuda Bauer betont, „Antisemitismus" bezeichne Judenhass in jeder Form und mit jeder Begründung.[71] Es handele sich um „eine geschichtliche, kulturelle Erscheinung", um einen „integralen Bestandteil der europäischen Kultur", der sich durch alle Veränderungen der wirtschaftlichen und gesellschaftlichen Umgebung hindurch gehalten habe.[72] So

---

[67] Leonore Siegele-Wenschkewitz, Vorwort, in: dies. (Hg.), *Christlicher Antijudaismus und Antisemitismus. Theologie und kirchliche Programme Deutscher Christen*, XVI.

[68] Siegele-Wenschkewitz, Vorwort, in: dies. (Hg.), *Christlicher Antijudaismus und Antisemitismus*, XVII. Siegele-Wenschkewitz beruft sich für diese Terminologie auf Uriel Tal, *Christians and Jews in Germany. Religion, Politics and Ideology in the Second Reich, 1870–1914*, Ithaca/London 1975, 223–278 [Kap. V: Christian and Anti-Christian Antisemitism]. Tal stellt andererseits fest, dass „racial anti-Semitism and traditional Christianity [...] were moved by a common impulse directed either to the conversion or to the extermination of Jews" (ebd., 304).

[69] Siegele-Wenschkewitz, Vorwort, in: dies. (Hg.), *Christlicher Antijudaismus und Antisemitismus*, XIX. Siegele-Wenschkewitz beruft sich dafür auf Jacob Katz, *Vom Vorurteil bis zur Vernichtung. Der Antisemitismus 1700–1933*, München 1989.

[70] Katz, *Vom Vorurteil bis zur Vernichtung*, 322f.

[71] Vgl. Yehuda Bauer, Vom christlichen Judenhaß zum modernen Antisemitismus – Ein Erklärungsversuch, in: *Zeitschrift für Antisemitismusforschung* 1 (1992), 77–90; 79: „[...] das Wort ‚Antisemitismus' wird für den gesamten, in der Vergangenheit bestehenden Judenhaß und auch für den Anti-Judaismus gebraucht, also vom vorchristlichen Altertum bis in die Moderne [...]. Im Prinzip wäre es wahrscheinlich richtig [...] zu unterscheiden [...]. Andererseits hat es wenig Sinn, gegen Windmühlen zu kämpfen – jeder Versuch, einen Kampf um semantisch genauer differenzierte Definitionen zu führen, ist aussichtslos."

[72] Bauer, Vom christlichen Judenhaß zum modernen Antisemitismus, 84.

habe sich der Antisemitismus auch durch die Säkularisierung hindurch als „einer der wenigen Überreste christlicher Ideologie [...] weiter vererbt".[73]

---

[73] Bauer, Vom christlichen Judenhaß zum modernen Antisemitismus, 85.

3 Die theologischen Wurzeln des Antisemitismus: Zur „Lehre der Verachtung" bei den Kirchenvätern

Immer wieder hat sich christliche Theologie in ihrer Geschichte judenfeindlich geäußert, und sie tut es bis heute. So hat die christliche „Lehre der Verachtung" (Jules Isaac) die Juden schon früh verächtlich gemacht, indem sie sie als von Gott verworfen definiert und diffamiert hat. Mit dem Aufstieg des Christentums zur Staatsreligion konnte diese Lehre dann auch politisch exekutiert werden: Juden wurden im christlichen Abendland diskriminiert, verfolgt, vertrieben und ermordet. Angesichts der langen Geschichte des christlichen Antisemitismus, der wesentlich zur Vorbereitung und Ausführung der nationalsozialistischen Judenmorde beigetragen hat, könnte der Eindruck entstehen, christliche Theologie sei notwendig judenfeindlich. Um so dringender ist die kritische Aufarbeitung des Zusammenhangs von Theologie und Antisemitismus.

Bestürzend ist die Tatsache, dass nicht nur Kritiker des Christentums zu dem Urteil gekommen sind, christliche Theologie sei von Anfang an antisemitisch gewesen. Vielmehr entspricht dieser kritischen Sicht von außen spiegelbildlich das Selbstbild christlicher Theologie über Jahrhunderte: Noch vor einer oder zwei Generationen hätten zahlreiche christliche Theologen die Frage, ob christliche Theologie notwendig judenfeindlich sei, aus fester Überzeugung und mit großer Selbstverständlichkeit mit Ja beantwortet. Dieses antijüdische Selbstverständnis christlicher Theologie über die Epochen hinweg gilt es ernstzunehmen und theologisch aufzuarbeiten.

3.1 Die „Lehre der Verachtung"

Ich will zunächst einige Beispiele für die judenfeindliche Tradition christlicher Theologie aufzählen: Da gab es schon früh, möglicherweise schon in neutestamentlicher Zeit (vgl. 1 Thess 2,15), den Vorwurf, die Juden seien ein Volk von Gottesmördern. Als Modell galt der „Verräter" Judas, der als Repräsentant für das ganze jüdische Volk über die Generationen hinweg wahrgenommen wurde, indem er die angebliche Geldgier und Hinterhältigkeit der Juden symbolisierte. Im späteren Mittelalter kam der Vorwurf hinzu, die Juden benötigten zu kultischen Zwecken Christenblut und begingen aus diesem Grund Ritualmorde an Christenkindern. Insbesondere im Raum des Heiligen Römischen Reichs deutscher Nation wurde die Tradition der sog. „Judensau" entwickelt – ein antisemitisches Symbol, das als Relief u. a. auch die Stadtkirche in Wittenberg „ziert". Darauf berief sich nicht zuletzt auch der Reformator Martin Luther, der den hier in diffamierender Absicht dargestellten Umgang eines Juden mit dem Hintern einer Sau mit der Talmudlektüre durch die Rabbiner in Verbindung brachte. In der frühen Neuzeit, insbesondere dann aber auch in der Romantik war die literarische Figur des „ewigen Juden" Ahasver verbreitet, der als Untoter die Weltgeschichte durchstreifte. Im 19. Jahrhundert wurde im Zuge der deutschen Nationalbewegung die antijudaistische Tradition christlicher Theologie in einen nationalen Antisemitismus transformiert, der als direkter Vorläufer des Rassenantisemitismus gelten kann. In der Zeit des Nationalsozialismus blühte dann die offen antisemitische Theologie der „Deutschen Christen", die in Jesus einen „Arier" sahen und das Alte Testament aus der Kirche verbannen wollten. All dies ist Ausdruck und Wirkung einer christlichen „Lehre der Verachtung" gegenüber dem Judentum.

Der Ausdruck „Lehre der Verachtung" geht, wie bereits erwähnt, auf den französisch-jüdischen Historiker Jules Isaac zurück,[1] der als Freund von Papst Johannes XXIII. wesentlich auf die Neu-Positionierung der Römisch-katholischen Kirche gegenüber dem Judentum durch das Zweite Vatikanische Konzil eingewirkt hat.[2] „Keine Waffe", so Isaac, habe sich „als bedrohlicher für das Judentum und seine Anhänger" erwiesen als die „Lehre der Verachtung", die vor allem von den Kirchenvätern des 4. Jahrhunderts ausgearbeitet worden sei. Und innerhalb dieser Lehre sei nichts verderblicher gewesen als die Theorie vom „Gottesmördervolk", die seit dem Aufstieg des Christentums zur Staatsreligion ein „System der Erniedrigung" als praktisch-politische Konsequenz begründet habe.[3]

3.2 Antijudaismus als „linke Hand" der Christologie?

Sollte Isaac mit seiner Analyse der christlichen „Lehre der Verachtung" recht haben, dann stellt sich die brisante Frage, ob diese Lehre notwendig im christlichen Dogma, letztlich also in der Christologie, verankert ist, oder ob eine christliche Theologie ohne Antisemitismus denkbar ist.

---

[1] Vgl. Jules Isaac, *L'enseignement du mépris*, Paris 1962.
[2] Vgl. Zweites Vatikanisches Konzil, *Erklärung über das Verhältnis der Kirche zu den nichtchristlichen Religionen „Nostra aetate"* vom 28. Oktober 1965, in: Rolf Rendtorff u. Hans Hermann Henrix (Hg.), *Die Kirchen und das Judentum. Bd. 1: Dokumente von 1945 bis 1985*, Gütersloh u. Paderborn (3. Aufl.) 2001, 39–44.
[3] Jules Isaac, *Genesis des Antisemitismus. Vor und nach Christus* (orig. *Genèse de l'antisémitisme*, Paris 1956), Wien 1969, 241.

3.2 Antijudaismus als „linke Hand" der Christologie?

Nach Auffassung des katholischen Theologen Gregory Baum sind „die antijüdischen Tendenzen im Christentum nicht erst auf späte Entwicklungen zurückzuführen". Sie stammten vielmehr „aus den frühesten Zeiten". Beinahe von Anfang an seien sie „mit der Verkündigung der Kirche von Jesus als dem Christus verbunden" gewesen.[4] Mit dieser These hat Baum zusammengefasst, was in den siebziger Jahren des 20. Jahrhunderts die katholische Theologin Rosemary Ruether in ihrem aufsehenerregenden Buch *Nächstenliebe und Brudermord* ausgeführt hatte. Das Buch löste damals zunächst in den USA, dann aber auch in Deutschland eine heftige Diskussion aus, in der das seit der Antike gelehrte offizielle christologische Dogma der Kirche unter den Verdacht geriet, eine wesentliche Wurzel des abendländischen Antisemitismus gebildet zu haben. So sei, wie Baum Ruethers Beobachtungen referiert, „das christliche Bekenntnis zu Jesus als dem Christus von einer Ablehnung der synagogalen Schriftauslegung begleitet" gewesen; und „[d]iese Ablehnung, die Rosemary Ruether die ‚linke Hand der Christologie' nennt", sei „Quelle und Ursprung des christlichen Antijudaismus".[5] Gerade weil das Christentum seinen Wahrheitsanspruch „in jüdischen Begriffen zu legitimieren" suchte, sei – so Ruether – die Herausbildung einer antijüdischen Tradition notwendig geworden.[6] Die judenfeindliche Akzentuierung christlicher Theologie scheint nach dieser Auffassung praktisch unvermeidlich gewesen zu sein.

Bei Ruether bezieht sich die These vom theologischen Ursprung des Antisemitismus nicht erst auf die Theologie der sog. Kirchenväter, sondern bereits auf wesentliche Inhalte des Neuen Testaments, da hier die Schriften der Hebräischen Bibel durchweg christologisch interpretiert worden seien.[7] So sei bereits bei den Synoptikern ein „christliches Bundesprinzip" gegenüber dem „abgefallenen Israel" etabliert worden; demnach habe Gott „die Heiden erwählt", indem er „sein abtrünniges Volk verwirft". Indem die Juden am traditionellen Verständnis des Bundes Gottes mit seinem Volk festhielten, hätten zunächst sie das Evangelium „verworfen". Im Gegenzug habe Gott sie „verworfen" und „ein neues Volk" geschaffen, „das die Heiden einschließt".[8] Schon bei Paulus, dann aber auch im Hebräerbrief und insbesondere im Johannesevangelium sei der christliche Antijudaismus schließlich in eine allgemeine philosophische Theorie transformiert worden.[9]

Es bleibt bei Ruether in der Schwebe, ob der christologisch motivierte Antijudaismus in den Texten des Neuen Testaments tatsächlich beabsichtigt war

---

[4] Gregory Baum, Einleitung, in: Rosemary Ruether, *Nächstenliebe und Brudermord. Die theologischen Wurzeln des Antisemitismus* (orig. *Faith and Fratricide. The Theological Roots of Anti-Semitism*, New York 1974), München 1978, 9–28; 18.
[5] Baum, Einleitung, in: Ruether, *Nächstenliebe und Brudermord*, 18f.
[6] Ruether, *Nächstenliebe und Brudermord*, 93.
[7] Vgl. Ruether, *Nächstenliebe und Brudermord*, 66–112, insbes. 67.
[8] Ruether, *Nächstenliebe und Brudermord*, 83.
[9] Vgl. Ruether, *Nächstenliebe und Brudermord*, 93–112.

oder ob er erst in der Auslegung der neutestamentlichen Texte durch die Kirchenväter produziert worden ist. Möglicherweise sei „der Antijudaismus zu tief in die Grundlagen des Christentums eingebettet, als daß er ausgerissen werden könnte, ohne die ganze Struktur zu zerstören".[10] Neuere exegetische Tendenzen wie die „neue Paulus-Perspektive" haben demgegenüber zu zeigen versucht, dass die neutestamentlichen Autoren, die durchweg selber Juden waren, sich in innerjüdischen Auseinandersetzungen engagierten, die als ein Ausdruck der Pluralität des Judentums in der Zeit des Zweiten Tempels gelten können.[11] Der Antijudaismus neutestamentlicher Texte wäre dann eher das Problem einer missbräuchlichen späteren Auslegung, die den innerjüdischen Streit für eine Auseinandersetzung von Heidenchristen mit dem Judentum nutzbar gemacht hätte.

Ich kann auf die Frage, inwiefern der christologisch begründete theologische Antijudaismus bereits im Neuen Testament Ausdruck findet, in diesem Rahmen nicht näher eingehen.[12] Stattdessen werde ich mich auf die Entwicklung der „Lehre der Verachtung" bei den Kirchenvätern konzentrieren. Diese haben eine eigene Literaturgattung geschaffen, die sog. *adversus-Iudaeos*-Schriften, in denen es darum ging, das jüdische Schriftverständnis als irreführend zurückzuweisen und die christliche Schriftauslegung als die einzig legitime zu behaupten. Nach dieser Auffassung lasen die Juden die Hebräische Bibel, „ohne ihre wahre Bedeutung zu verstehen". Sie lasen die Schrift

> „wörtlich, doch die wahre Bedeutung lag nicht im Buchstaben, sondern im Geist [...]. Die Juden [...] hingen nur am Gesetz [...]; sie waren blind für die Verheißungen der Gnade, die in den Schriften angekündigt war und die auf Jesus zielte und ihre Erfüllung in der christlichen Gemeinde fand [...]. Die Christen waren das wahre Israel."[13]

Der Bruch mit Israel wurde dadurch unterstrichen, dass die Zerstörung des Jerusalemer Tempels durch die Römer im Jahr 70 von christlichen Theologen als gerechte Strafe Gottes für die widerspenstigen Juden interpretiert wurde, die es abgelehnt hatten, Jesus als Messias anzuerkennen, und stattdessen einen Aufstand gegen den römischen Kaiser angezettelt hatten.

---

[10] Ruether, *Nächstenliebe und Brudermord*, 212. – Vgl. ebd., 210: „Weizen und Unkraut" seien „von Anfang an zusammen gewachsen", so dass es schwierig, wenn nicht unmöglich erscheint, „das Unkraut zu entfernen, ohne zugleich den Samen des christlichen Glaubens mit zu entwurzeln".

[11] Zur später so genannten „New perspective on Paul" vgl. schon Krister Stendahl, *Der Jude Paulus und wir Heiden. Anfragen an das abendländische Christentum*, München 1978 (orig. englisch: *Paul among Jews and Gentiles and other Essays*, Philadelphia, PA, 1976). – Zur Interpretation des Johannesevangeliums im Kontext innerjüdischer Auseinandersetzungen vgl. Klaus Wengst, *Das Johannesevangelium*, Stuttgart (Neuausgabe) 2019.

[12] Vgl. dazu jetzt Klaus Wengst, *Wie das Christentum entstand. Eine Geschichte mit Brüchen im 1. und 2. Jahrhundert*, Gütersloh 2021.

[13] Baum, Einleitung, in: Ruether, *Nächstenliebe und Brudermord*, 19.

Nach Ruether lässt sich der christliche Antijudaismus, insbesondere auch der Gottesmordvorwurf an die Adresse der Juden, letztlich nur psychopathologisch verstehen: „Die Annahme, daß die Juden verworfen sind, weil sie Christus nicht als bereits Gekommenen akzeptieren," sei in Wirklichkeit „eine Projektion" der „unerlösten Seite" des Christentums auf das Judentum.

> „Die Juden stehen für das, was das Christentum in sich selbst unterdrücken muß, nämlich die Erkenntnis, daß die Geschichte und die christliche Existenz unerlöst sind. In diesem Sinne ‚töten' die Juden in der Tat ‚Christus' für die Christen, denn sie bewahren die Erinnerung an die ursprüngliche biblische Bedeutung des Wortes Messias, von wo aus die gegenwärtige Geschichte und Gesellschaft als unerlöst beurteilt werden müssen."[14]

So weit die Argumentation von Rosemary Ruether.

Im Folgenden sollen einige Stationen der Herausbildung der „Lehre der Verachtung" in der Alten Kirche benannt werden, exemplarisch repräsentiert durch Meliton von Sardes, Johannes Chrysostomus, Ambrosius von Mailand und Augustinus von Hippo.

3.3 Meliton von Sardes

Dem Bischof Meliton von Sardes († um 180) bei Smyrna in Kleinasien wird die älteste überlieferte christliche Osterpredigt – die Homilie *Peri Pascha* (Vom Passa) – zugeschrieben,[15] die mit ihrer These, die Juden seien Gottesmörder, die christliche „Lehre der Verachtung" maßgeblich prägt. Voraussetzung dieser These ist eine Theologie, in der Gott der Vater und Gott der Sohn nahezu miteinander identifiziert werden:

> „Er ist alles: indem er richtet, Gesetz; indem er lehrt, Wort [λόγος]; indem er rettet, Gnade; indem er zeugt, Vater; indem er gezeugt wird, Sohn; indem er leidet, Lamm; indem er begraben wird, Mensch; indem er aufersteht, Gott. Dieser ist Jesus der Christus, dem die Ehre ist in die Weltzeiten, Amen" (9).

Abweichend von der späteren kirchlichen Praxis vertrat Meliton noch die Auffassung, dass sich das Datum des christlichen Osterfestes am Datum des jüdi-

---

[14] Ruether, *Nächstenliebe und Brudermord*, 228.
[15] Meliton von Sardes [Melito Sardianus], *Vom Passa. Die älteste christliche Osterpredigt*. Übersetzt, eingeleitet und kommentiert von Josef Blank, Freiburg i. Br. 1963 (Sophia. Quellen östlicher Theologie, 3), 99–131. – Vgl. auch Melito of Sardis, *On Pascha and Fragments*. Texts and translations edited by Stuart George Hall, Oxford 1979 (Oxford early Christian texts). Die Predigt wird im Folgenden mit Abschnittsnummern im Text zitiert; der Wortlaut folgt einer eigenen Übersetzung.

schen *Pessach*-Festes, dem 14. Nisan, orientieren solle.[16] Diese Datierung eröffnete einerseits die Möglichkeit, inhaltlich an die jüdische Tradition anzuknüpfen, wonach zu *Pessach* an die Befreiung Israels aus der ägyptischen Knechtschaft erinnert wird (2. Mose 12); andererseits provozierte gerade die zeitliche Nähe zu *Pessach* „antijüdische Polemik", um die Überlegenheit des christlichen Weges nachzuweisen.[17] Während die Juden das *Pessach*-Lamm aßen und die biblische Befreiungsgeschichte nacherzählten, diente dieselbe Geschichte den Christen als Vorbild (τύπος) für „Tod und Auferstehung des Herrn".[18] So deutet Meliton den Auszug des Volkes Israel aus Ägypten allegorisch auf Jesus als das wahre *Pessach*-Lamm:

> „Denn er selbst, geführt wie ein Lamm und geschlachtet wie ein Schaf, erlöste uns vom Dienst der Welt wie aus dem Land Ägypten und befreite uns aus der Sklaverei des Teufels wie aus der Hand des Pharao [...]. Er ist es, der uns aus der Sklaverei in die Freiheit entließ, aus der Finsternis ins Licht, aus dem Tod ins Leben, aus der Tyrannei in das ewige Königtum, der uns zu einem neuen Priestertum gemacht hat und zu einem ewigen Volk seines Bundes. Er ist das Pessach unserer Erlösung" (67–69).

Die Kehrseite dieser allegorischen Deutung des Exodus auf Jesus ist eine antijüdische Theologie. Das Volk Israel dient Meliton als Kontrastfolie zur christlichen Kirche, indem es kollektiv für den Tod Jesu verantwortlich gemacht wird:

> „Er ist es, der ermordet wurde. Und wo ist er ermordet worden? In der Mitte Jerusalems. [Von wem? Von Israel.][19] Warum? Weil er ihre Lahmen heilte und ihre Aussätzigen reinigte und ihren Blinden Licht brachte und ihre Toten erweckte; deshalb musste er streben [...]. Was für ein beispielloses Verbrechen hast du begangen, o Israel? Du hast den entehrt, der dich geehrt hat; du hast den entwürdigt, der dich gewürdigt hat; du hast den verneint, der dich bejaht hat; du hast den verachtet, der dich geachtet hat; du hast den getötet, der dich lebendig gemacht hat" (72f.). „Und du hast deinen Herrn getötet am großen Fest" (79).

Letztlich wird in der Perspektive des Meliton das einst erwählte Volk Israel durch die christliche Kirche als das neue Gottesvolk ersetzt:

> „O frevlerisches Israel, was ist das für ein beispielloses Verbrechen, das du begangen hast, deinen Herrn unter beispiellosen Leiden zu verstoßen?" (81) „Er ist es doch, der dich erwählt und geleitet hat [...]. Er ist es, [...] der das Rote Meer zerspalten und dich hindurchgeführt hat und deinen Feind zerstört hat" (83f.). „Er ist es, den du getötet hast [...]" (86). „Denn ihn, den die Völker verehrten und die Unbeschnittenen bewun-

---

[16] Vgl. Blank, Einleitung und Kommentar, in: Meliton, *Vom Passa*, 26–41 [Das Passa-Fest der Quartadezimaner und die Entstehung des christlichen Osterfestes]; 26f.
[17] Blank, Einleitung, in: Meliton, *Vom Passa*, 34.
[18] Blank, Einleitung, in: Meliton, *Vom Passa*, 40.
[19] Die Worte in eckigen Klammern fehlen offenbar in manchen Handschriften, so auch in der Ausgabe von Josef Blank; vgl. aber die entsprechende Stelle in der Ausgabe von Stuart George Hall (mit Erläuterung im kritischen Apparat).

derten und die Fremden würdigten, über den selbst Pilatus seine Hände in Unschuld wusch, den hast du am großen Fest getötet" (92).

Schließlich findet sich bei Meliton zum ersten Mal die These vom „Gottesmord" der Juden, die in der Geschichte des christlichen Antisemitismus eine zentrale Rolle spielen sollte. Dabei werden die Zerstörung Jerusalems durch die Römer und das gegenwärtige Leiden der Juden bereits als gerechte Strafe für den angeblichen Gottesmord gerechtfertigt:

> „Hört, alle Sippen der Völker, und seht! Ein beispielloser Mord ist geschehen in der Mitte Jerusalems, in der Stadt des Gesetzes, in der Stadt der Hebräer, in der Stadt der Propheten, in der Stadt, die als gerecht galt. Und wer wurde ermordet? Wer ist der Mörder?" (94)
> „Der die Erde aufhängte, hängt da [...]. Gott ist ermordet worden [ὁ θεὸς πεφόνευται]; der König Israels ist zu Tode gebracht worden durch die Hand eines Israeliten. O beispielloser Mord! Beispielloses Verbrechen!" (96f.)
> „Warum, o Israel, bist du nicht vor dem Herrn erbebt? [...] Nun liegst du tot, er aber ist von den Toten auferstanden und zum Himmel aufgefahren" (99f.).

Josef Blank, der Herausgeber von Melitons Osterpredigt, räumt ein, dass „die Formel vom ‚Gottesmord' der Juden [...] zu folgenschweren Mißverständnissen führen mußte"; er meint aber „einen gewichtigen Unterschied" gegenüber dem künftigen nationalistischen und rassistischen „Antisemitismus" machen zu müssen, da es sich bei Meliton um ein theologisches Konzept handele.[20] Doch auch Blank kommt schließlich nicht an der Feststellung vorbei, dass es sich in Melitons Osterpredigt um einen der „am meisten ‚judenfeindlichen' Texte des frühen Christentums" handele, dessen Aussagen sich „in dieser Form nicht halten" ließen. Im Vergleich zum Johannesevangelium, in dessen Tradition Meliton stehe, habe hier „eine ‚schreckliche Vereinfachung' stattgefunden".[21]

3.4 Johannes Chrysostomus

Die „Lehre der Verachtung", wie sie von Meliton vertreten worden ist, hat in der Theologie der Alten Kirche Schule gemacht. Dies lässt sich zweihundert Jahre später bei dem äußerst populären antiochenischen Theologen Johannes Chrysostomus (349[?]–407), dem „Goldmund", zeigen. Johannes, der in seinen letzten Lebensjahren als Patriarch von Konstantinopel wirkte und scheiterte, wurde maßgeblich für die Theologie der Ostkirchen. Zu seiner Zeit scheint es

---

[20] Blank, Einleitung, in: Meliton, *Vom Passa*, 81f.
[21] Blank, Einleitung, in: Meliton, *Vom Passa*, 84. Während sich im Johannesevangelium trotz aller Vorwürfe gegen „die Juden" doch auch der Satz finde: „Das Heil kommt von den Juden" (Joh 4,22), fehle bei Meliton jede „Differenzierung": „Hier ist Israel tatsächlich eine kompakte Größe, von der es heißt, es habe den Herrn, ja sogar Gott getötet" (ebd.).

zumindest in Antiochia noch durchaus üblich gewesen zu sein, dass Christen an hohen jüdischen Feiertagen auch die Synagogen besuchten – eine Praxis, die Johannes empörte. In seinen wohl in den Jahren 386 und 387 gehaltenen *Acht Reden gegen Juden*,[22] die genauer eigentlich als acht Reden gegen das Judaisieren bezeichnet werden müssten, polemisiert er gegen solche mit dem Judentum sympathisierenden Christen.

Obwohl Johannes anders als Meliton innerhalb der göttlichen Trinität deutlich zwischen dem Vater und dem Sohn unterscheidet, nimmt er doch die These vom jüdischen Gottesmord auf. So führt er in der ersten Rede aus:

> „Wenn einer deinen Sohn umgebracht hätte, sag mir, hättest du es ertragen, ihn zu sehen? Seinen Gruß zu hören? Hättest du ihn nicht viel eher wie einen Dämon, ja wie den Teufel in Person gemieden? Deines Herrn Sohn haben sie umgebracht, und du wagst es, mit ihnen am selben Ort zusammenzukommen? Und er, der umgebracht wurde, hat dich so geehrt, daß er dich zum Bruder machte und zu seinem Miterben; du aber entehrst ihn so, daß du seine Mörder, die ihn gekreuzigt haben, ehrst und ihnen Achtung bezeugst durch deine Teilnahme an ihren Festen, daß du zu ihren unheiligen Orten gehst, in ihre unreinen Vorhöfe eintrittst und am Mahl mit den Dämonen teilnimmst. So möchte ich nämlich das Fasten der Juden nach dem Gottesmord [θεοκτονία] nennen" (I,7).

Und in der vierten Rede heißt es im Blick auf judaisierende Christen:

> „Jeden einzelnen, der an dieser Krankheit leidet, werde ich fragen: ‚Bist du ein Christ? Warum machst du dann so eifrig bei den Juden mit? So bist du Jude? Warum belästigst du dann die Kirche? [...] Besteht denn wirklich nur ein kleiner Unterschied zwischen uns und den Juden? Geht denn wirklich unser Streit nur um Bagatellen, so dass du glaubst, es sei ein und dasselbe? Wie vermischest du Unvermischbares? Jene haben Christus gekreuzigt, den du anbetest. Siehst du, wie groß der Unterschied ist? Was läufst du denn zu jenen, den Mördern, der du sagest, du betest den Gekreuzigten an?'" (IV,3)

Hier wird erkennbar, dass Johannes Chrysostomus eben nicht nur die Differenz zwischen Juden und Christen verdeutlichen will, sondern zugleich als vermeintlich alleiniger Wahrheitsbesitzer in einer Art und Weise gegen die Juden polemisiert, in der diese als Kollektiv kriminalisiert werden. Entgegen dem Zeugnis des Neuen Testaments und der altkirchlichen Bekenntnisse wird der Kreuzestod Jesu den Juden zum Vorwurf gemacht, und zwar nicht nur allen Juden zur Zeit Jesu, sondern allen Juden über die Jahrhunderte hinweg, Generation für Generation. Da Jesus vonseiten der Christen als Gottessohn verehrt wird, ist damit zugleich der christliche Mythos von den Juden als einem Volk von Gottesmördern etabliert.

---

[22] Johannes Chrysostomus, *Acht Reden gegen Juden*, eingeleitet und erläutert von Rudolf Brändle, übersetzt von Verena Jegher-Bucher, Stuttgart 1995. Zitate aus den Reden werden im Folgenden mit römischer Ziffer für die Nummer der Rede und arabischer Ziffer für den jeweiligen Abschnitt belegt.

3.5 Ambrosius von Mailand

Spätestens seitdem die christliche Kirche durch die römischen Obrigkeiten privilegiert wurde, sind auch praktisch-politische Konsequenzen der theologischen Lehre der Verachtung zu beobachten. Tatsächlich war die Tendenz zu „judaisieren", vor der Johannes Chrysostomus meinte warnen zu müssen, unter den Christen des späten 4. Jahrhunderts keineswegs allgemein verbreitet. Vielmehr kam es – nicht zuletzt wohl aufgrund antijüdischer Predigten – immer wieder vor, dass „fanatisierte christliche Volksmengen nicht nur heidnische Kultstätten, sondern auch Synagogen zerstörten". Nachdem der Bischof von Kallinikon am Euphrat (heute: *ar-Raqqah*) gemeinsam mit einigen Mönchen im Jahr 388 die Bürger der Stadt aufgefordert hatte, die dortige Synagoge anzugreifen, wurde diese von einer Volksmenge gestürmt und in Schutt und Asche gelegt. Als Kaiser Theodosius forderte, die Täter zu bestrafen und sie zum Wiederaufbau der Synagoge und zur Rückgabe des geraubten Kultgeräts zu verpflichten, empörte sich Ambrosius von Mailand (339–397), der in Trier geborene Bischof der kaiserlichen Residenz der westlichen Reichshälfte, über diese Anordnung, denn „nicht die Untat der Brandstifter, sondern des Kaisers Strafbefehl und Wiedergutmachungssanktion" seien verwerflich. „Auch in Mailand sei eine Synagoge ein Raub der Flammen geworden, wofür er gern die Verantwortung tragen wolle". Da die kaiserliche Anweisung das Gebiet der Religion betreffe, dürfe der Kaiser hier nicht alleine entscheiden, sondern er müsse den Rat der Bischöfe einholen. Um seine Auffassung zu bekräftigen, trat Ambrosius in den Streik, indem er sich so lange weigerte, die Messe zu feiern, „bis der Kaiser gelobt habe, daß ihn seine Milde gereue und er von einer Bestrafung der Christen […] abzusehen bereit sei". Am Ende musste der Kaiser einlenken.[23]

Mit der Zerstörung der Synagoge von Kallinikon war ein gefährlicher Präzedenzfall für die Zukunft geschaffen.

> „Das Plündern, Zerstören und Verbrennen von Synagogen blieben in der Folgezeit an der Tagesordnung […]. In Alexandrien organisierte der christliche Patriarch, Cyrill, 414/15 die Zerstörung der altehrwürdigen Synagogen und die Vertreibung der jüdischen Minderheit. Dagegen scheint es in Palästina, wo die Christen gegenüber den Juden in der Minderzahl waren, keine Übergriffe gegeben zu haben."[24]

---

[23] Karl Kupisch, *Kirchengeschichte I. Von den Anfängen bis zu Karl dem Großen*, Stuttgart 1973, 94.
[24] Martin H. Jung, *Christen und Juden. Die Geschichte ihrer Beziehungen*, Darmstadt 2008, 53.

3.6 Augustinus von Hippo

Für die westliche Kirche und Theologie wurde Augustinus von Hippo (354–430) der einflussreichste Theologe der Spätantike, der auch die Stellung der Kirche gegenüber dem Judentum für die kommenden Jahrhunderte prägen sollte. Die Einstellung des Augustinus gegenüber den Juden und insbesondere gegenüber dem jüdischen „Gesetz" ist von einer tiefen Ambivalenz durchzogen, die aus der Dialektik von Geist und Buchstabe bei dem Apostel Paulus abgeleitet ist. Heißt es bei Paulus im Blick auf die Schrift: „Der Buchstabe tötet, der Geist aber macht lebendig" (2 Kor 3,6), so wendet Augustinus dies auf das christlich-jüdische Verhältnis an: Das wörtliche Textverständnis der Juden sei ungenügend, nur die geistliche Bibeldeutung der Christen verbürge das Heil. Dabei führt Augustinus einen Zwei-Fronten-Krieg gegen den Monismus der Juden einerseits, gegen den Dualismus der Manichäer, die den Geist gegen die Materie ausspielten, andererseits. So konnte der Eindruck entstehen, Augustinus verteidige die Juden gegen heidnische Angriffe; indem er – anders als die Manichäer, denen er zeitweilig zugeneigt war – sich bemühte, das „Fleisch" positiv zu werten, habe Augustinus auch Juden und Judentum positiv bewertet.[25] Dennoch blieb für ihn immer klar, dass das Judentum dem Christentum untergeordnet werden müsse.[26]

Immerhin schloss die Ambivalenz des Augustinus gegenüber den Juden die Auffassung ein, dass „[j]edes Wort des alten Gesetzes [...] gut" sei. „Jedes Wort davon war buchstäblich wahr, auch wenn Allegorie nötig war, damit der Christ darin Erlösung fand." Mit dem Kommen Jesu habe das Gesetz zwar seine Funktion als „Weg zur Erlösung" eingebüßt; es dürfe aber nicht verurteilt werden oder „als falsch oder [...] als von den Juden verfälscht abgetan werden". Vielmehr waren die Juden für Augustinus „die besten Garanten der Wahrheit des Gesetzes". Obwohl sie längst besiegt waren, sollten sie aus zwei Gründen überleben:

> „Erstens legte ihre Existenz Zeugnis gegen all jene ab, die [...] meinten, die alten Schriften seien falsch oder verfälscht. Zweitens zeugte das Elend dieser Existenz gegenüber all jenen, die wie die Juden oder die Heiden meinten, Jesus sei nicht der Messias gewesen."[27]

Ein Argument, mit dem Augustinus das Überdauern des nach der Kreuzigung Jesu eigentlich überholten Judentums begründete, war der Vergleich mit Kain nach der Ermordung Abels; durch das Kainsmal sollte der Brudermörder vor Ra-

---

[25] Vgl. Paula Fredriksen, *Augustine and the Jews. A Christian Defense of Jews and Judaism*, New Haven and London 2010, 339: „By wanting to value ‚flesh' positively, Augustine came to value ‚Jew' and ‚Judaism' positively."

[26] Vgl. Fredriksen, ebd., 372: „Nonetheless, Augustine's theology, for all its innovative and positive positions, does ultimately subordinate Judaism to Christianity."

[27] David Nirenberg, *Anti-Judaismus. Eine andere Geschichte des westlichen Denkens*, München 2015, 138.

3.6 Augustinus von Hippo

che geschützt werden, um ihm eine prekäre Existenz – „unstet und flüchtig" (1. Mose 4,12) – am Rande der menschlichen Gesellschaft zu ermöglichen. Wer Kain erschlägt, soll siebenfacher Rache verfallen. Daraus folgt für Augustinus im Blick auf die Juden:

> „[D]ie gottlose Rasse der fleischlichen Juden soll nicht durch körperlichen Tod vergehen [...]. Bis ans Ende der sieben Tage der Zeiten wird die Erhaltung der Juden für gläubige Christen ein Beweis der Unterwerfung sein, den jene verdienen, die [...] den HERRN töteten."[28]

Die innovative Konzeption des Augustinus läuft darauf hinaus, dass das jüdische Gesetz nicht einfach durch das Evangelium abgetan sei (wie es die Manichäer, der Häretiker Markion und andere Dualisten behauptet hatten), dass es aber auch nicht nur allegorisch auf Christus hin zu deuten sei (wie es die Verteidiger des orthodoxen Glaubens bis dahin getan hatten), sondern dass es in den Juden weiterhin real-existent blieb, jedoch dem Evangelium des Neuen Bundes zu dienen habe.

> „Bei all dem ging es Augustinus nicht um das Schicksal der Juden, sondern um die Konstruktion eines dauerhaften Paradoxes [...]. Im Gegensatz zu Johannes Chrysostomus und Ambrosius von Mailand stellt sich Augustinus keine christliche Welt ohne diesen jüdischen Rest vor. Vielmehr garantierte gerade die dauerhafte Existenz dieses Restes die Verständlichkeit von Schrift und Welt."[29]

Eine zusammenfassende Darstellung hat die antijudaistische Spitze der Lehre des Augustinus in der späten Predigt *Gegen die Juden* (*Adversus Iudaeos*, 429/30) gefunden.[30] Für seine ambivalente Sicht der Juden beruft er sich hier zunächst auf Paulus, der in seinem Brief an die Römer formuliert hatte: „Du siehst [...] die Güte und die Strenge Gottes; die Strenge gegen jene, die gefallen sind, dir gegenüber jedoch die Güte, wenn du im Guten verharrst" (Röm 11,22). Die dialektische Spannung von Güte und Strenge Gottes in der Formulierung des Paulus wird von Augustinus also gleich eingangs aufgelöst, indem er Güte und Strenge auf zwei antagonistische Menschengruppen verteilt: die Strenge gelte den Juden, die Güte den Christen. Gleichzeitig warnt Augustinus die Christen mit Paulus vor Überheblichkeit gegenüber den Juden, denn „nicht du trägst die Wurzel, sondern die Wurzel dich" (Röm 11,18). Dabei besteht die Wurzel für Augustinus in den „heiligen Patriarchen", d. h. in den alttestamentlichen Erzvätern Israels

---

[28] Vgl. Augustinus, Contra Faustum XII; zit. nach Nirenberg, *Anti-Judaismus*, 138f.
[29] Nirenberg, *Anti-Judaismus*, 140.
[30] Vgl. Bernhard Blumenkranz, *Die Judenpredigt Augustins. Ein Beitrag zur Geschichte der jüdisch-christlichen Beziehungen in den ersten Jahrhunderten*, Basel 1946, 89–110 [Augustins Judenpredigt in deutscher Übersetzung]. Die Predigt *Adversus Iudaeos* des Augustinus wird im Folgenden nach dieser Ausgabe als adv. Iud. mit Abschnittsnummer [und Seitenzahl] im Text zitiert.

(adv. Iud. I,1 [90]). Nicht die Juden, sondern die Christen hätten als deren legitime Erben zu gelten.

Der erste Vorwurf des Augustinus gegen die Juden lautet nun, dass sie das Evangelium verachteten und nicht hörten, „was wir sprechen". Sonst müssten sie verstehen, dass der Prophet Jesaja, wenn er vom „Licht der Völker" (Jes 49,6) spricht, nicht etwa das Volk Israel meint, sondern den „Herrn Christus" (adv. Iud. I,2 [90f.]). Daneben hält Augustinus den Juden ihren „Irrtum" vor, wonach sich „die Bücher des Alten Testaments" nicht an die Christen wendeten, da diese die Vorschriften des alten Gesetzes und der Propheten wie Beschneidung, Speise- und Reinheitsgebote oder jüdische Festtage nicht beachteten. Dem hält Augustinus entgegen, dass es ein Missverständnis sei, diese Vorschriften wörtlich zu befolgen; vielmehr hätten sie einen geistlichen Sinn, den die Christen sehr wohl befolgten; denn „unser Passah ist Christus [...], der gekommen ist, das Gesetz und die Propheten nicht aufzulösen, sondern zu erfüllen" (adv. Iud. II,3 [91f.], vgl. Mt 5,17).

Demnach habe Jesus Christus die „alten Zeichen der Dinge [...] nicht verdammt und abgeschafft, sondern erfüllt und gewandelt". Für diese Auffassung beruft sich Augustinus auf eine Redefigur des Psalters, wo manche Psalmen mit dem Titel versehen seien: „Für die Dinge, die gewandelt werden sollen" (Ps 45,1; Ps 69,1; Ps 80,1).[31] Der Text dieser Psalmen verkünde aber Christus, „damit das Volk Gottes, das jetzt das christliche Volk ist, nicht mehr gezwungen werde, ‚jene Vorschriften' zu beobachten, die im prophetischen Zeitalter beobachtet wurden; nicht weil sie verworfen, sondern weil sie gewandelt worden sind [...]" (adv. Iud. III,4 [92f.]). An anderer Stelle in seiner Predigt *Adversus Iudaeos* führt Augustin zu seiner These von der *mutatio* (= Wandlung) alttestamentlicher Texte in christlicher Deutung aus:

> „Die Juden, die dies lesen und nicht verstehen, glauben etwas ‚uns Unbequemes' zu sagen, wenn sie uns fragen, wieso wir die Autorität des Gesetzes und der Propheten annehmen, da wir die Sakramente nicht beobachten, die dort vorgeschrieben sind. Wir beobachten sie nicht, da sie gewandelt sind. Gewandelt wurden sie jedoch, weil von ihnen vorausgesagt war, daß sie gewandelt würden. Und wir glauben an den, durch dessen Offenbarung sie gewandelt wurden" (adv. Iud. V,6 [95]).

Augustinus plädiert also für eine allegorische Deutung alttestamentlicher Texte auf Christus hin, wodurch sie christlich angeeignet werden könnten. So erhielten sie erst ihren wahren Sinn, der von den Juden, die am Buchstaben klebten, nicht verstanden werde. Es ist für Augustinus völlig klar, dass in Psalm 45 „der

---

[31] Das Argument dürfte freilich Juden kaum überzeugt haben, da es nur in der griechischen Übersetzung des Alten Testaments gemäß der sog. Septuaginta funktioniert, nicht jedoch im hebräischen Text. Wo im Griechischen steht: „*eis to telos, hyper ton alloiothesomenon* (εἰς τὸ τέλος, ὑπὲρ τῶν ἀλλοιωθησομένων)", was etwa mit „zum Zweck, für die sich Verwandelnden" übersetzt werden könnte, steht im Hebräischen „*lamenazeach, al-schoschanim* (למנצח על־ששנים)", was Martin Buber übersetzt mit: „Des Chormeisters, nach ‚Lilien'".

3.6 Augustinus von Hippo

Schönste unter den Menschenkindern" (Ps 45,3) jener sei, „der es nicht als Raub betrachtet hat, da er in der Gestalt Gottes war, Gott gleich zu sein" (Phil 2,6), also Jesus Christus. Und wenn es in demselben Psalm heißt: „Und vergiß dein Volk und dein Vaterhaus" (Ps 45,11), dann bedeutet das für Augustinus, dass „das Neue erfüllt" wird, indem „das Alte gewandelt" wird (adv. Iud. IV,5 [93f.]).

Ähnlich wird der ganze Psalm 69 auf „das Leiden unseres Herrn Jesus Christus" hin gedeutet: Wenn es dort etwa heißt: „Sie gaben mir Galle zur Speise, und in meinem Durste tränkten sie mich mit Essig" (Ps 69,22), dann meint Augustinus, hier sei „niedergeschrieben und vorhergesagt, was wir im Evangelium als geschehen lesen" (Mt 27,34 u. 48; Joh 19,29). Damit sei erneut „das Alte gewandelt worden, das, wie der Titel des Psalmes angekündigt hatte, gewandelt werden sollte" (adv. Iud. V,6 [94f.]). Wenn es in demselben Psalm schließlich heißt: „Gott wird Zion erlösen, und die Städte Judas werden erbaut werden, und sie werden sie bewohnen und zum Erbbesitze empfangen" (Ps 69,36), dann dürfe man dies nicht mit den Juden „fleischlich" missverstehen, als sei hier vom „irdischen Jerusalem" die Rede; vielmehr gehe es hier um „unsere Mutter, das ewige [Jerusalem] im Himmel" (Gal 4,25f.; adv. Iud. V,6 [96]).

Wenn es schließlich in Psalm 80 heißt: „Blicke vom Himmel herab, und siehe, und schau auf diesen Weinstock" (Ps 80,15), dann geht es nach Augustinus um denselben Weinstock, von dem es kurz zuvor hieß: „Einen Weinstock hast du von Ägypten hierher verpflanzt" (Ps 80,9). Daraus folgert er gemäß seiner These von der „Wandlung" durch Allegorese: „Nicht nämlich hat Christus einen anderen gepflanzt, sondern diesen selbst bei seinem Kommen in einen besseren gewandelt. So heißt es auch im Evangelium: ‚Er wird die Übeltäter übel zu Grund gehen lassen und seinen Weinberg anderen Bebauern vermieten' (Mt 21,41)." Gemeint ist offenbar, dass die Juden als die ehemaligen Besitzer des Weinbergs durch „die Gemeinschaft der Heiligen", d. h. durch die Kirche als das neue Gottesvolk, abgelöst worden sind (adv. Iud. VI,7 [96]).

Neben den Beispielen aus den Psalmen, deren Text durch allegorische Deutung „gewandelt" werden müsse, führt Augustinus die Rede des Propheten Jeremia vom „neuen Bund" als „deutliche Worte der prophetischen Verkündigung" an: „Siehe, die Tage werden kommen, spricht der Herr, da will ich über dem Haus Jakob einen neuen Bund schließen, nicht gemäß dem Bunde, den ich mit den Vätern geschlossen, am Tage, da ich sie bei der Hand faßte, um sie aus dem Lande Ägypten zu führen" (Jer 31,31f.). Das kommentiert Augustinus mit einer kritischen Bemerkung gegenüber den Juden:

> „Da also in jenem Alten Testamente [= Alter Bund] die Vorschriften enthalten sind, welche wir, die wir zum Neuen Testamente [= Neuer Bund] gehören, nicht mehr beobachten müssen, warum erkennen die Juden nicht lieber, daß sie in überflüssigen und veralteten ‚Vorschriften' verharren, als daß sie uns, die wir die neuen Verheißungen besitzen, vorwerfen, daß wir die alten ‚Vorschriften' nicht beachten?"

Es sei an der Zeit, dass auch die Juden „endlich die geistige Bedeutung ans Licht treten und die fleischliche Befolgung endlich zur Ruhe kommen" lassen (adv. Iud. VI,8 [97f.]).

Dabei geht es Augustinus zugleich um die Überwindung des jüdischen Partikularismus durch einen christlichen Universalismus. Wenn Psalm 50 mit den Worten beginnt: „Gott, der Herr der Götter, hat gesprochen und die Erde von Sonnenaufgang bis Sonnenuntergang gerufen" (Ps 50,1), dann interpretiert Augustinus das, wie folgt: „Nicht also wie einst vom Berge Sinai sprach der Gott der Götter zu dem einen Volke allein, das er aus Ägypten gerufen hatte, sondern er sprach und rief die ganze Erde, von Sonnenaufgang bis Sonnenuntergang" (adv. Iud. VI,8 [98]). Entsprechend wird der Name Israel von Augustinus den Juden abgesprochen und für die christliche Kirche als das wahre Israel in Anspruch genommen. Wenn der zitierte Psalm fortfährt: „Höre, mein Volk, und ich will zu dir sprechen, Israel, und ich will dir Zeugnis geben" (Ps 50,7), dann bezögen die Juden dies zu Unrecht auf sich selbst. Demgegenüber insistiert Augustinus darauf, dass sich dies auf „ein geistiges Israel" beziehe, „von welchem der Apostel sagt: ‚Und welche immer diese Regel befolgen, Friede sei über ihnen und Barmherzigkeit, und über dem Israel Gottes' (Gal 6,16)", womit die christliche Kirche gemeint sei (adv. Iud. VII,9 [99]).

Für seine Sicht beruft sich Augustinus nicht zuletzt auf Psalm 59, wo es heißt: „Mein Gott hat mir an meinen Feinden bewiesen: Töte sie nicht, damit sie nicht dein Gesetz vergessen; zerstreue sie in deiner Macht" (Ps 59,11f.). Auf die Juden angewandt heißt das für Augustinus, wie David Nirenberg zusammenfasst:

> „Vertrieben, aber allgegenwärtig, besiegt, aber noch ein eigenständiges Volk, Feinde Gottes und doch sein Gesetz Befolgende, dienen die Juden als bester Beweis für das Wesen der Herrschaft Christi über die Welt und als Lehre für Häretiker aller Orten."[32]

Tatsächlich dient das Überleben der Juden als von Gott verworfenes Volk nach Augustinus dem Heil der christlichen Kirche:

> „Deshalb vergeßt ihr nicht das Gesetz Gottes, sondern tragt es überall hin, den Völkern zum Zeugnis, euch zur Schmach, und ohne es zu verstehen, reicht ihr es dem Volke, das von Sonnenaufgang bis Sonnenuntergang berufen ist" (adv. Iud. VII,9 [100]).

Wir haben es hier mit der zentralen Denkfigur der innovativen, jedoch höchst ambivalenten Konzeption des Augustinus zu tun. Ihre gesellschaftlichen Konsequenzen bestehen darin, dass die Juden als überlebende Verworfene den Christen als den Erwählten zu dienen haben.

Dies leitet Augustinus aus der Konkurrenz zwischen den Brüdern Esau und Jakob im Alten Testament ab. Wie er den Juden den Israelnamen abspricht, so bestreitet er die Identität der Juden mit dem Haus Jakob. Zwar weiß Augustinus,

---

[32] Nirenberg, *Anti-Judaismus*, 140.

3.6 Augustinus von Hippo

dass bei dem Propheten Jesaja von einer eschatologischen Völkerwallfahrt zum Zion die Rede ist, bei der die Völker „am Ende der Tage" sprechen werden:

> „Kommet, laßt uns auf den Berg des Herrn steigen und zum Hause des Gottes Jakob, und er wird uns den Weg des Heils verkünden, und wir werden ihn beschreiten. Denn von Zion wird das Gesetz ausgehen und das Wort des Herrn von Jerusalem" (Jes 2,2f.).

Augustinus streitet den Juden aber vehement das Recht ab, dies auf sich zu beziehen und zu sagen: „Wir sind es", weil hier die Namen „,Haus Jakob' und ,Zion' und ,Jerusalem'" zu hören sind. Tatsächlich sei mit dem „Berg des Herrn" vielmehr Christus gemeint, der „dem Fleische nach aus dem Stamme Jakob" ist. Auch Jakob wird von Augustinus allegorisch als Repräsentant der christlichen Kirche gedeutet:

> „Oder ist etwa Jakob geistig anders zu verstehen als das christliche Volk selbst, das von jüngerer Geburt als das jüdische Volk dennoch dieses an Wachstum übertrifft und sich dieses unterwirft, damit erfüllt werde, was über jene zwei Brüder figürlich vorhergesagt ist: ,Und der Ältere wird dem Jüngeren dienen' (Gen 25,23)?"

Zion aber und Jerusalem seien als die Kirche zu verstehen. „Denn von jenem Orte aus, wo sie Christum gekreuzigt haben, ist das Gesetz und das Wort Gottes unter die Völker verbreitet worden", während das jüdische Gesetz ja nicht vom Zion, sondern vom Sinai ausgegangen sei (adv. Iud. VII,9 [100f.]).

Die Identifikation der Kirche mit Jakob und der Juden mit Esau stellt eine polemische Umkehrung der jüdischen Tradition dar, wonach die Juden sich von dem Stammvater Jakob (= Israel) herleiten, während die Christen mit den Nachkommen Esaus identifiziert werden. Die Umkehrung dient Augustinus dazu, die Knechtschaft der Juden als Minderheit innerhalb der christlichen Gesellschaft zu begründen. In diesem Zusammenhang formuliert er einen Vorwurf gegen die Juden, der in der Folgezeit breiteste Wirkung entfalten sollte: „Ihr habt Christus getötet in euren Eltern" (adv. Iud. VIII,11 [103]; vgl. VII,10 [102]). In dieser Anklage gegen die Juden als Kollektiv über die Generationen hinweg gipfelt die Kritik des Augustinus an den Juden. Der Verlust des Tempels als Opferstätte und die Zerstreuung der Juden unter die Völker gilt ihm als gerechte Strafe für die Kreuzigung Jesu: „Da ihr also diesen Ort durch eure Schuld verloren habt, wagt ihr nicht, das Opfer, das nur dort dargebracht werden durfte, anderswo darzubringen" (adv. Iud. IX,12 [106]).[33] So sei „das Priestertum Aarons", das keinen Tempel mehr habe, gewandelt worden in „das Priestertum Christi", das „auf ewig im Himmel" bestehe (adv. Iud. X,13 [108]).

---

[33] Vgl. Blumenkranz, Die Judenpredigt, 176, Anm. 6: „Als Strafe für die Kreuzigung betrachtet Augustin die Zerstreuung wohl auch in adv. Iud. 9,12: ,Da ihr diesen Ort (Jerusalem) durch eure Schuld verloren habt.'"

Dabei beruht die Kollektivschuld der Juden für Augustinus auf einem tragischen Missverständnis der biblischen Verheißungen: „Deshalb wollten sie Christum töten, um ihr Land nicht zu verlieren, und deshalb verloren sie ihr Land, weil sie Christum töteten."[34] Damit ist zugleich begründet, dass die Zerstreuung der Juden in alle Welt als Strafe Gottes für den Christusmord gedeutet werden muss. Da der Christusmord nicht rückgängig gemacht werden kann, muss auch die göttliche Strafe als unaufhebbar gelten. So deutet die Konzeption des Augustinus, in der die Juden mit dem Brudermörder Kain identifiziert werden, bereits auf die spätere Legende vom „ewigen Juden" voraus, der durch die Weltgeschichte irrt.

Aus der Anklage gegen die Juden als Christusmörder und ihrer kollektiven Bestrafung durch die Zerstreuung leitet Augustinus demnach seine Lehre von der „Knechtschaft" (*servitus*) der Juden ab. Zwar gilt die Zerstreuung unter alle Völker als göttliche Strafe für das schuldhafte Verhalten der Juden gegen Christus und die Kirche; die Strafe soll aber nicht in der Vernichtung oder Vertreibung der Juden resultieren, sondern lediglich in ihrer Versklavung. Die Lehre von der „Knechtschaft" schließt also – ähnlich wie das Kainszeichen – zugleich eine Begrenzung der Strafe ein, indem sie nämlich den Juden das physische Überleben als diskriminierte Minderheit in der christlichen Mehrheitsgesellschaft gewährleisten soll.

3.7 Ausblick: Zur Wirkungsgeschichte der Lehre des Augustinus im christlichen Westen

Im Mittelalter sollte die Konzeption des Augustinus im christlichen Abendland prägend für die „Judenpolitik" von Kaiser und Papst werden. Aus der augustinischen Rede von der Knechtschaft der Juden wurde deren Rechtsstatus als „Kammerknechte" des Kaisers abgeleitet. Das Wort *servus* [= Sklave, Knecht, Diener], das Augustinus benutzt hatte, um den Status der Juden in der christlichen Gesellschaft als „lebende Buchstaben" zu umschreiben, d. h. als Bewahrer der Schrift, wurde von der exegetischen Ebene zunächst auf die kirchenrechtliche und schließlich auf die politische Ebene übertragen. Mittelalterliche Päpste wie Innozenz III. benutzten den Begriff *servus* „in ihren theologischen Rechtfertigungen des kontinuierlichen Schutzes für die Juden in der Christenheit",[35] wobei dieser Schutz mit ihrer rechtlichen Diskriminierung Hand in Hand ging.

---

[34] Augustinus, In Psalmum LXII, in: ders., *Enarrationes in Psalmos 61–70*, hg. v. Hildegund Müller, Berlin/Boston 2020 (Corpus Scriptorum Ecclesiasticorum Latinorum, Bd. 94/2), 77–99; 97: „Nam ideo voluerunt Christum occidere ne terram perderent, et ideo terram perdiderunt quia Christum occiderunt." Deutsche Übersetzung zitiert nach Blumenkranz, *Die Judenpredigt*, 176.

[35] Vgl. Nirenberg, *Anti-Judaismus*, 200.

3.7 Ausblick: Zur Wirkungsgeschichte der Lehre des Augustinus

> „Europäische Herrscher beharrten immer stärker darauf, dass die Juden ihnen auf eine besondere Weise *gehörten*, die sich von allen anderen Untertanen unterschied [...]. Dieses Konzept der Juden als *servi* des Königs [...] verbreitete sich weit im europäischen Recht. Kaiser Friedrich II. von Hohenstaufen übernahm und verbreitete dieses Konzept in den 1230er und 1240er Jahren in seinen deutschen und italienischen Territorien."[36]

Das Konzept der „Kammerknechtschaft" war von einer tiefen Ambivalenz geprägt: Einerseits waren die Juden eine unterdrückte Minderheit, die immer wieder durch die Gewalt der christlichen Mehrheitsgesellschaft bedroht war; andererseits genossen sie den besonderen Schutz des Kaisers, der bereit war, sie als seine Sklaven, Knechte oder Diener gegen die christlichen Untertanen zu verteidigen. Ihr Status als *servi* des Kaisers und der Fürsten machte sie „zum politischen Äquivalent von Augustinus' ‚lebenden Buchstaben': zu ‚lebenden Privatsachen' des Herrschers statt zu politischen Mitgliedern des ‚Gemeinwesens'."[37]

Auch für den Augustinermönch Martin Luther galten die Juden als Christusmörder, die zur Strafe für ihr unverzeihliches Verbrechen von Gott verworfen worden seien. Diese Auffassung vertritt Luther bereits in der frühen Psalmenvorlesung *Dictata super Psalterium* (1513–1515), die als seine „exegetische und theologische Visitenkarte" gelten kann.[38] So heißt es gleich in der Auslegung von Ps 1,1 – *Qui non abiit in Consilio impiorum* (der nicht wandelt im Rat der Frevler) –, dass mit dem „Rat der Frevler" die Juden gemeint seien, die Christus „später gekreuzigt" hätten.[39]

Die Identifikation der christlichen Kirche mit Jakob und der Juden mit Esau, aus der die Verpflichtung der Juden abgeleitet wurde, den Christen zu dienen, hat noch in Luthers später Genesisvorlesung (1535–1545) ihren Niederschlag gefunden.[40] Der Satz aus der Nachkommenverheißung JHWHs an Rebekka – *maior serviet minori* (der Ältere/Größere soll dem Jüngeren/Kleineren dienen; Gen 25,23) – kann geradezu als Leitmotiv für Luthers Auslegung gelten.[41] Demnach geht es hier um den Kampf der wahren Kirche gegen die falsche. Der biblische

---

[36] Nirenberg, *Anti-Judaismus*, 198.
[37] Nirenberg, *Anti-Judaismus*, 201.
[38] Peter von der Osten-Sacken, *Martin Luther und die Juden. Neu untersucht anhand von Anton Margarithas „Der gantz Jüdisch glaub" (1530/31)*, Stuttgart 2002, 58.
[39] Vgl. Martin Luther, *Dictata super Psalterium*, in: ders., *Werke*, Bd. 55/2, Weimar 1963, 1f.
[40] Vgl. dazu Andreas Pangritz, „Der Größere wird dem Kleineren dienen" (Gen 25,23). Die Esau/Jakob-Konstellation in der Auslegung Martin Luthers, in: *Communio Viatorum* 58 (2016), 352–365.
[41] Vgl. Martin Luther, *Vorlesungen über 1. Mose von 1535–1545*, in: ders., *Werke*, Bd. 43, Weimar 1912, 395. – Vgl. die deutsche Übersetzung in: Martin Luther, *Auslegung des ersten Buches Mose*, hg. v. Georg Walch, Zweiter Teil (= Dr. Martin Luthers Sämmtliche Schriften, Bd. 2), Groß Oesingen 1881, 56f. Die Genesisvorlesung wird im Folgenden nach der Übersetzung bei Walch zitiert, ergänzt durch die Stellenangabe in der Weimarer Ausgabe (WA) der Werke Luthers.

Text lehre, dass es „einen Unterschied" gibt „zwischen der Geburt aus dem Fleische [...] und der geistlichen Geburt" (Walch 2, 33; vgl. WA 43, 383). Dies habe Gott „zur Vorbeugung in den Text setzen wollen, daß er damit den Juden ihr hoffährtiges Maul verstopfen möchte und ihnen damit ihr Argument von der fleischlichen Geburt zerstörete". Es gehe hier um einen Streit, der bereits „vom Anfang der Welt für und für getrieben und gehandelt worden" sei, nämlich um „die Feindschaft zwischen Kain und Abel, Jsmael und Jsaak, Esau und Jakob, zwischen unsers HErrn GOttes und des Teufels Kirche" (Walch 2, 34f.; vgl. WA 43, 383f.).

Luther betont, dass dieser Streit kein geringer sei: „[D]er Streit ist über ewige Verdammniß und ewiges Leben", darüber, „ob wir GOttes Kinder, oder des Teufels Kinder seien" (Walch 2, 42; vgl. WA 43, 388). Dabei besteht für Luther kein Zweifel, „daß wir die rechte Kirche sind; denn wir haben das Evangelium [...]" (Walch 2, 41; vgl. WA 43, 387). Die Juden hingegen hätten „die große, greuliche Sünde" begangen, „da sie den Sohn GOttes, ihren Messias, an das Kreuz geschlagen haben". Daher sei es nötig, „von den Lügen der Juden" zu reden, und zwar als Warnung vor den „Auslegungen der Rabbinen" (Walch 2, 44; vgl. WA 43, 389).

Peter von der Osten-Sacken bringt das Problem auf den Punkt: „Die an Glaube und Verheißung orientierte wahre Kirche dient Christus und mit ihm dem dreieinigen Gott. Die falsche Kirche hingegen ist beherrscht vom Teufel."[42] Diese falsche Kirche aber wird von Luther mit den Juden identifiziert, die angeblich Christus gekreuzigt haben. Damit steht er ganz in der Tradition des Augustinus.

---

[42] Osten-Sacken, *Martin Luther und die Juden*, 389.

4 Mythen des Mittelalters und die Politik der Vertreibung

„Töte sie nicht, damit mein Volk es nicht vergesse; lass sie umherirren in deiner Macht" (Ps 59,12). Dieser Psalmvers, den Augustinus im Blick auf die Juden zitiert hatte, prägte die ambivalente Stellung des christlichen Abendlandes gegenüber den Juden im Mittelalter. Er begründete einerseits das Rechtsinstitut der königlichen „Kammerknechtschaft", d. h. eines geschützten Status der Juden, andererseits eine Politik von Vertreibungen. So erhielten die Juden den paradoxen Status von „geschützten Vertriebenen".[1]

4.1 Pogrome während der Kreuzzüge

Das Zitat aus Psalm 59, das Augustinus auf die Juden anwandte, hat im Mittelalter eine widersprüchliche Wirkung entfaltet. So kam es in der Zeit der Kreuzzüge immer wieder zu Pogromen gegen die Juden in Europa. Wenn es das Ziel der Kreuzfahrer war, die heiligen Stätten des Evangeliums aus der Hand der „Gottlosen", d. h. der muslimischen Herren, zu befreien, dann lag es nahe, die angeblichen Gottesmörder, d. h. die Juden, bereits auf dem Weg ins Heilige Land anzugreifen. Wozu in das ferne Morgenland schweifen, wenn man die ärgsten Feinde des Evangeliums bereits im christlichen Abendland bekämpfen und töten konnte? So wurden bereits während des Ersten Kreuzzugs im Jahr 1096 mehrere jüdische Gemeinden im Rheinland vernichtet, darunter auch die bedeutende von Mainz. „Was die rechtliche Lage, die persönliche Sicherheit und die Lebensmöglichkeiten betraf, so leitete der Erste Kreuzzug eine neue Epoche der Grausamkeit gegen die in christlichen Ländern lebenden Juden ein."[2]

Auch zur Zeit des Zweiten Kreuzzugs unterbrachen Kreuzfahrer ihren Weg ins Heilige Land im Jahr 1146 wieder im Rheinland, um die dort ansässigen Juden umzubringen. Der jüdische Gelehrte Ephraim von Bonn berichtet jedoch, dass der einflussreiche Theologe Bernhard von Clairvaux die Kreuzfahrer beschworen habe: „Wer einen Juden anrührt, um ihm das Leben zu nehmen, ist wie einer, der Jesus selbst Leid zufügt [...], denn im Buch der Psalmen steht geschrieben:

---

[1] David Nirenberg, *Anti-Judaismus. Eine andere Geschichte des westlichen Denkens*, München 2015, 209.
[2] Haim Hillel Ben-Sasson, *Die Geschichte des jüdischen Volkes*. Bd. 2: *Vom 7. bis zum 17. Jahrhundert*, München 1979, 37.

‚Töte sie nicht, damit mein Volk es nicht vergesse.'"[3] Ganz anderer Meinung war jedoch ein anderer einflussreicher Theologe, Petrus Venerabilis, der im selben Jahr den französischen König Ludwig VII. wegen zu großer Milde gegenüber den Juden kritisierte:

> „Ist das, was ein bestimmter heiliger König der Juden [d. h. David] sagte, dem König der Christen entgangen? ‚Sollte ich nicht hassen, Herr, die dich hassen, und sollte mir nicht ekeln vor denen, die gegen dich aufstehen?' [Psalm 139,21]"

Petrus führte hier also einen anderen Psalmvers als Begründung für den Judenhass ins Feld, berief sich aber bezeichnenderweise zugleich auf den von Augustinus zitierten Vers, indem er ihn auf seine Weise interpretierte: „Bringt sie nicht um", gestand er zu, „denn Gott will nicht, dass sie *alle* getötet und *völlig* ausgelöscht werden, sondern für größere Marter und Buße aufbewahrt werden, wie der Brudermörder Kain, in einem Leben *schlimmer als der Tod*."[4]

4.2 Die Ritualmordlegende

Seit dem 12. Jahrhundert wurde die Gefahr, die die Präsenz jüdischer Minderheiten innerhalb der christlichen Mehrheitsgesellschaft angeblich bedeutete, von christlichen Theologen auf neuartige Weise imaginiert:

> „Jüdische Wucherer saugten das Blut und nagten die Knochen christlicher Bauern. Jüdische Lästerer schändeten Hostien und verübten Ritualmorde an christlichen Kindern. Jüdische Männer vergewaltigten christliche Frauen; jüdische Ärzte ermordeten christliche Patienten. Juden verursachten Pest und andere Krankheiten [...]."

Christlichen Herrschern, die jüdische Gemeinden in ihren Territorien tolerierten, wurde Korruption vorgeworfen, die das Land in Gefahr bringe, während die Verfolgung der Juden als Ausdruck „geistiger Reinheit" galt.[5]

Während christliche Kreuzfahrer Juden ermordeten, ging im christlichen Abendland die Angst vor angeblicher Mordlust der Juden um.

> „Der älteste Hetzmythos der christlichen Gesellschaft, der eine unglaubliche Breitenwirkung entfaltet hat, ist der Mythos vom ‚gottesmordenden Volk'. Entstanden ist dieser Mythos zu Zeiten der Rivalität zwischen der primitiven christlichen und der traditionellen jüdischen Gemeinschaft, verschärft wurde er durch den Pakt der Kirche mit dem Römischen Reich."

---

[3] Vgl. Nirenberg, *Anti-Judaismus*, 209.
[4] Petrus Venerabilis, Brief an Ludwig VII., König von Frankreich; zit. nach Nirenberg, *Anti-Judaismus*, 209 [dort auch die Hervorhebungen]. – Zu Petrus Venerabilis vgl. auch Marianne Awerbuch, *Christlich-jüdische Begegnung im Zeitalter der Frühscholastik*, München 1980, 177–196 [Petrus Venerabilis: Ein Wendepunkt im Antijudaismus des Mittelalters?].
[5] Nirenberg, *Anti-Judaismus*, 210.

4.2 Die Ritualmordlegende

Auf eine Kurzformel gebracht, lautet dieser Mythos: „Die Juden haben Christus umgebracht; also verdienen sie den Tod." Um den Hass auf die Juden in der jeweiligen Gegenwart zu begründen, genügte es auf Dauer jedoch nicht,

> „Ereignisse zu beschwören, die sich Jahrhunderte früher zugetragen hatten. Der Hetzmythos musste ständig aktualisiert werden. Es musste deutlich gemacht werden, dass das ‚gottesmordende Volk' weiterhin sein Unwesen trieb, damit die Menge die Gefahr in unmittelbarer Nähe wähnte. [...] Es wurde ihnen nachgesagt, sie raubten und ermordeten christliche Kinder, wobei sie die Leiden, die sie Christus zugefügt hatten, wiederaufleben ließen. Durch ‚Ritualmorde' saugten die Juden das Blut jener aus, die an Christus glaubten."[6]

Diese Legende „war vom Mittelalter bis in die Neuzeit unendliche Male Anlass zur Verfolgung von Juden". Sie ist, wie der Antisemitismusforscher Wolfgang Benz formuliert, „der wohl grauenhafteste Ausdruck von Hass gegen die Minderheit aus religiösem Grund". Tatsächlich jedoch beruhte die Anschuldigung

> „[n]iemals [...] auf Realität: Die den Juden zur Last gelegten ‚Fakten' waren immer nur Fiktionen, die, freilich unter Folter gestanden, zu ‚Strafprozessen ohne Straftat' (Rainer Erb) mit drakonischen Strafen führten und individuelle Verfolgung Einzelner, kollektive Vertreibung oder pogromartige Gewaltexzesse zur Folge hatten. Die Motive der Ritualmordlegende und anderer Blutbeschuldigungen gegen Juden liegen im Religiösen."[7]

Dabei ist zu beachten, dass „[d]ie Ursprünge der Ritualmordlegende [...] nicht, wie lange vermutet wurde, im Bereich der von Aberglauben durchsetzten Volksfrömmigkeit des Mittelalters" lagen. „Die Urheber und Propagandisten des Wahns waren vielmehr Kleriker, also Theologen und Angehörige der höheren Geistlichkeit."[8] Dahinter steckte eine spezifisch christlich-theologische Konzeption, denn

> „[d]ie Anspielung auf den von den Juden verschuldeten Kreuzestod Jesu ist unübersehbar. Es handelt sich [...] um eine ganz unverwechselbare ‚jüdische' Tat, die die Schuld der Juden an dem nach christlichem Verständnis schecklichsten aller denkbaren Verbrechen, dem Gottesmord, erneut bestätigt und durch die dieses Verbrechen ihrer Väter von den jüdischen Zeitgenossen abermals begangen wird."[9]

Im Hochmittelalter wurde der Vorwurf, dass Juden christliche Kinder zu rituellen Zwecken ermordeten, geradezu zu einer Obsession. Die früheste überlieferte Ritualmordlegende stammt aus England: „Nachdem 1144 der kleine William von Norwich tot im Wald gefunden worden war, klagte man die Juden der Stadt des

---

[6] Avram Andrei Baleanu, *Ahasver. Geschichte einer Legende*, Berlin 2011, 88f.
[7] Wolfgang Benz, *Was ist Antisemitismus?*, München 2004, 69f.
[8] Benz, *Was ist Antisemitismus?*, 70.
[9] Stefan Rohrbacher u. Michael Schmidt, *Judenbilder. Kulturgeschichte antijüdischer Mythen und antisemitischer Vorurteile*, Reinbek bei Hamburg 1991, 275.

Mordes als notwendigem Teil eines alljährlichen jüdischen Ritus an."[10] Bezeichnend ist die Tatsache, dass die Leiche Williams an einem Karfreitag gefunden worden war. Dies ermöglichte es, den Juden vorzuwerfen, sie hätten durch den ihnen unterstellten Mord versucht, „die Leidensgeschichte des Heilands zu parodieren". Zwar misstrauten die Behörden den Gerüchten; das hielt den christlichen Mob aber nicht davon ab, die Juden anzugreifen. „Die Überreste des unglückseligen Lehrlings wurden später von der lokalen Kirche als Heiligenreliquien verehrt."[11]

Anklagen wegen Ritualmord wurden bald „auch in anderen Teilen Englands erhoben, bevor sie auf den Kontinent überschwappten, wo sie vor allem im Heiligen Römischen Reich blühten".[12]

> „Im 13. Jahrhundert war die Legende vollkommen ausgebildet. Den Juden wurde vorgeworfen, sie raubten (oder kauften) Christenkinder, meist Knaben, um an ihnen als Opfer die Passion Christi zu parodieren und ihr Blut für religiöse, rituelle, magische oder andere Zwecke zu gewinnen."[13]

Hier ein Beipiel aus dem Rheinland: Im Jahr 1288 kam das Gerücht auf, Juden hätten im Jahr zuvor am Gründonnerstag den 16jährigen Tagelöhner und Winzergehilfen Werner ermordet, da sie zu *Pessach* aus rituellen Gründen Christenblut benötigten. Die Legende löste blutige Verfolgungen im ganzen Rheinland aus; allein in Bacharach wurden 26 Juden ermordet. Um die Leiche des Jungen entstand ein Kult, in dem Werner als Märtyrer verehrt wurde. Die Wernerkapelle in Bacharach wurde zu einem beliebten Wallfahrtsort. Erst im Jahr 1963 wurde Werner im Zuge der Neupositionierung der Katholischen Kirche aufgrund der Beschlüsse des Zweiten Vatikanischen Konzils aus dem Heiligenkalender gestrichen. Doch noch heute kann man in Bacharach und Oberwesel Wernerkapellen besichtigen, wobei die von Bacharach seit dem Pfälzischen Erbfolgekrieg 1689 ein Ruine ist. Sie wurde in dieser Gestalt im 19. Jahrhundert zu einer besonderen Attraktion der Rheinromantik. Heinrich Heine verarbeitete die Werner-Geschichte in seinem Fragment gebliebenen Roman *Der Rabbi von Bacharach*. Er stand dabei unter dem Eindruck der sog. Damaskusaffäre, einer erneuten Ritualmordbeschuldigung im syrischen Damaskus, die sich im Jahr 1840 zu einem internationalen Skandal auswuchs.[14]

Im Spätmittelalter hatten Ritualmordbeschuldigungen ein solches Ausmaß angenommen, dass sich sowohl die Kaiser als auch die Päpste dazu veranlasst sahen, ihren Untertanen ausdrücklich zu verbieten, derartige Gerüchte zu

---

[10] Nirenberg, *Anti-Judaismus*, 212.
[11] Trond Berg Eriksen, Kreuzzugbegeisterung, in: ders., Håkon Harket u. Einhart Lorenz, *Judenhass. Die Geschichte des Antisemitismus von der Antike bis zur Gegenwart*, Göttingen 2019, 46f.
[12] Nirenberg, *Anti-Judaismus*, 212.
[13] Benz, *Was ist Antisemitismus?*, 70.
[14] Zur Damaskusaffäre vgl. Håkon Harket, Die Damaskusaffäre, in: Eriksen u. a., *Judenhass*, 243–265.

4.2 Die Ritualmordlegende

verbreiten. Das änderte aber nichts an ihrer Popularität. Charakteristisch ist die Geschichte des Simon (Simoncino) von Trient: Am Gründonnerstag 1475, der zugleich der Tag des jüdischen *Pessach*-Festes war, verschwand in Trient in Tirol der zwei- oder dreijährige Simon, Sohn eines Gerbers. Drei Tage später, am Ostersonntag entdeckte der jüdische Hofbesitzer Samuel in einem Bach vor seinem Haus eine Kinderleiche. „Gemeinsam mit Vertretern der jüdischen Gemeinde meldete er den Fund den Behörden." Schon im Vorfeld dieses Ereignisses hatte der Prior des Franziskanerklosters, Simon von Feltre, in seinen Predigten gegen die Juden gehetzt und ihnen die Schuld am Verschwinden Simons gegeben. Nach dem Fund der Kinderleiche strengte der Bischof von Trient einen Prozess gegen die Mitglieder der jüdischen Gemeinde an, die den Leichenfund gemeldet hatten. Mehrere jüdische Bürger, „denen man durch Foltern Geständnisse abgepresst hatte", wurden des Mordes angeklagt. Der Prozess „endete mit der Verurteilung von fünfzehn Verdächtigen zum Tode".[15] Der Papst ließ den Prozess auf seine Rechtmäßigkeit hin untersuchen und erklärte das Verfahren für einwandfrei. Zwei Jahre später wurden neun Juden als angebliche Täter für den Mord an Simon hingerichtet. Der Bischof von Trient förderte die Verehrung Simons als Märtyrer. „Der Junge bekam eine eigene Kapelle und wurde 1582 offiziell zum Heiligen ernannt, nachdem an seinem Grab angeblich mehrere Wunder geschehen waren."[16]

> „Hatten einst Priester, Mönche und Gottesgelehrte, um die Frömmigkeit des Volkes zu fördern, das Gerücht installiert und mit demagogischen und juristischen Mitteln durchgesetzt, so gewannen die schaurigen Mythen von den durch Juden unschuldig ermordeten Kindern Eigenleben und wurden bald Bestandteile volkskultureller Überlieferung [...]."

Noch der Rassenantisemitismus des 19. und 20. Jahrhunderts,

> „der sich naturwissenschaftlich aufgeklärt gab und die Traditionen des christlichen Antijudaismus als Argument verschmähte, benutzte, wenn es geboten schien, die Legende. Das berüchtigte Exempel dafür sind die Sondernummern des ‚Stürmer', in denen der gesamte Fundus christlicher Ritualmordlegenden in den Rassenantisemitismus integriert wurde."[17]

---

[15] Vgl. Art. Simon von Trient, in: Ökumenisches Heiligenlexikon, <www.heiligenlexikon.de/BiographienS/Simon_von_Trient.html>, zuletzt aufgerufen: 10.08.2021.
[16] Eriksen, Kreuzzugsbegeisterung, in: ders. u. a., *Judenhass*, 47.
[17] Benz, *Was ist Antisemitismus?*, 73.

4.3 Der Vorwurf der Hostienschändung

Seit dem 13. Jahrhundert wurde die Ritualmordlegende mit dem Vorwurf der Hostienschändung kombiniert und so theologisch weiter aufgeladen.[18] Im Hintergrund steht eine „Veränderung des Christusbildes", in dem „[n]icht mehr der über den Tod siegende, sondern der am Kreuz leidende Christus" die Frömmigkeit prägte. Die Kehrseite dieser „Passionsfrömmigkeit" war eine Steigerung des Hasses gegen diejenigen, die für die Leiden Jesu verantwortlich gemacht wurden: die Juden. „Zunehmende Abendmahls- und Hostienfrömmigkeit führten zu zunehmender Judenfeindschaft."[19]

Eine neue Qualität erhielt die christliche Judenfeindschaft mit dem Vierten Laterankonzil im Jahr 1215, als im Blick auf das Abendmahl die sog. Transsubstantiationslehre zum verbindlichen Dogma erklärt wurde. Sie besagt, dass Brot und Wein während der priesterlichen Wandlungsworte in Leib und Blut Christi verwandelt werden. Ebenfalls auf dem Vierten Laterankonzil wurde zu einem neuen Kreuzzug aufgerufen, wobei der Krieg gegen die Häretiker, insbesondere gegen die Katharer und die Waldenser, in Europa als gleichwertig mit der Jerusalemfahrt galt. Es dürfte kein Zufall sein, dass auf dieser bedeutendsten Kirchenversammlung des Hochmittelalters aber auch strenge Maßnahmen gegen die Juden beschlossen wurden: Das Konzil verbot den Juden „schweren und unmäßigen Wucher, [...] mit dem sie das Vermögen von Christen in kurzer Zeit erschöpfen"; und es gebot den Juden, sich so zu kleiden, dass christliche und jüdische Männer und Frauen „sich nicht irrtümlich miteinander einlassen". Juden mussten spitze Hüte tragen und einen gelben Fleck an ihrer Kleidung anbringen, damit sie eindeutig von Christen zu unterscheiden seien. Am Gründonnerstag und am Karfreitag durften sie sich überhaupt nicht in der Öffentlichkeit zeigen.[20] Gerade diese Regelung zeigt, dass im Hintergrund der diskriminierenden Beschlüsse der Vorwurf steckte, die Juden seien für die Kreuzigung Jesu verantwortlich; Rachegelüste der Christen hatten die Juden daher gerade in der Passionszeit und insbesondere am Karfreitag zu fürchten.

In diesem Zusammenhang bekam der Vorwurf der Hostienschändung als Aktualisierung der Anklage auf Gottesmord seine Bedeutung: „Die Mörder Gottes schändeten die Hostie und marterten damit weiterhin den Leib Christi."[21] Der Vorwurf, so willkürlich er erscheint, muss vor dem Hintergrund christlicher Sakramentsfrömmigkeit im Spätmittelalter gesehen werden. Seit dem 13. Jahrhundert entwickelte sich die Kommunion zum Zentrum christlicher Frömmig-

---

[18] Vgl. Stefan Rohrbacher u. Michael Schmidt, *Judenbilder*, 269–303 [„Ritualmord" und „Hostienfrevel"].
[19] Martin Jung, *Christen und Juden. Die Geschichte ihrer Beziehungen*, Darmstadt 2008, 111.
[20] Eriksen, Kreuzzugsbegeisterung, in: ders. u. a., *Judenhass*, 47f.
[21] Baleanu, *Ahasver*, 89.

4.3 Der Vorwurf der Hostienschändung

keit. „Die Hostie", die ja aufgrund der Lehre von der Transsubstantiation nach ihrer Weihung durch den Priester als der real-präsente Leib Christi galt,

> „war geistig wie körperlich immer präsenter. Sie wurde durch die Straßen zu den Sterbenden gebracht und bei neuen Feiertagen wie Fronleichnam (Corpus Christi, ,der Leib Christi') feierlich umhergetragen. Nun wurden Juden angeklagt, nicht irgendwelche christlichen Kinder zu attackieren, sondern das Jesuskind selbst, in Form gekaufter oder gestohlener geweihter Hostien. Die Juden stachen, verbrannten, vergruben oder kochten angeblich ihre gepeinigte Hostie, die sich dann in ein Kind verwandelte, das heftig blutete, schrie und die Aufmerksamkeit einer rachdurstigen christlichen Menge erregte."[22]

Zwei Beispiele mögen zur Veranschaulichung genügen: In der Karwoche des Jahres 1389 kam in Prag das Gerücht auf, die Juden hätten

> „einen Stein nach der Monstranz [= Schaugerät, in dem eine geweihte Hostie ausgestellt wird] geworfen, die in einer Prozession getragen wurde, und die Hostie geschmäht. Das Ereignis wurde als zweite Ermordung Jesu dargestellt, bei der die Juden gesungen hätten: ,Steinigt ihn, denn er gibt vor, Gottes Sohn zu sein.'"

Da der böhmische König Wenzel IV. solche jüdischen Untaten angeblich duldete, „übernahm das Volk die Rache selbst, verstümmelte die Juden, grub die versteckten Schätze in ihren Häusern aus und verbrannte ihre Leichen mitsamt ihren geplünderten Behausungen". In seiner Selbstwahrnehmung leistete der christliche Mob durch diesen Pogrom Widerstand gegen die jüdische Tyrannei.[23]

Im Jahr 1453 kam es aus ähnlichem Anlass zu einem Pogrom in Breslau: Nachdem ein Bauer den Vorwurf erhoben hatte, Juden hätten Hostien entwendet und sie mit Stöcken ausgepeitscht, beauftragte der jugendliche König Ladislaus von Böhmen den Franziskanermönch und Wanderprediger Johannes Capistranus (1386–1456), der sich durch seine Agitation gegen Hussiten, Türken und Juden einen Namen gemacht hatte, mit einer Untersuchung. Der ließ am 2. Mai 1453 kurzerhand sämtliche Juden aus Breslau und Umgebung verhaften, Geständnisse unter Folter erpressen, 41 von ihnen auf dem Scheiterhaufen verbrennen und die übrigen aus der Stadt ausweisen. Ihr Hab und Gut wurde beschlagnahmt. Zwei Jahre später erließ der König ein von der Stadt erbetenes Privileg zur „Nichtduldung der Juden", das bis 1744 in Kraft blieb.[24] Capistranus wurde im Jahr 1690 heiliggesprochen und wird bis heute als Heiliger und Schutzpatron der Rechtsanwälte und Militärseelsorger verehrt.

---

[22] Nirenberg, *Anti-Judaismus*, 212.
[23] Nirenberg, *Anti-Judaismus*, 214.
[24] Vgl. Willy Cohn, Capistrano, ein Breslauer Judenfeind in der Mönchskutte, in: *Menorah. Jüdisches Familienblatt für Wissenschaft, Kunst und Literatur* 4 (1926), 262–265.

4.4 Der Vorwurf der Brunnenvergiftung

Zu den Legenden des Ritualmords und des Hostienfrevels kam im 14. Jahrhundert der Vorwurf der Brunnenvergiftung hinzu. Dieser ging – anders als die Ritualmordbeschuldigung und der Vorwurf der Hostienschändung – im allgemeinen nicht von der Kirche aus, sondern von den politischen Obrigkeiten. Ausgelöst wurde der Vorwurf, Juden hätten Brunnen vergiftet, wohl durch die Pestepidemie, den sog. „Schwarzen Tod", im Jahr 1348. Es handelte sich um den klassischen Fall einer Verschwörungserzählung, die an den schon in der Antike verbreiteten Mythos anknüpfen konnte, „die Juden trachteten nach Weltherrschaft und nach Unterwerfung, ja Ausrottung der nichtjüdischen Völker".[25] Die Absurdität des Vorwurfs der Brunnenvergiftung wird schon allein daran erkennbar, dass die Juden sich damit auch selbst vergiftet hätten. Das hinderte die von der Pest geängsteten Menschen nicht daran, den Mythos für wahr zu halten. Er löste insbesondere in Deutschland flächendeckende Pogrome aus, denen in der Mitte des 14. Jahrhunderts zahlreiche jüdische Gemeinden zum Opfer fielen. Die Überlebenden der Pogrome wurden fortan in den deutschen Städten gezwungen, in eng abgegrenzten Wohnbezirken oder Judengassen zu leben, für die sich später der Ausdruck „Ghetto" einbürgerte.

4.5 1492 – das spanische „Jahr der Wunder"

Im späten Mittelalter kam es immer häufiger zu Vertreibungen der Juden aus den europäischen Ländern in großem Stil. Bereits im Jahr 1290 waren die Juden unter Androhung der Todesstrafe aus England verwiesen worden.

> „Ein Jahrhundert nach der englischen Judenvertreibung erfolgte 1394 die Ausweisung aus Frankreich unter dem Vorwurf, Verbrechen gegen die christliche Religion begangen zu haben. Am spektakulärsten und folgenreichsten war die Vertreibung der Juden aus Spanien im Jahre 1492. [...] Auf die Vertreibung aus Spanien folgten innerhalb weniger Jahre die Vertreibungen aus den Königreichen Sizilien (1493), Portugal (1496/97), Navarra (1498) und Neapel (1510) sowie aus der ehemaligen Grafschaft Provence (1501)."[26]

Im dezentralen Heiligen Römischen Reich deutscher Nation sah es nicht besser aus:

> „Aus der Landgrafschaft Thüringen wurden die Juden 1401 vertrieben, aus dem Fürstbistum Trier 1418, aus Österreich 1421, aus dem Kurfürstentum Sachsen 1432, aus dem Herzogtum Bayern 1442 und 1450, aus dem Fürstbistum Würzburg 1453, aus

---

[25] Jung, *Christen und Juden*, 104.
[26] Jung, *Christen und Juden*, 112f.

4.5 1492 – das spanische „Jahr der Wunder"

dem Mainzer Kurfürstentum 1470. Weitere geistliche und weltliche Territorien folgten: Bamberg 1475, Passau 1478, Mecklenburg 1492, Magdeburg 1493, Schwarzburg 1496, Württemberg 1498, Salzburg 1498, Brandenburg 1510, Ansbach-Bayreuth 1515, Hessen 1524."[27]

In die spanische Geschichtsschreibung ist das Jahr 1492 als das „Jahr der Wunder" eingegangen.[28] Nachdem durch die Heirat Ferdinands II. von Aragonien und Isabellas von Kastilien im Jahr 1469 Spanien zu einem Gesamtstaat vereinigt worden war, „wurde die religiöse Vereinheitlichung des Landes unter streng katholischen Vorzeichen zum politischen Programm". Zu diesem Zweck richteten die „Katholischen Könige", wie sie später von Papst Alexander VI. anerkennend genannt wurden, im Jahr 1478 zunächst „eine von Rom unabhängige Inquisitionsbehörde" ein.[29] Diese verfolgte nicht zuletzt die sog. *Conversos* mit Misstrauen, Juden, die seit der Judenverfolgung von 1391 dem sozialen Druck nachgegeben hatten und zum Christentum übergetreten waren und gleichwohl als „Neuchristen" diskriminiert, als Kryptojuden verdächtigt und als „Marranen" (= Schweine) diffamiert wurden.

> „Von 1483 an verfolgte der berüchtigte Großinquisitor Tomás de Torquemada, ein Dominikaner, unerbittlich die Neuchristen als heimliche Juden. [...] Die Inquisition baute ein regelrechtes Spitzelsystem zur Beobachtung der Conversos auf. [...] Allein unter Torquemada [...] worden 17 000 Prozesse geführt und 2 000 Todesurteile vollstreckt."[30]

Ein wichtiges Instrument der Inquisition waren die bereits 1449 in Kastilien eingeführten *estatutos de limpieza de sangre* (Statuten der Reinheit des Blutes).

> „Jeder Bewerber um ein öffentliches Amt musste sich einer Überprüfung seiner Abstammung unterziehen und wurde, wenn er innerhalb von vier Generationen jüdische Vorfahren hatte, von einer beruflichen Tätigkeit in Staat und Kirche ausgeschlossen."[31]

Die Lage der Juden in Spanien verschärfte sich noch, als mit der Eroberung des Emirats von Granada am 2. Januar 1492 die sog. Rückeroberung (*Reconquista*) Spaniens für das Christentum abgeschlossen war.[32] Dieser Sieg über die Muslime

---

[27] Jung, *Christen und Juden*, 116.
[28] Bernard Vincent, *„Das Jahr der Wunder". Spanien 1492: Die Vertreibung der Juden und Mauren und die Einführung der Grammatik*, Berlin 1992. – Vgl. auch Fritz Heymann, *Tod oder Taufe. Die Vertreibung der Juden aus Spanien und Portugal im Zeitalter der Inquisition*, Frankfurt a. M. 1988.
[29] Jung, *Christen und Juden*, 113.
[30] Jung, *Christen und Juden*, 114f.
[31] Jung, *Christen und Juden*, 115.
[32] Vgl. Yosef Hayim Yerushalmi, Sephardisches Judentum zwischen Kreuz und Halbmond, in: ders., *Ein Feld in Anatot. Versuche über jüdische Geschichte*, Berlin 1993, 39–52; 45: „Dieser Rückeroberungskrieg, der erst 1492 enden sollte, war im wahrsten Sinne des Wortes ein Kreuzzug."

ermutigte Ferdinand und Isabella, am 31. März desselben Jahres in Granada ein Edikt zu veröffentlichen, das die Austreibung aller Juden aus Spanien dekretierte, die sich weigerten, sich taufen zu lassen. Das Dekret benennt zunächst die Motive der Entscheidung: „Weder die Einsetzung der Inquisition [...] noch der Befehl [...], die Minderheit in Gettos einzusperren, hätten die erwarteten Resultate gezeigt". Immer noch ließen sich zahlreiche Christen von den Argumenten der *Conversos* verunsichern, „und das Übel sei immer schlimmer geworden". Daher hätten die Katholischen Könige „beschlossen, aus ihren Territorien [...] alle ihre Untertanen jüdischer Religion ohne Ausnahme zu vertreiben".[33] Ein Aufschub wurde bis zum 31. Juli gewährt.

Zum Verlassen des Landes wurde den Juden demnach „eine Frist von drei Monaten eingeräumt, die im Sommer 1492 [...] ablief". Nach der Legende war der Tag der Vertreibung der 9. Aw des jüdischen Kalenders, der „Tag der Trauer um die Zerstörung des Tempels in Jerusalem".[34] Tatsächlich bedeutete die Vertreibung aus Spanien für das Judentum eine „epochale Katastrophe, vergleichbar mit der Tempelzerstörung im Jahre 70".

> „Von den 220 000 Juden, die in Spanien lebten, verließen 150 000 das Land und begaben sich überwiegend nach Portugal, ferner nach Süditalien, in das Königreich Neapel, sowie nach Nordafrika, nach Griechenland und in die Türkei. [...] 50 000 Juden ließen sich in Spanien mehr oder weniger freiwillig taufen. 20 000 fanden auf der Flucht den Tod."[35]

Ein Augenzeuge des Einzugs der Könige im besiegten Granada war übrigens Cristóbal Colón (Kolumbus) gewesen.[36] Am 17. April 1492 schlossen Ferdinand und Isabella ein Abkommen mit dem Genueser, das „die Bedingungen der Expedition des Kolumbus und der Nutzung der zu entdeckenden Gebiete" jenseits des Atlantik definierte.[37] Später beglückwünschte Kolumbus die Katholischen Könige dafür, „daß sie jene vernichtet haben, die nicht Gottvater, den Sohn und den Heiligen Geist anbeten".[38] Die Frage nach Zusammenhängen zwischen den aufeinander folgenden Ereignissen des spanischen „Jahrs der Wunder" erscheint vor diesem Hintergrund nicht abwegig.[39]

---

[33] Vincent, *„Das Jahr der Wunder"*, 32.
[34] Ben-Sasson, *Die Geschichte des jüdischen Volkes*. Bd. 2, 226.
[35] Jung, *Christen und Juden*, 113.
[36] Vgl. Vincent, *„Das Jahr der Wunder"*, 48f.
[37] Vincent, *„Das Jahr der Wunder"*, 13.
[38] Vincent, *„Das Jahr der Wunder"*, 49.
[39] Vgl. Heymann, *Tod oder Taufe*, 48f.: „Diese drei Ereignisse sind nicht so unabhängig voneinander, wie die Historiker bisher annehmen. Sie haben den gleichen Ausgangspunkt. [...] Es ging um den alten nationalistischen Plan: ein Staat, ein Volk, eine Kirche."

4.6 Ausblick

Die Reformation führte zu gewissen Akzentverschiebungen des theologisch begründeten Judenhasses. Angesichts einer veränderten Sakramentstheologie verlor der Vorwurf der Hostienschändung gegen die Juden an Überzeugungskraft. Anders sieht es mit der Ritualmordlegende aus: Zwar hat sich Martin Luther in seiner Schrift *Daß Jesus Christus ein geborner Jude sei* im Jahr 1523 ausdrücklich von den „lugen teydingen" (= Lügenmärchen) distanziert, die den Juden die Schuld gaben, dass „sie mussen Christen blutt haben".[40] Zwanzig Jahre später propagierte er aber in seiner Spätschrift *Von den Juden und ihren Lügen* selbst dieses Lügenmärchen und fügte gleich noch das andere von den jüdischen Brunnenvergiftern hinzu: Ein Christ solle wissen, dass er „nehest dem Teufel keinen bittern, gifftigern, hefftigern Feind" habe als „einen rechten Jüden, der mit ernst ein Jüde sein wil". Nicht zufällig gebe man den Juden

> „offt in den Historien schult, das sie die Brunnen vergifft, Kinder gestolen und zerpfrimet [= zerstochen] haben, wie zu Trent, Weissensee etc. Sie sagen wol Nein dazu. Aber, Es sey [so] oder nicht, So weis ich wol, das [es] am vollen, gantzen, bereitem willen bey jnen nicht feilet, Wo sie mit der that dazu komen köndten, heimlich oder offenbar [= öffentlich]".[41]

Die Tatsachen sind für Luther also zweitrangig; für ihn zählt allein die böse Absicht, die er den Juden unterstellt. Wenn sie nicht zur Tat schreiten, dann liegt das aus seiner Sicht allein am Mangel an Gelegenheiten.

Wir werden auf Luther im nächsten Kapitel zurückkommen müssen.

---

[40] Martin Luther, *Daß Jesus Christus ein geborner Jude sei* (1523), in: ders., Werke, Bd. 11, Weimar 1900, (307)314–336; 336.
[41] Martin Luther, *Von den Juden und ihren Lügen* (1543), in: ders., Werke, Bd. 53, Weimar 1920, (412)417–552; 482.

5 Reformation und Judenfeindschaft: Martin Luther und die Folgen

Als prominentes Beispiel für theologische Judenfeindschaft muss der Reformator Martin Luther gelten, dem für den Übergang vom theologisch begründeten Antijudaismus zum neuzeitlichen Antisemitismus im Sinne einer prinzipiellen Judenfeindschaft eine Schlüsselrolle zukommt.[1] Einerseits stehen seine sog. „Judenschriften" ganz in der Tradition der *adversus-Iudaeos*-Schriften der Kirchenväter und des Mittelalters. Andererseits überbietet Luther diese Tradition, indem er aufgrund der scharfen Dialektik von Gesetz und Evangelium zu einer prinzipiellen Antithese zwischen dem christlichen Glauben und der vermeintlichen jüdischen Gesetzlichkeit gelangt. Das Judentum wird als tödliche Gefahr für das Christentum wahrgenommen, aus der die Christenheit nur durch Vertreibung der Juden erlöst werden könne. So jedenfalls stellt es sich in Luthers Spätwerk *Von den Juden und ihren Lügen* (1543) dar, das als theologisches Testament des Reformators gelten muss.[2]

5.1 Luthers Tod in Eisleben

Im Januar 1546 reiste Martin Luther, obwohl er gesundheitlich angeschlagen war, in seine Geburtsstadt Eisleben.[3] Er war gebeten worden, in einer Erbstreitigkeit unter den Grafen von Mansfeld zu vermitteln. Es war schon die dritte Reise nach Eisleben in dieser Angelegenheit innerhalb kurzer Zeit: Schon Anfang Oktober 1545 und erneut um die Weihnachtstage war er nach Eisleben gekommen, ohne dass es gelungen war, eine Lösung zu finden. Für die 100 Kilometer von Wittenberg nach Eisleben wurden üblicherweise gut zwei Tage benötigt. Aber das winterliche Wetter und das Hochwasser der Saale zwangen die Reisegesellschaft diesmal, die Reise für ein paar Tage in Halle zu unterbrechen. So kam die Gesellschaft, die am 23. Januar in Wittenberg aufgebrochen war, erst am 29. Januar in Eisleben an.

---

[1] Vgl. zum Folgenden Andreas Pangritz, *Theologie und Antisemitismus. Das Beispiel Martin Luthers*, Frankfurt a. M. 2017.

[2] Vgl. René Süss, *Luthers theologisches Testament: Von den Juden und ihren Lügen. Einleitung und Kommentar*, Bonn 2017.

[3] Das Folgende nach Süss, *Luthers theologisches Testament*, 118–125.

Am 1. Februar gab Luther seiner Frau Katharina einen Bericht über die Beschwerden der Reise:

> „Jch bin ja schwach gewesen auff dem weg hart vor Eisleben, Das war meine schuld. Aber wenn du werest da gewest, so hettestu gesagt, Es were der Juden oder ires Gottes schuld gewest. Denn wir musten durch ein Dorff hart vor Eisleben, da viel Juden innen wonen, vielleicht haben sie mich so hart angeblasen. So sind hie in der stad Eisleben itzt diese stund vber funfftzig Juden wohnhafftig. Vnd war ists, do ich bey dem Dorff fuhr, gieng mir ein solch kalter wind hinden zum wagen ein auff meinen kopff, Durchs Parret, als wolt mirs das Hirn zu eis machen. Solchs mag mir zum schwindel etwas geholffen haben. [...] Wenn die Heubtsachen geschlichtet weren, so mus ich mich dran legen, die Juden zuvertreiben, Graff Albrecht ist jnen feind vnd hat sie schon preis [ge]geben. Aber niemand thuet jnen noch ichts. Wils Gott, ich wil auff der Cantzel Graff Albrechten helfffen vnd sie auch preis geben."[4]

Demnach führt Luther seinen Schwächeanfall während der Reise auf die Bosheit der Juden zurück. Daher will er nun seinerseits gegen sie vorgehen und sie öffentlich für vogelfrei erklären.

Am 7. Februar präzisiert Luther in einem weiteren Brief an seine Frau seine Situationsbeschreibung: Während die fünfzig Juden in Eisleben in nur einem Haus wohnten, gingen in dem benachbarten Rißdorf etwa 400 Juden ein und aus. Niemand tue etwas dagegen außer Graf Albrecht, der den Juden nicht wohl gesonnen sei und sie in der Region, die seiner Jurisdiktion unterlag, bereits für vogelfrei erklärt habe. Luther stimmt dem von Herzen zu und teilt mit: „Aber ich hab mich heute lassen horen, wo mans mercken wolte, was meine meinung sey, groblich gnug, wens sonst helffen solt."[5]

Es ist nicht ganz klar, worauf sich diese Äußerung bezieht: Luther hat während seines letzten Aufenthalts in Eisleben viermal gepredigt: am 31. Januar, am 2., am 7. und am (14. oder) 15. Februar. Auf die Juden war er jedoch bereits in der Predigt vom 31. Januar, dem 4. Sonntag nach Epiphanias, zu sprechen gekommen:

> „DArumb weil sie Christum, der da warer Gott und Mensch ist, leugnen und nicht annemen, so haben sie auch an Gott (welchen sie rhümen den Schepffer Himels und Erden) nicht mehr denn ein blossen ledigen namen oder schemen von Gott [...], Und also mit jrem liegen [= lügen] und lestern nicht uns, sondern Gott und die heilige Schrifft an liegen [= anlügen] und lestern."[6]

Und in der Predigt vom 2. Februar, am Fest der Darbringung Jesu im Tempel, hatte er wiederholt, was er schon oft gesagt hatte: Die Juden seien aus Gottes

---

[4] Martin Luther, Brief an Katharina von Bora, Eisleben, 1. Februar 1546, in: ders., *Werke. Briefwechsel*, Bd. 11: *1. Januar 1545 – 3. März 1546*, Weimar 1948, 275f.

[5] Martin Luther, Brief an Katharina von Bora, Eisleben, 7. Februar 1546, in: ders., *Werke. Briefwechsel*, Bd. 11, 287.

[6] Martin Luther, Predigt am 4. Sonntag nach Epiphanias, in Eisleben gehalten, 31. Januar 1546, in: ders., *Werke*, Bd. 51, Weimar 1914, 148–163; 152.

Gnade herausgefallen, weil sie das Zeugnis der Propheten leugneten. Sie warteten vergebens auf ihren Messias, der schließlich schon 1500 Jahre zuvor erschienen sei: „DAs also die Jüden keine entschuldigung haben, Sie haben der Propheten Zeugnisse, und tausent und fünff hundert jar ist jr Regiment in der aschen gelegen. Aber es sind blinde Gotteslesterer."[7] Sie trotzten gegen Gott und gegen Christus, seinen Sohn, und wollten „uns Christen tod schlahen".[8]

In der Predigt vom 7. Februar finden sich jedoch keine expliziten Äußerungen über die Juden. Daher dürfte sich Luthers briefliche Äußerung, dass er sich „heute" gegen die Juden habe hören lassen, nicht auf eine Predigt, sondern auf die *Vermahnung wider die Juden* beziehen, die als Zusammenfassung seines theologischen Testaments gelten muss. In den veröffentlichten Fassungen von Luthers vier letzten Predigten ist diese Kanzelabkündigung nach der letzten Predigt – der vom 15. Februar – eingeordnet worden, was zu der Annahme geführt hat, dass sie nicht nur Luthers letztes Wort zur sog. „Judenfrage" gewesen ist, sondern Luthers letzte theologische Aussage überhaupt. Drei Tage später, am 18. Februar 1546, ereilte ihn schließlich der Tod.

Die testamentarische *Vermahnung wider die Juden* endet mit den Worten: „Wollen sich die Juden zu uns bekeren und von jrer lesterung, und was sie sonst gethan haben, auffhören, so wollen wir es jnen gerne vergeben, Wo aber nicht, so sollen wir sie auch bey uns nicht dulden noch leiden."[9] Juden, die sich nicht bekehren wollen, haben offenbar aus Luthers Sicht ihr Existenzrecht verspielt. Der Reformator wiederholt hier seine Beschuldigungen an die Adresse der Juden und insbesondere an die der Ärzte unter ihnen, die ihr medizinisches Wissen – vor allem das um verschiedene Gifte – anwendeten, um Christen des Lebens zu berauben: „[W]enn sie uns kondten alle tödten, so theten sie es gerne, Und thuns auch offt, sonderlich, die sich vor ertzte ausgeben."[10]

Von Johann Landau, „dem Eislebener katholischen Apotheker, der am 18. Februar 1546, um 3 Uhr morgens, zum sterbenden Luther gerufen wurde, um demselben noch ein Klystier zu geben", ist ein Bericht über Luthers Tod überliefert.[11] Offenbar war sein Katholizismus im überwiegend lutherischen Eisleben kein Hindernis, um ihn als „Heilkundigen" zu Hilfe zu rufen.[12] Es scheint, dass

---

[7] Martin Luther, Predigt auf das Fest der Opferung Christi im Tempel, in Eisleben gehalten, 2. Februar 1546, in: ders., *Werke*, Bd. 51, 163–173; 166.
[8] Luther, Predigt auf das Fest der Opferung Christi, in: ders., *Werke*, Bd. 51, 172.
[9] Martin Luther, Eine Vermahnung wider die Juden, in: ders., *Werke*, Bd. 51, 195f.; 196.
[10] Luther, Eine Vermahnung, in: ders., *Werke*, Bd. 51, 195.
[11] Nikolaus Paulus, *Luthers Lebensende. Eine kritische Untersuchung*, Freiburg i. Br. 1898, 67.
[12] Vgl. Süss, *Luthers theologisches Testament*, 125: „Vermutlich gehörte er [Landau] zu einer kleinen Minderheit in Eisleben, die man die ‚Expectanten' nannte, weil sie noch immer hofften, dass der Papst der Bitte der Lutheraner entsprechen würde und ein Konzil in einem der deutschen Länder einberufen würde, wo die Differenzen, wegen derer die Christen zerstritten waren, womöglich beigelegt werden könnten. Einstweilen wollten sie sich deshalb nicht öffentlich vom alten Glauben verabschieden."

Landau auch an dem Gottesdienst teilgenommen hat, in dem Luther seine letzten Worte über die Juden sprach. Jedenfalls gibt Landaus Bericht, der Luthers letzten Aufenthalt in Eisleben beschreibt, an einer Stelle etwas wieder, das nur aus der *Vermahnung wider die Juden* stammen kann. Dort heißt es:

> „Im Folgenden fiel er ausführlich gegen die Juden und gegen die weltlichen Obrigkeiten, die sie dulden, aus. Er warf ihnen alle Sünden vor, die sie begehen, dass sie Christus und seine Mutter lästerten, dass sie Gifte zum Gebrauch gegen die Christen zu bereiten wissen, die nicht unmittelbar tödlichen Schaden zufügen, deren Kraft aber unterschiedlich ist: einige wirken innerhalb von zwei oder drei Tagen, andere innerhalb von zwei oder drei Wochen, zwei oder drei Monaten, ja, sogar noch nach zehn oder zwanzig Jahren."

Der fachkundige Apotheker kommentiert: „Was für eine schreckliche Übertreibung (*maxima hyperbola*)!" Dann fährt er in dem Bericht über Luthers theologisches Testament fort: „Daher müssen sie vertrieben werden und dürfen nicht geduldet werden."[13]

5.2 Von der Freiheit eines Christenmenschen

Martin Luther hat sich den evangelischen Christen als ein Vorkämpfer der Freiheit eingeprägt. Die Schrift *Von der Freiheit eines Christenmenschen*,[14] veröffentlicht Ende Oktober / Anfang November 1520, beginnt mit der berühmten These: *„Eyn Christen mensch ist eyn freyer herr über alle ding vnd niemandt vnterthan"* (WA 7, 21). Die evangelische Freiheit ist jedoch primär eine geistliche Freiheit; sie meint nicht den äußeren Menschen als gesellschaftliches Wesen, sondern zunächst nur den inneren Menschen. Frei wird die Seele allein durch „das heylig Euangelij, das wort gottis von Christo geprediget" (WA 7, 22).

Inhalt dieses Evangeliums ist die Botschaft von der Rechtfertigung des Sünders allein im Glauben ohne Werke des Gesetzes, die den Menschen zunächst demütigt – mit Luthers Worten: „das du hörist deynen gott zu dir reden, Wie alle deyn leben vnd werck, nichts seyn fur gott [...]. Wilchs ßo du recht glaubst [...], so mustu an dir selber vortzweyffelnn." Dann aber wird der Verzweifelnde ermutigt, da ja Gott dem Sünder „seynen lieben ßon Jhesum Christum" vorsetzt und ihm durch ihn sagen lässt: „Du solt ynn den selben mit festem glauben dich ergeben, und frisch ynn yhn vertrawen" (WA 7, 22f.). Um dieses Glaubens willen

---

[13] Vgl. Johann Landau, Apotheker in Eisleben, an Georg Wizel in Regensburg. Eisleben 1546, vor dem 9. Juni, in: Christof Schubart, *Die Berichte über Luthers Tod und Begräbnis. Texte und Untersuchungen*, Weimar 1917, 74–80; 77 [Rückübersetzung der lateinischen Übersetzung].

[14] Vgl. Martin Luther, Von der Freiheit eines Christenmenschen, in: ders., *Werke* (WA), Bd. 7, Weimar 1897, (12)20–38. Die Freiheitsschrift wird im Folgenden im Text mit dem Kürzel WA 7 und Seitenangabe zitiert.

sollen ihm alle seine Sünden vergeben sein. „Alßo sehen wir, das an dem glaubenn eyn Christen mensch gnug hatt, [er be]darff keynis wercks, das er frum sey, [be]darf er den keynes wercks mehr, ßo ist er gewißlich empunden von allen gepotten vnd gesetzen, ist er empunden, so ist er gewißlich frey" (WA 7, 24f.).

So weit dürfte dies zumindest evangelischen Christen vertraut sein – handelt es sich doch um eine klassische Formulierung dessen, was man die Rechtfertigungslehre genannt hat, das Zentraldogma reformatorischer Theologie. Doch wie kommt es von dieser Lehre aus zu Luthers Judenfeindschaft?

5.3 Von den Juden und ihren Lügen

Luthers aggressiv judenfeindliche Spätschriften sind berüchtigt; die bekannteste davon ist die Schrift *Von den Juden und ihren Lügen* (1543).[15] Darin wirft der Wittenberger Reformator den Juden vor, die Bibel falsch, nämlich „gesetzlich", zu verstehen, wobei er sich einer äußerst unflätigen Sprache bedient:

> „Pfu euch hie, pfu euch dort, und wo ihr seid, ihr verdammten Juden, daß ihr die ernste, herrliche, tröstliche Wort Gottes so schändlich auf euern sterblichen, madigen Geizwanst [zu] ziehen düret [= wagt] und schämet euch nicht, euern Geiz so gröblich an den Tag zu geben! Seid ihr doch nicht wert, daß ihr die Biblia von außen sollet ansehen, [ge]schweige daß ihr drinnen lesen sollet! Ihr solltet allein die Biblia lesen, die der Sau unter dem Schwanz stehet, und die Buchstaben, die daselbs heraus fallen, fressen und saufen [...]" (WA 53, 478).

Die Stelle ist bemerkenswert nicht zuletzt wegen der von Luther aufgerufenen Assoziation zwischen Juden und Schweinen. Tatsächlich war und ist die Stadtkirche zu Wittenberg mit einer sog. „Judensau" dekoriert, einem antisemitischen Symbol, das im mittelalterlichen Deutschland verbreitet war.[16] Luther deutet es in einer weiteren antisemitischen Schrift des Jahres 1543 auf den jüdischen Umgang mit der Bibel bzw. mit dem Talmud:

> „Es ist hie zu Wittenberg an unser Pfarrkirchen eine Saw jnn stein gehawen, da ligen junge Ferckel und Jüden unter, die saugen, Hinder der Saw stehet ein Rabin, der hebt der Saw das rechte bein empor, und mit seiner lincken hand zeucht er den pirtzel [= Bürzel; Hinterteil] uber sich, bückt und kuckt mit grossem vleis der Saw unter dem pirtzel jnn den Thalmud hinein, als wolt er etwas scharffes und sonderlichs lesen und ersehen. Daselbsher haben sie gewislich jr Schem Hamphoras. Denn es sind vorzeiten seer viel Jüden jnn diesen Landen gewest [...]. Das etwa ein gelerter erlicher Man

---

[15] Vgl. Martin Luther, *Von den Juden und ihren Lügen*, in: ders., *Werke*, Bd. 53, Weimar 1920, (412)417–552. Die Lügenschrift wird im Folgenden im Text mit dem Kürzel WA 53 und Seitenangabe zitiert.

[16] Vgl. Isaiah Shachar, *The Judensau. A Medieval Anti-Jewish Motif and its History* (Warburg Institute Surveys, ed. by E. H. Gombrich and J. B. Trapp, V), London 1974.

solch Bild hat angeben und abreissen [= zeichnen] lassen, der den unfletigen lügen der Jüden feind gewest ist."[17]

Theologisch wirft Luther den Juden u. a. ihre politische Messiaserwartung und ihre angebliche Selbstgerechtigkeit vor, die sie glauben mache, dass gute Werke vor Gott helfen könnten. Dabei führt er in seiner Lügenschrift neben biblischen Bezügen auch geschichtstheologische Argumente an: Er konfrontiert Jesus Christus, den „wahren" Messias, der von den Juden gekreuzigt worden sei, mit dem „falschen" Messias Bar Kochba, dem Aufständischen; der „Schlachtet seer viel Christen, die unserm Messia Jhesum Christum nicht verleugnen wolten", bis er und sein Prophet Rabbi Akiba von den Römern getötet wurden (WA 53, 496). Diese Katastrophe hätte die Juden eigentlich demütigen müssen, wären sie nicht blind in ihrer Verstockung. Sie hätten anerkennen müssen, dass ihr politischer Messianismus gescheitert war und dass Jesus der wahre, geistliche Messias ist (vgl. WA 53, 498).

Die Tatsache, dass die Juden Jesus nicht als eingeborenen Sohn Gottes anerkennen wollen, wird von Luther als Blasphemie wahrgenommen: „Weil sie aber uns verfluchen, so verfluchen sie unsern HErrn auch, Verfluchen sie unsern HErrn, so verfluchen sie auch Gott den Vater, Schepffer Himels und der Erden" (WA 53, 539). So stellt er fest: „wer uns in diesem Artickel abgöttisch beleuget und lestert, der beleuget und lestert Christum, das ist: Gott selbs, als einen Abgott" (WA 53, 540). Das ist der Grund, weshalb Christen sich nicht länger duldsam gegenüber den Juden verhalten dürfen, wollen sie sich nicht selbst „teilhafftig machen aller jrer lügen, flüche und lesterung" (WA 53, 522).

Duldsamkeit gegenüber den Juden würde dieser Logik zufolge auf Gotteslästerung hinauslaufen; umgekehrt muss die Verehrung des Gottessohnes durch Verfolgung seiner Feinde, der Juden, beglaubigt werden. So hat die im Glauben an Jesus Christus allein verankerte Rechtfertigungslehre Luthers letztlich schreckliche praktische Ratschläge zur Folge, die der Reformator als „scharffe barmhertzigkeit" ausgibt (WA 53, 522; vgl. 541): „das man jre Synagoga oder Schule mit feur anstecke", „das man auch jre Heuser des gleichen zebreche und zerstöre", „das man jnen neme alle jre Betbüchlin und Thalmudisten", „das man jren Rabinen bey leib und leben verbiete, hinfurt zu leren" (WA 53, 523), „das man den Jüden das Geleid und Strasse gantz und gar auffhebe", „das man jnen den Wucher verbiete und neme jnen alle barschafft und Kleinot an silber und Gold" (WA 53, 524), „das man den jungen und starcken Jüden und Jüdin in die hand gebe flegel, axt, karst, spaten, rocken, spindel, und lasse sie jr brot verdienen im schweis der nasen" (WA 53, 525f.). Mehr noch: „Das man jnen verbiete, bey uns [...] öffentlich Gott zu loben, zu dancken, zu beten, zu leren, bey verlust

---

[17] Martin Luther, *Vom Schem Hamphoras und vom Geschlecht Christi*, in: ders., *Werke*, Bd. 53, Weimar 1920, (573)579–648; 600.

leibes und lebens" (WA 53, 536), „Das jnen verboten werde, den Namen Gottes fur unsern ohren zu nennen" (WA 53, 537).

Kurz: „Söllen wir der Jüden lesterung rein bleiben und nicht teilhafftig werden, So müssen wir gescheiden sein, und sie aus unserm Lande vertrieben werden" (WA 53, 538). Ja, wir müssen sie „wie die tollen hunde aus jagen" (WA 53, 541f.).

5.4 Zur Rezeption von Luthers Judenfeindschaft im neueren Protestantismus

Wie konnte es zu dieser Katastrophe der Theologie Luthers kommen? Kann es angesichts solcher Äußerungen überraschen, wenn der Philosoph Karl Jaspers knapp formuliert: „Was Hitler getan, hat Luther geraten, mit Ausnahme der direkten Tötung durch Gaskammern"?[18] Tatsächlich konnten Luthers Ratschläge an die Obrigkeit im 20. Jahrhundert von den Nazis problemlos als Begründung für ihren „Erlösungsantisemitismus"[19] – Erlösung durch Vernichtung der Juden – in Anspruch genommen werden. So schrieb der deutsch-christliche Landesbischof von Thüringen, Martin Sasse, in der Einleitung zu seiner Edition von Luthers „Judenschriften", die 1938 unter dem programmatischen Titel *Martin Luther über die Juden: Weg mit ihnen!* erschien, voller Stolz: „Am 10. November 1938, an Luthers Geburtstag, brennen in Deutschland die Synagogen."[20] Berüchtigt ist auch die Äußerung von Julius Streicher, Herausgeber des nationalsozialistischen Hetzblattes *Der Stürmer*, der im Prozess gegen die Hauptkriegsverbrecher vor dem Internationalen Militärgerichtshof in Nürnberg am 29. April 1946 unter Hinweis auf Luthers Schrift *Von den Juden und ihren Lügen* meinte: „Dr. Martin Luther säße heute sicher an meiner Stelle auf der Anklagebank, wenn dieses Buch von der Anklagevertretung in Betracht gezogen würde."[21]

Nicht selten werden solche Äußerungen heute als Missbrauch Luthers abgetan. Léon Poliakov, der jüdische Pionier der Antisemitismusforschung, hat sich durch solche Erklärungen nicht beruhigen lassen. So schreibt er in seiner *Geschichte des Antisemitismus*: „Im Antisemitismus" habe „das religiöse Motiv, die

---

[18] Karl Jaspers, Die nichtchristlichen Religionen und das Abendland (1954), in: ders., *Philosophie und Welt. Reden und Aufsätze*, München (2. Aufl.) 1963, 156–166; 162.
[19] Saul Friedländer, *Das Dritte Reich und die Juden*. Erster Band: *Die Jahre der Vertreibung 1933-1939*, München 1998, 101f.
[20] Martin Sasse, *Martin Luther über die Juden: Weg mit ihnen!*, Eisenach/Freiburg i. Br. 1938, 2; zit. nach Johannes Brosseder, *Luthers Stellung zu den Juden im Spiegel seiner Interpreten*, München 1972, 208.
[21] Vgl. Martin Stöhr, Martin Luther und die Juden, in: Heinz Kremers (Hg.), *Die Juden und Martin Luther – Martin Luther und die Juden. Geschichte – Wirkungsgeschichte – Herausforderung*, Neukirchen-Vluyn 1985, 89–108; 89.

Rechtfertigung durch den Glauben, eine Ablehnung der Werke nach sich [gezogen], jener Werke, die unzweifelhaft jüdischer Prägung sind". Und daran schließt er die beunruhigende Frage: „Muß vielleicht ein wirklicher Christ, der seinen Gott in der Weise eines Martin Luther anbetet, nicht schließlich unvermeidlich die Juden aus ganzer Seele verabscheuen und sie mit allen Kräften bekämpfen?"[22] Hat Poliakov hier Luther missverstanden? Oder deutet seine Frage auf ein Problem evangelischer Theologie hin? Führt ein Weg von Luther zu Hitler?

Es sind eine ganze Reihe von apologetischen Strategien entwickelt worden, um den Reformator von dem Verdacht freizusprechen, er habe dem modernen Antisemitismus vorgearbeitet. Nur noch selten wird heute versucht, das Problem der Judenfeindschaft in der Reformationszeit ökonomisch zu „erklären": Der Judenhass habe mit der Beteiligung von Juden am Zinsgeschäft zu tun. Ungelöst bleibt hier das Rätsel, „warum die Fugger zwar verflucht, die Juden aber verjagt wurden".[23] Häufiger findet sich das Bemühen, Luthers feindselige Haltung gegenüber den Juden historisch zu relativieren, indem man sie in den Kontext der unter seinen Zeitgenossen weit verbreiteten Judenfeindschaft einordnet.[24] Aber werden Luthers schlimme Äußerungen weniger schlimm, wenn man erfährt, dass auch sein altgläubiger Gegner Johannes Eck ein erbitterter Judenfeind war? Im Übrigen hat es unter deren Zeitgenossen auch Beobachter wie den Züricher Reformator Heinrich Bullinger gegeben, die sich von Luthers antijüdischen Pamphleten angewidert zeigten.[25] Gelegentlich findet man auch den Hinweis darauf, dass die Polemik zwischen Juden und Christen damals gegenseitig gewesen sei, so dass Luther kein besonderer Vorwurf zu machen sei. Dabei bleibt aber die ungleiche Machtverteilung unberücksichtigt, die es nur den Christen erlaubte, ihre Feindseligkeit gegenüber den Juden zu exekutieren.

Weit verbreitet ist der psychologisierende Hinweis darauf, dass die schlimmsten Ausfälle Luthers gegen die Juden aus seinen letzten Lebensjahren stammten, so dass man zwischen einem judenfreundlichen frühen Luther und dem alten, verbitterten Judenfeind unterscheiden müsse. Dieses Argument lässt sich bei näherem Hinsehen nicht halten.

Im Jahr 1523 veröffentlichte Luther seine Schrift *Daß Jesus Christus ein geborner Jude sei*, auf die in der Regel verwiesen wird, wenn die „judenfreundliche" Haltung des Reformators belegt werden soll. Diese Schrift unterscheidet sich

---

[22] Léon Poliakov, *Geschichte des Antisemitismus*, Bd. 2: *Das Zeitalter der Verteufelung und des Ghettos*, Worms 1978, 126f.
[23] Heiko A. Oberman, *Wurzeln des Antisemitismus. Christenangst und Judenplage im Zeitalter von Humanismus und Reformation*, Berlin 1981, 16.
[24] Vgl. Oberman, *Wurzeln des Antisemitismus*, 95.
[25] Das *Wahrhafte Bekenntnis der Diener der Kirchen zu Zürich* (1545) etwa kritisiert Luthers Schrift *Vom Schem Hamphoras* (1543) als „schweinekotig". – Vgl. Achim Detmers, *Reformation und Judentum. Israel-Lehren und Einstellungen zum Judentum von Luther bis zum frühen Calvin*, Stuttgart 2001, 163, Anm. 8.

5.4 Zur Rezeption von Luthers Judenfeindschaft

von Luthers sonstigen Judenschriften tatsächlich durch ihren freundlich einladenden Ton.[26] Da heißt es etwa: „Darumb were meyn bitt und rad, das man seuberlich mit yhn umbgieng und aus der schrifft sie unterrichtete, so mochten yhr ettliche herbey komen."[27] Und tatsächlich hat der reformatorische Aufbruch auch unter Juden gewisse Hoffnungen ausgelöst: Luthers Zusammenstoß mit dem römischen Katholizismus wurde als Bruch innerhalb der monolithischen Macht der Kirche begrüßt.[28] Der jüdische Lutherforscher Reinhold Lewin, der mit seiner Dissertation *Luthers Stellung zu den Juden* im Jahr 1911 die kritische Erforschung unseres Themas eröffnet hat, kommt jedoch im Blick auf diese Schrift Luthers zu dem Gesamturteil: „Ihn interessieren die Juden bloß als Bekehrungsobjekt."[29] Es muss aber bezweifelt werden, ob eine Haltung, die die Juden nur unter der Voraussetzung anzuerkennen bereit ist, dass sie Christen werden und also aufhören, Juden zu sein, als „judenfreundlich" bezeichnet werden kann.

Im Übrigen war Luther zum Zeitpunkt der Veröffentlichung seiner Schrift nicht mehr wirklich jung. Der wirklich frühe Luther aber hatte sich etwa in seinen Wittenberger Psalmenvorlesungen (*Dictata super Psalterium*; 1513–1515) als ein Vertreter einer aggressiven „Lehre der Verachtung" gegen die Juden erwiesen, der den Psalter „als christliches Lehrbuch der Judenfeindschaft" gebrauchte: Die Juden seien Christusmörder, die unter dem Zorn Gottes stünden und unwiderruflich zur Hölle verdammt seien, da sie in ihrer Verstockung Jesus nicht als Messias anerkennen.[30] Und nur wenige Jahre nach der Schrift von 1523 verschärfte sich Luthers Ton gegenüber den Juden erneut: Schon in den *Vier tröstlichen Psalmen* für die Königin von Ungarn aus dem Jahr 1526 findet sich scharfe antijüdische Polemik.[31] Und im Jahr 1537 wies Luther Josel von Rosheim (Elsass), den Sprecher der deutschen Judenheit vor Kaiser und Reich, zurück, als dieser sich mit einem Hilfsgesuch an den Reformator gewandt hatte.[32] Es dürften insbesondere die Erfahrungen des Bauernkriegs von 1525 und der Belagerung Wiens 1529 durch die Türken gewesen sein, die bei Luther apokalyptische Ängste ausgelöst und zur Verhärtung seiner Position beigetragen haben. Hinzu mag die

---

[26] Vgl. Martin Luther, *Daß Jesus Christus ein geborner Jude sei*, in: ders., Werke, Bd. 11, (307)314–336.
[27] Luther, *Daß Jesus Christus ein geborner Jude sei*, ebd., 336.
[28] Vgl. Andreas Pangritz, Zeitgenössische jüdische Reaktionen auf Luther und die Wittenberger Reformation, in: *Begegnungen. Zeitschrift für Kirche und Judentum* 94, (2011), H. 1, 2–9; 8.
[29] Reinhold Lewin, *Luthers Stellung zu den Juden. Ein Beitrag zur Geschichte der Juden in Deutschland während des Reformationszeitalters* [1911], Aalen 1973, 30.
[30] Vgl. Peter von der Osten-Sacken, *Martin Luther und die Juden. Neu untersucht anhand von Anton Margarithas „Der gantz Jüdisch glaub" (1530/31)*, Stuttgart 2002, 69–74.
[31] Vgl. Andreas Pangritz, Martin Luthers Stellung zu Judentum und Islam, in: Harry Noormann (Hg.), *Arbeitsbuch Religion und Geschichte. Das Christentum im interkulturellen Gedächtnis*, Bd. 2, Stuttgart 2013, 15–48; 26–28.
[32] Vgl. Martin Luther, Brief an Josel von Rosheim vom 11. Juni 1537, in: ders., Werke, Abt. 4: Briefwechsel, Bd. 8: *1537 – 1539*, Weimar 1938, 89–91; 91.

unglückliche Begegnung mit drei jüdischen Besuchern in Wittenberg gekommen sein, die nach kontroverser Diskussion über die Jungfrauengeburt ein Empfehlungsschreiben Luthers, in dem der Name Jesu Christi genannt war, verschmäht hatten.[33] Vor diesem Hintergrund muss der relativ freundliche Ton der Schrift von 1523 als kurzes Intermezzo und Ausnahme von der Regel gelten.

Eine weitere apologetische Strategie besteht darin, dass man den „Reformator" Luther und den judenfeindlichen „Politiker" Luther scharf voneinander unterscheidet.[34] Kein Schatten darf auf die reformatorische Theologie als solche fallen, während Luthers judenfeindliche Äußerungen als periphere Entgleisungen abgetan werden. Dieses Argument scheitert allerdings daran, dass gerade auch renommierte Lutherforscher sich bemüht haben, Luthers Judenfeindschaft zu rechtfertigen, indem sie ihre Verankerung in den theologischen Grundüberzeugungen des Reformators herausgearbeitet haben, um sie vom modernen Antisemitismus abzuheben.

So ist Wilhelm Maurer in den 50er Jahren des 20. Jahrhunderts davon ausgegangen, dass sich zwar die „praktisch-rechtlichen Folgerungen", die Luther aus seiner Theologie gezogen hat, geändert hätten; in ihren Grundlinien sei diese Theologie jedoch „allezeit gleichgeblieben".[35] Damit werde auch die „scharfe Barmherzigkeit", die der Reformator empfiehlt, verständlich: „Mit allen seinen bittern Anklagen […], mit allen harten Maßnahmen" habe Luther doch nur „etliche aus der Flammen und Glut erretten" wollen.[36] Doch: macht es das besser? Ohne jedes Problembewusstsein wollte Maurer noch in der „Alterspolemik Luthers […] tiefste theologische Einsichten ausgesprochen" sehen, „die sich aus dem reformatorischen Schriftverständnis ergeben". Maurers Zusammenfassung dieser „theologischen Einsichten" sei hier in voller Länge zitiert:

> „Alle Völker stehen unter Gottes Gericht und Gnade. Damit wird die Spannung zwischen *Gesetz und Evangelium*, von der Luthers Schriftverständnis und damit seine ganze Theologie bestimmt ist, auch für das Verhältnis von Kirche und Synagoge zur Grundlage genommen. Gottes Gesetz setzt sich selbst das Ende. Denn es ist allezeit von der Verheißung begleitet und kann nur in der Begrenzung durch sie recht verstanden werden. Ist die Verheißung durch die Ankunft des Messias erfüllt, dann hat auch das Gesetz seine Rolle ausgespielt."

---

[33] Vgl. Osten-Sacken, *Martin Luther und die Juden*, 103–110 [Die Thola-Episode – Luthers „Vergegnung" mit drei Rabbinen (1525/26)].

[34] Vgl. Walther Bienert, *Martin Luther und die Juden. Ein Quellenbuch mit zeitgenössischen Illustrationen, mit Einführungen und Erläuterungen*, Frankfurt a. M. 1982, 190: „Der Reformator Luther war ein anderer als der Kirchenpolitiker Luther. Es ist wissenschaftlich nicht vertretbar, eine Harmonie zwischen dem Reformator und dem kirchenpolitischen Judenfeind zu konstruieren."

[35] Wilhelm Maurer, *Kirche und Synagoge. Motive und Formen der Auseinandersetzung der Kirche mit dem Judentum im Laufe der Geschichte*, Stuttgart 1953, 46.

[36] Maurer, *Kirche und Synagoge*, 45.

Erst damit sei das „Zeugnis des Paulus gegen die Synagoge zum ersten Male richtig erfaßt".³⁷

Damit soll offenbar genug gesagt sein. Die lutherisch-paulinische Unterscheidung von Gesetz und Evangelium, die Lehre von Christus als „Ende des Gesetzes" (Röm 10,4 in Luthers Übersetzung) aufgrund des Triumphes des gesetzesfreien Evangeliums über jüdische „Gesetzlichkeit", dient hier als Vorwand für die Beschönigung der gnadenlosen praktisch-rechtlichen Grausamkeit als „scharfe Barmherzigkeit". Mit Recht bemerkt dazu Martin Stöhr:

> „Keine noch so beachtliche Virtuosität, mit theologischen Begriffen oder frommen Vokabeln umzugehen, machen aus Luthers ‚scharfer Barmherzigkeit', d. h. aus seinen Kristallnachtvorschlägen, ‚Barmherzigkeit'. Ein so eindeutiger Begriff wie Barmherzigkeit läßt sich schlechterdings nicht mit so eindeutigen Vorschlägen vereinen".³⁸

Letztlich wird mit Maurers Rede von „tiefsten theologischen Einsichten" noch in Luthers Alterspolemik gegen die Juden jedoch unfreiwillig bestätigt, wie unauflöslich reformatorische Theologie und Judenfeindschaft im Falle Luthers miteinander verbunden sind.

Auch die von der Evangelischen Kirche in Deutschland im Blick auf das Reformationsjubiläum 2017 organisierte „Luther-Dekade" war nicht frei von Luther-Apologetik. So verbreitete die Vereinigte Evangelisch-Lutherische Kirche in Deutschland (VELKD) einen Text über *Luthers Schriften über die Juden*, der im Geleitwort des Leiters der Presse- und Öffentlichkeitsarbeit der VELKD mit der irreführenden Behauptung empfohlen wurde, „dass Luther [...] dem Vorwurf, die Juden hätten Christus getötet, durchweg widersprochen" habe.³⁹ In der Ausarbeitung selber wird Luther dafür gelobt, dass bei ihm – „trotz seiner maßlosen, ja unsäglichen Polemik gegen die Juden und das Judentum" – die „verheerende Anklage" des „Christusmordes", wie sie von der mittelalterlichen Kirche und Luthers altgläubigen Gegnern vertreten worden war, „in keiner Phase seines Wirkens zu finden" sei.⁴⁰

Doch das ist leider Wunschdenken. Tatsächlich heißt es schon in Luthers früher Psalmenvorlesung, dass „die Juden Christus nicht handgreiflich, sondern ihrer willentlichen Forderung nach töteten".⁴¹ Diese kaum misszuverstehende Aussage über die mörderischen Juden wird von dem Verfasser der Ausarbeitung

---

37 Maurer, *Kirche und Synagoge*, 47.
38 Martin Stöhr, Luther und die Juden, in: *Evangelische Theologie* 20 (1960), 157–182; 175, Anm. 55.
39 Eberhard Blanke, Einleitung, in: Volker Weymann, *Luthers Schriften über die Juden. Theologische und politische Herausforderungen*, Hannover 2013 (Texte aus der VELKD, Nr. 168), 2.
40 Weymann, *Luthers Schriften über die Juden*, 28.
41 Martin Luther, *Dictata super Psalterium*, WA 55/2, 112: „Sicut Iudei Christum non opere [manu], Sed voluntate occiderunt" (zu Ps 9 [10],8: „Er [= der Gottlose] sitzt und lauert in den Höfen, er mordet die Unschuldigen heimlich, seine Augen spähen nach den Armen").

zwar zitiert, aber dahingehend interpretiert, dass demnach die Juden vom Vorwurf des Christusmordes freigesprochen würden.[42] Anderswo erhebt Luther ausdrücklich den Vorwurf des Christusmordes gegen die Juden. So weiß er in der angeblich judenfreundlichen Schrift *Daß Jesus Christus ein geborner Jude sei*, dass „die yhn creutzigen und auß dißer wellt treyben, [...] nicht mehr yhn angehoren und seyn volck seyn [werden], sondern [er] wirt eyn ander volck annemen".[43] Und in der Schrift *Von den Juden und ihren Lügen* wiederholt er in Auslegung von Dan 9,24 („Da gieng das feur an wider jn", d. h. gegen den Messias):

> „da wurden sie zornig, bitter, gifftig und unsinnig auff jn, Und gossen endlich die glocken [= heckten den Plan aus], das sie jn tödten wolten und thaten also, Creutzigten jn, auffs aller schmelichst sie jmer kundten, und kületen jr mütlin also, das auch der Heide Pilatus mercket und zeuget, das sie jn aus hass und neid on ursach unschüldig verdampten und tödten" (WA 53, 494).

5.5 Martin Luthers theologischer Antisemitismus

Die Abgrenzung eines theologisch angeblich legitimen Antijudaismus, der den Juden immerhin noch den Ausweg der Taufe lässt, von einem zu verurteilenden Antisemitismus scheitert an Luthers aggressiv judenfeindlichen Spätschriften: Die Hoffnung auf eine Integration der Juden in die christliche Mehrheitsgesellschaft durch ihre Bekehrung hatte Luther weitgehend aufgegeben. Auch war ihm die Fortexistenz der Juden nach ihrer Verwerfung unerträglich geworden, da sie eine ständige Bedrohung für die Christen darstelle. Schließlich rechnete er nicht mehr mit einer Aufhebung der Differenz zwischen Juden und Nichtjuden.

Im übrigen war auch Luthers primär theologisch begründete Judenfeindschaft nicht frei von Momenten, die nicht so sehr auf die jüdische Religion als vielmehr auf ein unveränderliches „Wesen" der Juden zielen. So heißt es in den *Vier tröstlichen Psalmen* (1526), aufgrund ihrer Verstockung, die „yhr natur worden ist", seien die Juden schlechterdings „nicht [...] zubekeren", sondern sie müssten „ynn der hellen [= Hölle] zurschmeltzt [...] werden".[44] Und in der Schrift *Von den Juden und ihren Lügen* finden sich auch ökonomische Motive, wenn es dort wiederholt um den jüdischen „Wucher" geht.[45] Und es gibt dort bereits proto-

---

[42] Weymann, *Luthers Schriften über die Juden*, 28, Anm. 120.
[43] Luther, *Daß Jesus Christus ein geborner Jude sei*, in: ders., *Werke*, Bd. 11, 336.
[44] Martin Luther, *Vier tröstliche Psalmen an die Königin zu Ungarn*, in: ders., *Werke*, Bd. 19, Weimar 1897, (542)552–615; 606f.
[45] Vgl. Luther, *Von den Juden und ihren Lügen*, in: ders., *Werke*, Bd. 53, 482f.: Die Fürsten „lassen sich selbs und jr Unterthanen durch der Jüden Wucher schinden und aussaugen, und mit jrem eigen Gelde sich zu Bettler machen". – Vgl. auch ebd., 521: „[...] Haben uns und unser güter gefangen durch jren verfluchten Wucher [...]".

5.5 Martin Luthers theologischer Antisemitismus

nationalistische Motive, wenn Luther meint „unser Deudschen" vor den Juden warnen zu müssen.[46] Wo Luther auf das jüdische „Blut" und die „Natur" der Juden anspielt, kommen auch proto-rassistische Motive zum Zug:

> „Sie haben solchen gifftigen hass wider die Gojim von jugent auff eingesoffen von jren Eltern und Rabinen, und sauffen noch in sich on unterlas, das es jnen, wie der cix. Psalm sagt, durch blut und fleisch, durch Marck und bein gangen, gantz und gar natur und leben worden ist."[47]

Schließlich muss die Behauptung, der religiös begründete „Antijudaismus" habe „als theologisches Konzept [...] nicht auf Vernichtung der Juden", sondern nur auf ihre Bekehrung gesonnen,[48] auch im Blick auf Luther relativiert werden: So müsste bedacht werden, dass die von Luther „anempfohlene Vertreibung [...] nach spätmittelalterlicher Praxis der Vernichtung doch ziemlich nahe kam".[49] Auch ist ein offenkundiger Vernichtungswille in einigen „Tischreden" dokumentiert, in denen Luther sich zu Äußerungen hinreißen ließ, die seine theologisch motivierte Mordlust zeigen. So wollte Luther einen taufwilligen Juden „auf die Elbbrücke führen, ihm dort einen Stein um den Hals hängen und ihn mit den Worten hinunterstoßen: ‚Ich taufe dich im Namen Abrahams.'"[50] Und dies kann nicht als einmalige Entgleisung abgetan werden, wie weitere mörderische Tischreden belegen.[51]

Die Frage, inwiefern der primär theologisch begründete Antijudaismus Luthers „ein direkter Vorläufer des späteren, rassisch argumentierenden Antisemitismus" sei,[52] ist nach alledem keineswegs abwegig. Mit Recht hat Günther B.

---

46 Vgl. Luther, *Von den Juden*, 419: „das unser Deudschen auch wissen mügen". – Vgl. auch ebd., 579.
47 Luther, *Von den Juden*, 481.
48 Johannes Heil, „Antijudaismus" und „Antisemitismus". Begriffe als Bedeutungsträger, in: *Jahrbuch für Antisemitismusforschung* 6 (1997), 92–114; 106.
49 Peter Maser, Erbarmen mit Luther? Zu zwei neuen Büchern über den Reformator und die Juden, in: *Judaica* 39 (1983), 166–178; 175. – Vgl. ebd.: In „ihrem unbedingten Vernichtungswillen gegenüber den Juden" seien sich „der Reformator und der Diktator [Hitler] zum Schluss einig".
50 Vgl. Martin Luther, in: ders., *Werke*. Abt. 2: Tischreden, Bd. 2: *Tischreden aus den dreißiger Jahren*, Weimar 1913, 217 (September 1532). Zitiert nach Osten-Sacken, *Martin Luther und die Juden*, 116.
51 Vgl. Martin Luther, in: ders., *Werke*. Abt. 2: Tischreden, Bd. 5: *Tischreden aus Jahren 1540–1544*, Weimar 1913, 257 (Frühjahr 1543): „Ein anderer erzählte viel von den Gotteslästerungen der Juden und fragte, ob es einem Privatmann erlaubt sei, einem gotteslästerlichen Juden einen Faustschlag zu versetzen. Er antwortete: Ganz gewiss! Ich wollte einem solchen eine Maulschelle geben. Wenn ich könnte, würde ich ihn zu Boden werfen und in meinem Zorn mit dem Schwert durchbohren. Da es nämlich nach menschlichem und göttlichem Recht erlaubt ist, einen Straßenräuber zu töten, viel mehr einen Gotteslästerer." Zitiert nach Bienert, *Martin Luther und die Juden*, 172.
52 Maser, Erbarmen mit Luther?, in: *Judaica* 39 (1983), 167.

Ginzel im Blick auf die antisemitische Luther-Rezeption im 19. und 20. Jahrhundert bemerkt, „daß für die Epoche der modernen Judenfeindschaft die gängige Unterscheidung in Antijudaismus (als ‚nur' religiös bedingter Abneigung) und Antisemitismus (als politisch-völkischer Judenfeindschaft) eher der Verharmlosung einer weitverbreiteten antijüdischen Einstellung dient [...]."[53] Die Vermeidung des Begriffs „Antisemitismus" in Bezug auf Luther muss insofern ihrerseits als Ausdruck einer apologetischen Strategie gelten.

Auch die Behauptung, dass Luthers judenfeindliche Schriften im 19. und frühen 20. Jahrhundert kaum rezipiert worden seien,[54] hilft in diesem Zusammenhang nicht weiter. Sofern damit suggeriert werden soll, dass Luther von jeglicher Verantwortung für die spätere Entwicklung freizusprechen sei, da der Rassenantisemitismus nicht an seine Judenschriften angeknüpft habe, hätten wir es mit einer weiteren apologetischen Strategie zu tun. Jedenfalls ist Luthers Judenfeindschaft auch im 19. Jahrhundert nicht unbekannt gewesen und konnte als Reservoir für die Herausbildung und Verbreitung des modernen Antisemitismus dienen. So veröffentlichte der junge Lutherforscher Georg Buchwald im Jahr 1881 „mitten in der heftigen antisemitischen Agitation an den Universitäten" anonym eine Broschüre unter dem Titel *Luther und die Juden*, „in der er wichtige Zitate vor allem aus Luthers späten Judenschriften präsentierte und seinen Kommilitonen an der Leipziger Universität zu einer seiner Meinung nach richtigen, nämlich religiös begründeten Motivation der antisemitischen Agitation verhelfen wollte."[55] Demnach waren „die antijüdischen Forderungen des Reformators" gerade unter evangelischen Theologiestudenten im späten 19. Jahrhundert durchaus präsent.[56] Und es dürfte kein Zufall sein, dass gerade in diesem akademischen Milieu, das überwiegend im Verein Deutscher Studenten organisiert war, der Antisemitismus blühte.

Letztlich dürfte kein Weg daran vorbeiführen, von Luther als einem „Kronzeugen des Antisemitismus" zu reden.[57] Die Tatsache, dass seine Judenfeindschaft primär religiös begründet war, macht das Problem nicht geringer. Im Gegenteil: Wegen der tiefen Verankerung von Luthers Judenhass in seiner theologischen Lehre muss die Verquickung von Theologie und Antisemitismus als

---

[53] Günther Bernd Ginzel, Martin Luther – „Kronzeuge des Antisemitismus", in: Heinz Kremers (Hg.), *Die Juden und Martin Luther – Martin Luther und die Juden*, Neukirchen-Vluyn 1985, 189–210; 189.

[54] Dorothea Wendebourg, Bekanntheit von Luthers Judenschriften im 19. und frühen 20. Jahrhundert, in: dies. u. a. (Hg.), *Protestantismus, Antijudaismus, Antisemitismus*, 147–179.

[55] Andreas Stegmann, Der Berliner Antisemitismusstreit 1879/80, in: Wendebourg u. a. (Hg.), *Protestantismus, Antijudaismus, Antisemitismus*, 239–274; 272.

[56] Wendebourg, Bekanntheit von Luthers Judenschriften, in: dies. u. a. (Hg.), *Protestantismus, Antijudaismus, Antisemitismus*, 170.

[57] Eduard Lamparter, *Evangelische Kirche und Judentum. Ein Beitrag zum christlichen Verständnis von Judentum und Antisemitismus*, Berlin 1928, 17: „Der Luther, welcher die zwei Schriften ‚Von den Juden und ihren Lügen' und ‚Vom Schem Hamphoras und dem Geschlecht Christi' niedergeschrieben hat, ist zum Kronzeugen des modernen Antisemitismus geworden."

ein „Geburtsfehler" des Protestantismus (genauer: der lutherischen Theologie) gelten.[58] Damit wird auch die Rechtfertigungslehre in der Form, wie Luther sie vertreten hat, zutiefst fragwürdig. Sie müsste selbst umgebaut werden, um sie für das christlich-jüdische Verhältnis zu retten. Dies würde auf eine radikale Kritik der evangelischen Gesetzeskritik hinauslaufen, die nicht weniger radikal sein dürfte als Luthers Verständnis christlicher Freiheit. Sie müsste es wagen, von evangelischer Freude am Gesetz zu reden.[59]

5.6 Andreas Osianders Widerspruch gegen Luther

An dieser Stelle ist eines Reformators zu gedenken, der als ein „Lichtpunkt" in der Geschichte des christlich-jüdischen Verhältnisses gelten kann, weil er Luther ausdrücklich widersprochen hat: Andreas Osiander (1498–1552). Seine Ausnahmestellung ist vor allem in dem *Gutachten zur Blutbeschuldigung* aus Anlass des Falles „einer angeblichen Ermordung eines geraubten Knaben aus rituellen Gründen in Pösing bei Pressburg im Jahr 1529" begründet.[60] Der um eine Stellungnahme gebetene Nürnberger Reformator

> „versuchte [...], den Unsinn und die Unhaltbarkeit dieser Anschuldigung als solcher herauszustellen, und gab am Ende einige Hinweise, wie man der wahren Mörder habhaft werden könne, wobei er sich nicht scheute, auf den Zusammenhang zwischen Judenpogromen und finanzieller Verschuldung von Christen hinzuweisen".[61]

Das ohne Angabe von Druckort und Druckjahr (jedoch (wahrscheinlich schon 1529) anonym gedruckte Gutachten wurde im Jahr 1540 „von jüdischer Seite zur Entlastung" angeführt, als eine ähnliche Beschuldigung in Mittelfranken erhoben wurde.[62] Aufgrund einer Zuschreibung durch den altgläubigen Luthergegner Johannes Eck gilt Osiander heute als der mutmaßliche Verfasser des Gutachtens, das entsprechend auch in die Gesamtausgabe der Werke Osianders aufgenommen worden ist.[63]

---

[58] Vgl. Klaus Wengst, Martin Luther und die Juden. Über theologische Judenfeindschaft als Geburtsfehler des Protestantismus, in: ders., *Christsein mit Tora und Evangelium. Beiträge zum Umbau christlicher Theologie im Angesicht Israels*, Stuttgart 2014, 35–52.
[59] Vgl. Friedrich-Wilhelm Marquardt, Zur Reintegration der Tora in eine Evangelische Theologie (1987), in: ders., *Auf einem Schul-Weg. Kleinere christlich-jüdische Lerneinheiten*, 2. Aufl., hg. v. A. Pangritz, Aachen 2004, 229–255. – Vgl. auch ders., *Evangelische Freude an der Tora*, Tübingen 1997.
[60] Osten-Sacken, *Martin Luther und die Juden*, 253.
[61] Gottfried Seebaß, *Das reformatorische Werk des Andreas Osiander*, Nürnberg 1967, 83.
[62] Osten-Sacken, *Martin Luther und die Juden*, 253.
[63] Vgl. [Andreas Osiander], *Ob es war und glaublich sey, daß die Juden der christen kinder heymlich erwürgen und ir blut gebrauchen*, in: Andreas Osiander, *Gesamtausgabe*, Bd. 7: *Schriften und Briefe 1539 bis März 1543*, hg. v. Gerhard Müller u. Gottfried Seebaß, Gütersloh 1988, 216–248. Zitatnachweise im Text beziehen sich im Folgenden auf diese Ausgabe.

In seinem Gutachten geht Osiander davon aus, dass auch für die Juden gelte: „Wer Menschenblut vergießt, dessen Blut soll auch durch Menschen vergossen werden; denn Gott hat den Menschen zu seinem Bild gemacht" (1. Mose 9,6). Dies sei „ir aygen gesetz, das nicht sie selbs gedichtet, sonder von dem almechtigen Got selbs empfangen, angenomen und zů halten sich bewilliget und sich verpflichtet haben" (225). Die Juden wüssten das sehr „wol, dann sie lesens alle tag, lernen und uben sich in irem gesetz auffs allerfleyssigst, erfarens dazů in aller welt, das es also gehe wie angezeygt ist". Es sei daher „nicht glaublich [...], das sie so můtwilligklich wider Gottes gepot faren und ir aygen verderben an leyb und seele an dem unschuldigen blůt solten anrichten und verursachen" (226). Es ist aus Osianders Sicht also gerade die jüdische Gesetzestreue, die die Blutbeschuldigung so unglaubwürdig macht. Tatsächlich hätten die Juden, „sovil das gesetz antrift, [...] mer verstands in der schrifft gehabt" als alle „judenfeindt" (233).

Zwar will Osiander nicht bestreiten, dass der „zorn Gottes uber die Juden" gehe; aber es wäre „ein rechte gotslesterung" zu behaupten, „Gott straff die Juden dermassen, das sie durch dieselben straff zu mörden und unschuldig blůt zu vergiessen verursacht und gedrungen werden". Damit geht Osiander faktisch auf Distanz zu Luther, der im mörderischen Wesen der Juden geradezu den Ausdruck ihrer Verwerfung durch Gott sehen wollte. Im übrigen, so Osiander, würde diese Strafe die Falschen treffen, da Gott dann ja „solch unglück und mörderey auff unsern hals" schicken würde. Dies aber stünde im Widerspruch zum Glauben, „das wir einen gnedigen Got und vater im hymel haben" (235f.).

Wir können die weitere Argumentation Osianders hier nicht im einzelnen nachzeichnen, weisen aber darauf hin, dass der Nürnberger Reformator seine freundliche Einstellung gegenüber den Juden in diesem Zusammenhang mit dem elften Kapitel des Römerbriefs begründet: „Aufgrund ihrer Herkunft und aufgrund ihrer Zukunft sind die Juden ‚zu lieben'."[64] So heißt es in Osianders Gutachten:

> „Wann es schon wider Gottes art und natur nicht were, das er also straffet, und wann es gleich wider die christen auch nicht were, so wurde er dannocht die Juden nicht also straffen, dann ob sie wol nach dem evangelio feinde sein, so sein sie doch nicht feinde nach der wal, sonder geliebet umb der väter willen, als Paulus spricht zun Römern am 11. capitel. Ja sie sein nicht allein zu lieben umb der väter willen, von denen Christus ist herkommen, sonder auch darumb, das sie sich endtlich noch werden bekeren zu der wahrheyt" (236).

Wir haben hier ein Beispiel einer von Luthers Skepsis abweichenden Exegese des elften Kapitels des Römerbriefs vor uns, die mit einer eschatologischen Bekehrung der Juden zu Christus rechnet und daraus praktisch-ethische Konsequenzen für eine freundliche Behandlung der Juden zieht.

---

[64] Osten-Sacken, *Martin Luther und die Juden*, 256.

5.6 Andreas Osianders Widerspruch gegen Luther

Es kann nach alledem kaum überraschen, dass Osiander sich von Luthers judenfeindlichen Altersschriften ausdrücklich distanzierte, – und dies in einem Brief an einen Juden. Darüber wäre „der an dieser Stelle zwischen Osiander und Luther schwelende Gegensatz" beinahe „zum offenen Ausbruch gekommen". Den Anlass bot die Veröffentlichung von Luthers Schrift *Vom Schem hamphoras* im Jahr 1543, von deren „Polemik gegen die jüdischen Traditionen" Osiander sich „zurückgestoßen" fühlte.

> „In einem Schreiben an den jüdischen Gelehrten Elia Levita in Venedig äußerte er sich wahrscheinlich höchst geringschätzig über Luthers Veröffentlichung. Eine Abschrift dieses Briefes gelangte auf irgendwelchen Wegen zwei Jahre später nach Wittenberg. Als Osiander davon erfuhr, bat er Melanchthon inständig, dafür Sorge zu tragen, daß dieser Brief nicht in Luthers Hände gelange."

Melanchthon scheint ihm „diesen Liebesdienst" erwiesen zu haben, indem er Osianders Schreiben an Elia Levita den Flammen übergab, um „eine offene[] Kontroverse zwischen Luther und Osiander" zu vermeiden.[65]

Andreas Osianders Widerlegung der Ritualmordlegende hat mit dazu beigetragen, dass seit 1530 in Mitteleuropa kein Prozess mehr gegen Juden aus Anlass einer Anklage wegen Ritualmord zustande kam. Dennoch hat sich das Gerücht, dass Juden christliche Kinder zu rituellen Zwecken ermordeten, bis heute gehalten, wie noch zu zeigen sein wird.

---

[65] Seebaß, *Das reformatorische Werk*, 82. – Vgl. auch Lewin, *Luthers Stellung zu den Juden*, 99f. – Vgl. auch Detmers, *Reformation und Judentum*, 141–143. – Vgl. auch Osten-Sacken, *Martin Luther und die Juden*, 259.

6 Frühneuzeitliche Transformationen des christlichen Antisemitismus

Die judenfeindlichen Mythen des Mittelalters haben ebenso wie Luthers Judenfeindschaft auch in der frühen Neuzeit ihre Wirkung entfaltet, teils im Zuge direkter Rezeption, teils im Zuge eines Transformationsprozesses auf dem Weg zum modernen Antisemitismus. Insbesondere im protestantischen Milieu ist Luthers Judenfeindschaft – entgegen anderslautenden Gerüchten – nicht ohne Wirkung geblieben. Ein zumindest indirekter Einfluss Luthers wird in frühneuzeitlichen Standardwerken der Judenfeindschaft wie Johann Andreas Eisenmengers *Entdecktes Judentum* und Johann Jacob Schudts *Jüdische Merkwürdigkeiten* erkennbar. Sie konnten ihre Wirkung in einem Umfeld entfalten, das durch Legenden wie die vom „ewigen Juden" Ahasver geprägt war, die ihrerseits an ältere Traditionen anknüpfen konnten.

6.1 Die frühneuzeitliche Ahasver-Legende

Zu den merkwürdigsten christlichen Mythen über das Judentum zählt die Legende von dem „ewigen Juden" Ahasver, die sich als ungemein wandlungsfähig erwiesen hat.[1] Auch wenn sie meist in einem judenfeindlichen Kontext auftaucht, finden sich doch auch Beispiele, die eher von Sympathie für die hin und her durch die Weltgeschichte irrenden Juden zeugen.[2] Der rumänische Theaterwissenschaftler Avram Rotenberg (Journalistenname Avram Andrei Baleanu) hat die Geschichte der Ahasver-Legende erzählt,[3] angefangen von ihrer ersten Publikation: „Eines der verbreitetsten deutschen ‚Volksbücher' wurde 1602 erstmals auf vier Quartblättern unter dem Titel *Kurtze Beschreibung und Erzaehlung von einem Juden mit Namen Ahaßverus* herausgebracht."[4] Dieses Volksbuch habe

---

[1] Vgl. Else Liefmann, Die Legende vom Antichrist und die Sage von Ahasver. Ihre Bedeutung für den Antisemitismus, in: *Judaica* 3 (1947), 122–156. – Vgl. auch Stefan Rohrbacher u. Michael Schmidt, *Judenbilder. Kulturgeschichte antijüdischer Mythen und antisemitischer Vorurteile*, Reinbek bei Hamburg 1991, 246–252 [Der Ewige Jude].

[2] Vgl. Mona Körte u. Robert Stockhammer (Hg.), *Ahasvers Spur. Dichtungen und Dokumente vom „Ewigen Juden"*, Leipzig 1995.

[3] Avram Andrei Baleanu, *Ahasver. Geschichte einer Legende*, Berlin 2011. Zitatnachweise im Text beziehen sich im Folgenden auf Baleanus Darstellung der Ahasver-Legende.

[4] Vgl. *Kurtze Beschreibung und Erzaehlung von einem Juden, mit Namen Ahaßverus [...]*, Bautzen 1602. Faksimile-Abdruck in: Körte und Stockhammer (Hg.), *Ahasvers Spur*, 9–13.

„die dramatische Lebensgeschichte eines jüdischen Schusters aus Jerusalem" enthalten,

> „der Zeuge der Leiden des Erlösers gewesen und noch am Leben war. Es heißt, Jesus sei auf seinem Gang mit dem Kreuz nach Golgatha an dessen Haus vorbeigekommen und habe sich hier ausruhen wollen, worauf dieser Jude namens Ahasverus ihn mit Schimpfworten verjagt habe. Jesus habe darauf gesagt: ‚Ich will stehen und ruhen / Du aber solt gehen.' Seither irre Ahasverus barfuß durch die Welt, er lebe bescheiden und sei beispielhaft gottesfürchtig. 1542 soll ihm der Student Paulus von Eitzen, später Bischof von Schleswig und Rektor der Theologischen Schule von Hamburg, eine in kirchlichen und gesellschaftlichen Belangen allen Vertrauens würdige Person, in Hamburg begegnet sein. Das konnte allerdings nicht mehr überprüft werden, da Paulus von Eitzen vier Jahre vor Veröffentlichung der Broschüre gestorben war."

Baleanu betont, dass die Publikation dieses Volksbuches „ein Meilenstein in der Herausbildung der europäischen Anschauung vom Judentum" gewesen sei (8). Tatsächlich habe die *Kurtze Beschreibung* von 1602 aber eine jahrhundertealte Vorgeschichte in Legenden von einem umherwandernden Juden (23–38). Erst gegen Ende des 17. Jahrhunderts sei der Ahasver des Volksbuchs mit dem „ewigen Juden" identifiziert worden (11).[5]

In der Gestalt des Volksbuchs kann die Legende von dem wandernden Juden Ahasver weder als eindeutig antisemitisch noch als philosemitisch bezeichnet werden. Baleanu vermutet, dass das „Wohlwollen" gegenüber den Juden, das der Autor erkennen lasse, in einer judenmissionarischen Absicht begründet sei (42f.). Die primären Adressaten der Legende dürften jedoch zunächst Zweifler innerhalb der christlichen Mehrheitsgesellschaft gewesen sein. Die kirchliche Lehre war in der frühen Neuzeit – zumal aufgrund der konfessionellen Spaltung der Christenheit in Mitteleuropa – in eine tiefe Glaubwürdigkeitskrise geraten. Angesichts zunehmender Kritik an den überlieferten Dogmen benötigte die Kirche

> „neue Argumente, die über jeden Zweifel erhaben waren. Und diese Argumente mussten vollkommen glaubwürdigen und unbescholtenen Personen in den Mund gelegt werden. Ahasverus tauchte gerade zur richtigen Zeit auf, um solchen Ansprüchen zu genügen. Er war der Augenzeuge der Leiden des Erlösers, war persönlich dabeigewesen, als Christus zum Wohle der Menschheit litt. Seine unmittelbare Bürgschaft erschien sogar noch glaubhafter als die Botschaft der Evangelien. Die Unsterblichkeit des ewigen Juden war der lebendige Beweis für die Allmacht Gottes [...]" (97f.).

Bezeichnenderweise fand die Legende vor allem im lutherischen Milieu Verbreitung. Ahasver sollte hier einerseits als ein lebendiger Zeuge der Leiden Christi dienen, der die Zweifler von deren historischer Authentizität überzeugen

---

[5] Baleanu betont, dass der „ewige Jude" seinerseits eine Vorgeschichte gehabt habe, die in die germanische Mythologie zurückreiche (136–151). Der Wanderer sei eine mythische Gestalt gewesen, die als „Künder der unerbittlichen Zeit" aufgetreten sei (121–135).

konnte. Andererseits sollte er „die christliche Religion den Juden näherbringen. Nicht zufällig unterstreicht der anonyme Autor zum Schluss, dass das Ende der Welt und das Jüngste Gericht nahe seien." Gemäß der im Mittelalter weit verbreiteten eschatologischen Tradition „sollte das jüdische Volk, noch bevor das Jüngste Gericht eintrat, christlich getauft werden [...]." Denn „nur jene, die zum Christentum übertreten, werden der Strafe entkommen" (42f.).

Schon bald jedoch erschienen Versionen der Ahasver-Legende, die über die judenmissionarische Absicht hinaus eine eindeutig judenfeindliche Tendenz vertraten. In dieser Gestalt wurde der Ahasver-Mythos zu einem wesentlichen Moment des modernen Antisemitismus. Während Ahasver in der *Kurtzen Beschreibung* von 1602 noch „als Einzelgänger" erscheint, „der durch seine exzentrische Einzigartigkeit die Aufmerksamkeit auf sich zieht", haben „[s]eine unendlichen Wanderungen" spätere Kommentatoren dazu veranlasst, „eine Ähnlichkeit mit dem Schicksal des jüdischen Volkes in der Diaspora" zu behaupten (175f.). Damit wurde die Ahasver-Legende anschlussfähig für die judenfeindliche Theologie.

So wurde die *Kurtze Beschreibung* „in sämtlichen deutschen Drucken der Geschichte vom Ewigen Juden" seit 1645 durch einen umfangreichen Anhang ergänzt, der ursprünglich 1631 als selbständiger Traktat unter dem Titel „*Jüdischer abgezogener Schlangebalg. Das ist: Betrügliche tückische Boßheiten der verblendeten / von Gott verworffenen Juden / und denen darauß erfolgten Strafen und Plagen*" erschienen war. In der frühesten Version als Anhang lautete der Titel dann: „*Bericht / von den zwölff Jüdischen Stämmen / was ein jeder Stamm dem HErrn Christo zur Schmach gethan / und was sie biß auf den heutigen Tag / dafür leiden müssen*".[6] Die Zusammenstellung dieses Berichts mit der Ahasver-Geschichte unterstreicht nach Stefan Rohrbacher „deren ursprünglichen Konnex mit dem Gottesmord-Vorwurf; denn wie der Ewige Jude tritt auch der Gewährsmann für den Bericht von den zwölf jüdischen Stämmen als Kronzeuge gegen die Juden auf".[7] Inhaltlich vermittle der Bericht wie „kaum ein anderer neuzeitlicher Text [...] in solcher Dichte ein mythisches Judenbild", das „die Verstrickung *aller* Juden in die Kreuzigung Jesu" zum Ausdruck bringe: „Alle jüdischen Stämme sind an der Marterung und Ermordung des Erlösers beteiligt, und jeder führt seinen Part mit der größtmöglichen Perfidie aus [...]." Anders als andere judenfeindliche Traktate seiner Zeit sei dieser Text, da er „[a]ls Anhang zu der überaus populären und deshalb immer wieder nachgedruckten Geschichte vom Ewigen Juden" verbreitet wurde, „dem Lesepublikum bis ins 19. Jahrhundert hinein verfügbar gehalten worden".[8]

---

[6] Stefan Rohrbacher u. Michael Schmidt, *Judenbilder. Kulturgeschichte antijüdischer Mythen und antisemitischer Vorurteile*, Reinbek bei Hamburg 1991, 252.
[7] Rohrbacher u. Schmidt, *Judenbilder*, 252f. – Vgl. den Wortlaut des *Berichts von den zwölf jüdischen Stämmen* ebd., 253–255.
[8] Rohrbacher u. Schmidt, *Judenbilder*, 255.

6.2 Johann Andreas Eisenmenger und Johann Jacob Schudt

Zu den Wegbereitern des modernen Antisemitismus zählt das zweibändige Werk *Entdecktes Judenthum* des aus der Kurpfalz stammenden Hebraisten Johann Andreas Eisenmenger (1654–1704). Während eines Studienaufenthalts in Amsterdam 1680/81 hatte Eisenmenger wahrgenommen, dass Juden einen in seinen Augen gefährlichen Einfluss auf die dortige Stadtgesellschaft ausübten, der sogar zu vereinzelten Übertritten von Christen zum Judentum geführt hatte. Um die Gefahr, die aus seiner Sicht vom Judentum ausging, zu bekämpfen, sammelte er zwanzig Jahre lang alles, was er in jüdischen Schriften an Nachteiligem über die Juden, über ihre Theologie und über ihre ethischen Lehren finden konnte. Sein zunächst im Jahr 1700 als Privatdruck verbreitetes Werk *Entdecktes Judenthum* brachte dem Verfasser eine Professur für Hebräische Sprache an der Universität Heidelberg ein. Frankfurter Juden konnten jedoch beim Kaiser ein Verbot der Verbreitung des als gefährlich erachteten Werkes durchsetzen. Sieben Jahre nach Eisenmengers Tod ließ aber Friedrich I. von Preußen im Jahr 1711 das *Entdeckte Judenthum* drucken.[9] Seither ist das Werk, das in katholischen Territorien weiterhin verboten blieb, von Antisemiten jeglicher Couleur immer wieder als Fundgrube für ihre judenfeindliche Propaganda benutzt worden.

Es lohnt sich, den vollständigen Titel des auch heute noch in vielen Bibliotheken greifbaren Werkes anzuführen, da er in seiner Ausführlichkeit als Inhaltsangabe gelesen werden kann:

> „Johann Andreae Eisenmengers, Professors der *Orientalischen* Sprachen bey der *Universität* Heydelberg Entdecktes Judenthum, Oder Gründlicher Und Wahrhaffter Bericht, Welchergestalt Die Verstockte Juden die Hochheilige Drey-Einigkeit, GOtt Vater, Sohn und Heil. Geist, Erschrecklicher Weise lästern und verunehren, die Heil. Mutter Christi verschmähen, das Neue Testament, die Evangelisten und Aposteln, die Christliche Religion spöttisch durchziehen, und Die gantze Christenheit auff das äusserste verachten und verfluchen; Dabey noch viel andere, bißhero unter den Christen entweder gar nicht, oder nur zum Theil bekant gewesene Dinge und grosse Irrthüme der Jüdischen Religion und Theologie, wie auch viel lächerliche und kurtzweilige Fabeln, und andere ungereimte Sachen an den Tag kommen. Alles aus ihren eigenen, und zwar sehr vielen mit grosser Mühe und unverdrossenem Fleiß durchlesenen Büchern, mit Ausziehung der Hebräischen Worte, und derer treuen Ubersetzung in die Teutsche Sprach, kräfftiglich erwiesen, Und in Zweyen Theilen verfasset, Deren jeder seine behörige, allemal von einer gewissen Materie ausführlich-handelnde Capitel enthält. Allen Christen zur treuhertzigen Nachricht verfertiget, und mit vollkommenen Registern versehen. Mit Seiner Königl. Majestät in Preussen

---

[9] Vgl. Martin H. Jung, *Christen und Juden. Die Geschichte ihrer Beziehungen*, Darmstadt 2008, 162. Obwohl das Werk tatsächlich in Berlin gedruckt wurde, gab das Impressum Königsberg als Druckort an, das außerhalb der Grenzen des Heiligen Römischen Reiches Deutscher Nation und damit außerhalb kaiserlicher Jurisdiktion lag.

6.2 Johann Andreas Eisenmenger und Johann Jacob Schudt

Allergnädigsten *Special-Privilegio*. Gedruckt zu Königsberg in Preussen, im Jahr nach Christi Geburt 1711."[10]

Das erste Kapitel, in dem „angezeiget" werden soll, „was vor ungeziemende, und theils sehr lästerliche Dinge, die verstockte Juden von GOtt dem Vater lehren und schreiben",[11] gibt bereits die Tendenz an, in der Eisenmenger das Judentum darstellt. Eisenmenger greift zahlreiche aus dem Mittelalter stammende antijüdische Mythen auf, darunter die Ritualmordlegende und den Vorwurf der Brunnenvergiftung. Im dritten Kapitel des zweiten Teils werden drei bezeichnende Fragen erörtert:

> „erstlich, ob den Juden erlaubet sey, einen Christen, der in Lebens-Gefahr ist, von dem Tode zu erretten? Zweytens, ob die Rabbinische Gesetze es zulassen, einen Christen umb das Leben zu bringen? Wie auch drittens, ob man sich den Jüdischen *Medicis* oder Aertzten sicherlich vertrauen, und ihre Artzeneyen ohne Sorg gebrauchen könne?"[12]

Man kann sich Eisenmengers Antworten auf diese Fragen vorstellen, ohne sie zu lesen. Und so geht es weiter bis zum 18. Kapitel des zweiten Teils, in dem schließlich die Frage erörtert wird, „warumb die Juden sich so standhafft in ihrer Religion erweisen, und so wenig den Christlichen Glauben annehmen; und wie mit ihnen zu verfahren sey, damit sie sich in mehrer Anzahl als bißhero geschehen ist, bekehren mögen".[13] Zwangstaufen von Juden lehnt Eisenmenger ab, da ihnen erfahrungsgemäß kein bleibender Erfolg beschieden sei. Die einzige Chance, Juden zum Christentum zu bekehren, sieht er in ihrer rigorosen gesellschaftlichen Diskriminierung. Wie einst Luther so fordert auch Eisenmenger die Einschränkung der Rechte der Juden und die Zerstörung der Synagogen.

Als lutherisches Gegenstück zu Eisenmengers *Entdecktem Judenthum* können die *Jüdischen Merckwürdigkeiten* von Johann Jacob Schudt (1664–1722) gelten. Der ausführliche Titel des in vier Teilen zwischen 1714 und 1717 veröffentlichten Werks lautet:

> „Jüdische Merckwürdigkeiten: Vorstellende was sich *Curieuses* und denckwürdiges in den neuern Zeiten bey einigen Jahr-hunderten mit denen in alle IV. Theile der Welt, sonderlich durch Teutschland, zerstreuten Juden zugetragen. Samt einer vollständigen Franckfurter Juden-Chronick, Darinnen der zu Franckfurt am Mayn wohnenden Juden, von einigen Jahr-hunderten, biß auff unsere Zeiten merckwürdigste Begebenheiten enthalten […]."[14]

---

[10] Johann Andreas Eisenmenger, *Entdecktes Judenthum* …, Königsberg 1711. Digitalisat: https://www.digitale-bibliothek-mv.de/viewer/image/PPN607481293/4/ (zuletzt aufgerufen: 19.05.2022).
[11] Eisenmenger, *Entdecktes Judenthum*, Erster Teil, 1.
[12] Eisenmenger, *Entdecktes Judenthum*, Zweiter Teil, 189.
[13] Eisenmenger, *Entdecktes Judenthum*, Zweiter Teil, 980.
[14] Johann Jacob Schudt, *Jüdische Merckwürdigkeiten* …, Bd. 1, Frankfurt a. M. u. Leipzig 1714.

In Schudts Werk werden neben den traditionellen theologischen bzw. religiösen Vorwürfen auch säkulare bzw. soziologische Argumente gegen die Juden vorgetragen. Durch die Wiederholung und Propagierung zahlreicher antijüdischer Stereotype hat das Werk wie Eisenmengers *Entdecktes Judenthum* dem neuzeitlichen Antisemitismus den Weg bereitet. Dennoch gelten die *Jüdischen Merckwürdigkeiten* wegen ihrer Darstellung von Details aus dem damaligen jüdischen Leben in Frankfurt am Main auch als eine wichtige historische Quelle.

Interessant in unserem Zusammenhang ist das Werk nicht zuletzt deshalb, weil Schudt im ersten Teil auf den wandernden Juden Ahasver zu sprechen kommt, von dem er behauptet, „[d]ieser umlauffende Jude seye nicht eine eintzelne Person, sondern das gantze Jüdische nach der Creutzigung Christi in alle Welt zerstreuete umherschweifende und nach Christi Zeugnuss biss an den jüngsten Tag bleibende Volck."[15] Hier wird also die Ahasver-Legende des Volksbuchs von 1602 auf das Schicksal des jüdischen Volks als Kollektiv projiziert. Bezeichnenderweise hatte Schudt schon im Jahr 1703 eine antijudaistische Schrift unter dem Titel *Judæus Christicida* (Der Jude als Christusmörder) veröffentlicht, in der er den Juden die Schuld am Kreuzestod Jesu Christi gab, wofür sie eine kollektive Bestrafung verdient hätten.

In seinen *Jüdischen Merckwürdigkeiten* schildert Schudt den Charakter der Juden als abstoßend und ekelerregend.[16] Wie Luther ist er davon überzeugt, dass die Juden alles Christliche leidenschaftlich hassten und dass jüdische Kinder diesen Hass von ihren Eltern aufsaugten (86f.). In Schudts Darstellung spielt aber auch der jüdische Körper eine zentrale Rolle: Einerseits ist er davon überzeugt, dass es ganz einfach sei, Juden von Nichtjuden zu unterscheiden, so dass man „unter viel tausend Menschen sofort einen Juden erkennen" könne (79). Dabei hebt Schudt insbesondere das Gesicht hervor, d. h. Nase, Lippen und Augenfarbe, die sich in charakteristischer Weise vom Gesicht der Nichtjuden unterschieden. Andererseits hält Schudt es für möglich, dass der jüdische Körper korrigierbar sei, so dass eine Integration der Juden in die christliche Mehrheitsgesellschaft nicht ausgeschlossen sei (88). Dabei spielen die Gesichtspunkte der Sauberkeit und der Ernährung eine zentrale Rolle, die bei den Juden traditionell mangelhaft seien. Der Mangel an Hygiene führe zu einem für die Juden typischen Gestank, dem „foetor iudaicus", der durch übermäßigen Genuss von Knoblauch noch verstärkt werde (84). Die Schürzen jüdischer Fleischer seien blutig und „ekelerregend schmutzig" (87). All dies deutet nach Schudt darauf hin, dass die Juden einer „seit langem obsoleten Religion" anhingen (88). Dies könne jedoch durch ein Zusammenleben mit Christen bzw. durch Anpassung an die christliche

---

[15] Johann Jacob Schudt, *Jüdische Merckwürdigkeiten*, Bd. 1, 490f. Zitiert nach: Körte u. Stockhammer (Hg.), *Ahasvers Spur*, 170.
[16] Vgl. Maria Diemling, Daß man unter so viel tausend Menschen so fort einen Juden erkennen kann. Johann Jacob Schudt und der jüdische Körper, in: Fritz Backhaus u. a. (Hg.), *Die Frankfurter Judengasse. Jüdisches Leben in der frühen Neuzeit*, Frankfurt a. M. 2007, 77–89. Zitatnachweise im Text beziehen sich im Folgenden auf diesen Aufsatz.

Lebensweise korrigiert werden. Hier zeigt sich exemplarisch, wie sich in Schudts Darstellung gesellschaftliche mit religiösen Argumenten vermischen.

Letzten Endes zielt Schudts Argumentation auf eine Bekehrung der Juden zum Christentum, wodurch auch ihre sozialen Mängel behoben würden. Um jedoch die Judenmission erfolgreich durchführen zu können, seien für die Christen vertiefte Kenntnisse jüdischer Sitten und Gebräuche, auch der hebräischen Sprache, erforderlich (88). Dem will Schudt mit seiner Darstellung „jüdischer Merkwürdigkeiten" dienen.

6.3 Ausblick: Zur Wirkungsgeschichte der Ahasver-Legende im 19. und 20. Jahrhundert

Spätestens im 19. Jahrhundert ist das theologische Motiv des „ewigen Juden" in antisemitische Propaganda transformiert worden, indem es auf die Juden als Kollektiv angewandt wurde. So kritisierte der politische Journalist Constantin Frantz (1817–1891) in seinem Pamphlet *Ahasverus oder die Judenfrage* die „Emanzipation" der Juden, d. h. die Idee der Gleichheit von Juden und Christen unter dem Gesetz, als ein „leeres Wort. Denn [...] die Juden bleiben immer Juden, und sind damit innerlich von der christlichen Geschichte ausgeschlossen."[17] Und der Philosoph Arthur Schopenhauer (1788–1860) wiederholte, dass

> „der ewige Jude Ahasverus [...] nichts Anderes [sei] als die Personifikation des ganzen jüdischen Volks. Weil er an dem Heiland und Welterlöser schwer gefrevelt hat, soll er von dem Erdenleben und seiner Last nie erlöst werden und dabei heimathlos in der Fremde umherirren. Dies ist ja eben das Vergehn und das Schicksal des kleinen Jüdischen Volks, welches, wirklich wundersamerweise, seit bald zwei Tausend Jahren aus seinem Wohnsitze vertrieben, noch immer fortbesteht und heimathlos umherirrt."[18]

Schopenhauer war überzeugt, dass auch „der getaufte Jude" nicht aufhöre, ein „Freund und Genosse" der Juden zu sein. Daher könnten Juden keinen „Antheil am Staat" haben; „sie sind und bleiben ein fremdes, orientalisches Volk."[19]

---

[17] Vgl. Constantin Frantz, *Ahasverus oder die Judenfrage*. Neudruck der Ausgabe Berlin 1844 [...], hg. v. Hans Elmar Onnau, Siegburg 1994, 38. – Vgl. ebd., 57: „Es gibt eine Sage von *Ahasverus*, dem ewigen Juden, der, weil er den Heiland von seiner Hütte gewiesen, verdammt ist, auf der Erde herum zu irren, den Tod zu suchen und ihn nicht finden zu können, bis einst der Heiland wiederkehrt. *Das jüdische Volk selbst ist der ewige Jude.*"

[18] Arthur Schopenhauer, [Ahasver und die Winkelnation], in: ders., *Parerga und Paralipomena*, Bd. 2 (1851). Zitiert nach: Körte u. Stockhammer (Hg.), *Ahasvers Spur*, 189. – Vgl. Baleanu, *Ahasverus*, 176.

[19] Schopenhauer, [Ahasver und die Winkelnation]; zit. nach Körte u. Stockhammer (Hg.), *Ahasvers Spur*, 190f.

Eine weitere Version der Legende vom ewigen Juden stammt von dem konservativen katholischen Schriftsteller Joseph Seeber (1856-1919), der 1894 in Freiburg im Breisgau ein episches Gedicht mit dem Titel *Der ewige Jude* veröffentlichte. Darin

> „ergreift der Antichrist, ein Jude aus dem Stamme Dan, mit Unterstützung der anderen Juden und des Ahasverus, seiner rechten Hand, die Herrschaft über die christliche Welt und gründet seinen Sitz in Jerusalem. Die Waffen, mit denen der Antichrist und Ahasverus die christliche Gesellschaft zu untergraben vermögen, sind das Geld, die Philosophie Spinozas, die Ideen der Revolution. Schließlich wird die Macht des Antichrist von einem von den Propheten Enoch und Elias angeführten Heer niedergeschlagen. Am Ende des Poems steht die Bekehrung des jüdischen Volkes zum Christentum mit dem Segen des Papstes, und erst jetzt erlangt der bekehrte Ahasverus Vergebung und Ruhe."[20]

Aber auch innerhalb der evangelischen Theologie des 20. Jahrhunderts ist der „ewige Jude" als antijudaistisches Klischee präsent geblieben. So enthält der zuerst 1932 veröffentlichte Römerbrief-Kommentar des lutherischen Theologen Paul Althaus (1888-1966) einen Abschnitt über „*Israels Schicksal*", in dem es auch noch in der 6. verbesserten Auflage von 1949 heißt:

> „Der ‚ewige Jude', der sich und den Völkern, unter denen er lebt, keine Ruhe läßt, entstand, als Israel sich gegen Christus entschied. An Christus ist Israel gescheitert. [...] Das zerstreute, heimatlose Volk, das überall bei den Wirtsvölkern die völkische Geschlossenheit sprengt und vielfach eine offene Wunde bedeutet, verkörpert die offene Frage der Geschichte überhaupt."[21]

Aus der Sicht des norwegischen Antisemitismusforschers Håkon Harket „erscheint der ewige Jude in Europa wie eine kollektive Besessenheit. Es war, als sollten alle, die in großem Stil schreiben, dichten oder denken konnten, früher oder später ihre Kräfte an dem Stoff messen."[22]

Es sollte jedoch bedacht werden, dass der Mythos vom „ewigen Juden" nicht nur in antisemitischen Kreisen verwendet worden ist, sondern auch von jüdischen Denkern wie Franz Rosenzweig (1886-1929). In seinem grundlegenden Werk *Der Stern der Erlösung* charakterisiert Rosenzweig die Juden – freilich in positiver Wertung – als „ewige Wanderer", um die Einzigartigkeit ihrer Existenz unter den Völkern zu betonen: „[...] wir aber leben noch immer und leben ewig;

---

[20] Baleanu, *Ahasver*, 168.
[21] Paul Althaus, *Der Brief an die Römer* (NTD, Bd. 6), Göttingen (1932) 6. verbesserte Aufl. 1949, 105. – Vgl. dazu Arnulf von Scheliha, Das junge nationale Luthertum nach dem Ersten Weltkrieg und die Juden, in: Dorothea Wendebourg u. a. (Hg.), *Protestantismus, Antijudaismus, Antisemitismus. Konvergenzen und Konfrontationen in ihren Kontexten*, Tübingen 2017, 361-375; 373.
[22] Håkon Harket, Der ewige und der auserwählte Jude, in: Eriksen, Harket u. Lorenz, *Judenhass. Die Geschichte des Antisemitismus von der Antike bis zur Gegenwart*, Göttingen 2019, 267-281; 268.

mit nichts Äußerem mehr ist unser Leben verwoben, in uns selbst schlugen wir Wurzel, wurzellos in der Erde, ewige Wanderer darum [...]."²³

Ihre vielseitige Verwendbarkeit macht die Ahasver-Figur in unserem Zusammenhang besonders interessant. Harket betont, dass die übliche ideengeschichtliche Unterscheidung „zwischen einer christlichen Begründung für den Judenhass und einer säkularen" im Blick auf die Legende vom „ewigen Juden" an ihre Grenzen stoße. Es sei durchaus „zweifelhaft", ob die säkulare Begründung des Antisemitismus, die „verschiedene ideologische Ausdrücke" finde, „nationalistische, antikapitalistische, rassistische," die christliche Begründung für den Judenhass, „der sich gegen die Juden als Christusmörder richtet", tatsächlich überwunden habe. Denn „bei einem Großteil der Bildsprache des modernen Antisemitismus" handele es sich

> „um die Fortführung von Vorstellungen, die eine Brücke von den christlichen hin zu den säkularen Formulierungen der Judenfrage bauten: Die Zurückweisung Christi durch den ewigen Juden wurde in der säkularen Terminologie zu einer egoistischen Zurückweisung der universellen Liebe. [...] Wir stehen einer antijüdischen Bildwelt gegenüber, in der Metaphern, die sowohl die christliche als auch die säkulare Kritik am Judentum einbeziehen, gleichzeitig in Kontakt mit den verbreiteten sozialen Vorurteilen gegenüber den Juden stehen."²⁴

Kurz: Auch ganz unreligiöse moderne Antisemiten „wissen" in der Regel, dass die Juden Christus gekreuzigt haben und dass sie dafür als Kollektiv Verachtung und Schlimmeres verdient haben.

---

[23] Franz Rosenzweig, *Der Stern der Erlösung* (1921), 4. Aufl., hg. v. Reinhold Mayer, Den Haag 1976, 338f.
[24] Harket, Der ewige und der auserwählte Jude, in: Eriksen u. a., *Judenhass*, 269.

7 Antijudaismus bei Friedrich Schleiermacher

Hatten wir im Blick auf Martin Luther von der Judenfeindschaft als Kehrseite reformatorischer Theologie sprechen müssen, so gilt es nun im Blick auf Friedrich Schleiermacher, der gelegentlich zum „Kirchenvater des 19. Jahrhunderts" stilisiert worden ist,[1] den Judenhass als Schattenseite des Neuprotestantismus herauszuarbeiten.[2] Dies mag im Blick auf Schleiermachers Biographie auf den ersten Blick überraschen, gilt doch der frühe Schleiermacher, der den erotischen Roman *Lucinde* seines zeitweiligen Wohngenossen Friedrich Schlegel öffentlich verteidigte,[3] aufgrund seiner Partizipation am geselligen Leben der von jüdischen Frauen geführten bürgerlichen Salons in Berlin als ein aufgeklärter Theologe, der von Vorurteilen gegenüber der immer noch diskriminierten jüdischen Minderheit um 1800 frei gewesen sei. Gleichwohl muss geklärt werden, wie sich der theologische Antijudaismus, der in Schleiermachers Reden *Über die Religion* (1799), aber auch in seiner Verachtung des Alten Testaments zum Ausdruck kommt, zu seinem zwanglosen Umgang mit jüdischen Frauen verhält. Leider ist an dieser Stelle zu beobachten, dass „[d]ie Bagatellisierung der antijüdischen Argumentationsfiguren Schleiermachers in der (Schleiermacher-)Forschung [...] in einem eklatanten Gegensatz zur Wirkungsgeschichte eben dieser Argumentationsfiguren" steht.[4]

7.1 Schleiermachers Beziehung zu Henriette Herz

In den Berliner Salons von Rahel Varnhagen, Dorothea Veit und Henriette Herz bildete sich gegen Ende des 18. Jahrhunderts eine „Gesprächskultur", die der von Frankreich ausgehenden revolutionären Aufklärungsphilosophie eine poetische bzw. romantische Lebensform entgegensetzen wollte, in der der welt-

---

[1] Vgl. Karl Barth, *Die protestantische Theologie im 19. Jahrhundert. Ihre Vorgeschichte und ihre Geschichte*, Zollikon/Zürich 1947, 379.
[2] Vgl. zum Folgenden Martin Friedrich, Vom christlichen Antijudaismus zum modernen Antisemitismus. Die Auseinandersetzung um Assimilation, Emanzipation und Mission der Juden um die Wende zum 19. Jahrhundert, in: *Zeitschrift für Kirchengeschichte* 102 (1991), 319–347.
[3] Vgl. Friedrich Schleiermacher, Vertraute Briefe über Schlegels „Lucinde", in: Heinz Bolli (Hg.), *Schleiermacher-Auswahl*. Mit einem Nachwort von Karl Barth, 2. Aufl. Gütersloh 1980, 275–287.
[4] Matthias Blum, *„Ich wäre ein Judenfeind?" Zum Antijudaismus in Friedrich Schleiermachers Theologie und Pädagogik*, Köln 2010, 15.

erschließenden Kraft der Liebe zentrale Bedeutung zukam. In diesen Salons „verkehrten um die Jahrhundertwende Juden und Nichtjuden, Adlige und Bürgerliche, Schauspieler und Intellektuelle".⁵ Hannah Arendt geht in ihrem Buch über Rahel Varnhagen davon aus, dass die Juden, gerade weil sie „außerhalb der Gesellschaft standen [...], für kurze Zeit eine Art neutralen Bodens" werden konnten, „auf dem sich die Gebildeten trafen".⁶ Und Micha Brumlik ergänzt:

> „Die Salons stellten eine Art gesellschaftlichen Niemandslandes dar, in dem sich Männer und Frauen jenseits höfischer Etikette und bürgerlicher Benimmregeln, aufsteigende Parias, die Juden, mit intellektuell interessierten Angehörigen des absteigenden Adels und den sowohl beim Adel als auch beim aufsteigenden Bürgertum geächteten Künstlern und Schauspielern treffen konnten."⁷

Schleiermachers Frühwerk ist „ohne die Freundschaft mit Henriette Herz, ohne ihren Salon", aber auch ohne die Bekanntschaft mit anderen Jüdinnen und Juden wie Rahel Varnhagen, Dorothea Veit und David Friedländer „überhaupt nicht denkbar". Es sollte jedoch beachtet werden, dass sich Henriette Herz im Lauf ihres Lebens „ihrem Judentum zunehmend entfremdete" und sich schließlich nicht zuletzt unter Schleiermachers Einfluss im Jahr 1817 taufen ließ.⁸

Schleiermacher hatte die damals vierunddreißigjährige Henriette de Lemos, verheiratet mit dem Arzt Markus Herz, im Jahr 1794 in deren Salon kennengelernt; schon bald wurde sie eine seiner engsten Vertrauten und Freundinnen. Dabei ist daran zu erinnern, dass damals „die Beziehung zu einer ungetauften Jüdin für einen protestantischen Pfarrer alles andere als selbstverständlich war". Nach Auffassung von Brumlik lassen Schleiermachers Briefe aus Potsdam an die „liebe Jette" in jenen Jahren „keinen Zweifel" daran, dass er Henriette Herz „im erotischen Sinn liebte".⁹ Das ist deshalb nicht ganz unwichtig, weil Schleiermacher in seinen Reden *Über die Religion*, die eben an das gebildete Publikum der Salons gerichtet waren,¹⁰ Religion und Erotik verglich, indem er das „Wesen der Religion" in der zweiten Rede als „Sinn und Geschmak fürs Unendliche" bestimmte (212).¹¹ Hier stellt sich die Frage, ob dies nur von der christlichen Religion galt oder auch vom Judentum. Damit stoßen wir auf das Problem des Antijudaismus in Schleiermachers Theologie.

---

⁵ Micha Brumlik, *Deutscher Geist und Judenhaß. Das Verhältnis des philosophischen Idealismus zum Judentum*, München 2002, 164.
⁶ Hannah Arendt, *Rahel Varnhagen. Lebensgeschichte einer deutschen Jüdin aus der Romantik* (1959), Neuausgabe München 1981, 63.
⁷ Brumlik, *Deutscher Geist*, 164f.
⁸ Brumlik, *Deutscher Geist*, 161.
⁹ Brumlik, *Deutscher Geist*, 166f.
¹⁰ Friedrich D. E. Schleiermacher, *Über die Religion. Reden an die Gebildeten unter ihren Verächtern* (1799), in: ders., *Schriften aus der Berliner Zeit 1796-1799* (KGA I.2), hg. v. Günter Meckenstock, Berlin 1984, 185–326. Zitatnachweise im Text beziehen sich im Folgenden auf diese Ausgabe der *Reden*.
¹¹ Vgl. Brumlik, *Deutscher Geist*, 167.

7.2 Antijudaismus in Schleiermachers Reden *Über die Religion*

Die Reden *Über die Religion* sind im Jahr 1799 zunächst anonym veröffentlicht worden. In der fünften und letzten Rede („Über die Religionen") kommt Schleiermacher im Rahmen einer Erörterung der christlichen Religion im Konzert der nichtchristlichen Religionen auch auf die jüdische Religion zu sprechen. Hier heißt es:

> „[...] der Judaismus ist schon lange eine todte Religion, und diejenigen, welche jezt noch seine Farbe tragen, sizen eigentlich klagend bei einer unverweslichen Mumie, und weinen über sein Hinscheiden und seine traurige Verlaßenschaft" (314).

Gläubige Juden unter seinen Zeitgenossen sind demnach aus Schleiermachers Sicht „Anhänger einer längst abgestorbenen Religion".[12]

> „Sie starb, als ihre heiligen Bücher geschloßen wurden, da wurde das Gespräch des Jehova mit seinem Volk als beendigt angesehen, die politische Verbindung, welche an sie geknüpft war, schleppte noch länger ein sieches Dasein, und ihr Äußeres hat sich noch weit später erhalten, die unangenehme Erscheinung einer mechanischen Bewegung, nachdem Leben und Geist längst gewichen ist" (316).

Vorausgesetzt ist hier offenbar ein tiefer Gegensatz zwischen Christentum und Judentum. Dieser ist nach Schleiermacher darin begründet ist, dass Christus, der ihm als „Stifter" des Christentums gilt, der „alten Idee seines Volkes" durch die Erfüllung derselben die „Vernichtung" gebracht habe (321). Wie kommt Schleiermacher zu dieser verächtlichen Charakterisierung des Judentums, die sich an der zuletzt zitierten Stelle bis zur Vernichtungsrhetorik steigert?

Um Schleiermachers Antijudaismus in seiner immanenten Logik zu verstehen, muss zunächst der Religionsbegriff geklärt werden, wie er in den vorausgehenden Reden Schleiermachers zum Ausdruck kommt. In der ersten Rede („Apologie") geht es zunächst darum, der Religion „eine eigene Provinz im Gemüthe" zu sichern (204). Dadurch soll sie sich von Metaphysik und Moral unterscheiden, den Themen der Theologie der Aufklärung, die ein „vernünftiges Christenthum" propagiert hatte (199). Wo Religion ist, müsse sie sich „so offenbaren, daß sie auf eine eigenthümliche Art das Gemüth bewegt, alle Funktionen der menschlichen Seele vermischt oder vielmehr entfernt und alle Thätigkeit in ein staunendes Anschauen des Unendlichen auflöset" (200). Wenn die Leser der Reden wissen wollten, was Religion ist, sollten sie eben „[d]iese himmlischen Funken [...] aufsuchen, welche entstehen, wenn eine heilige Seele vom Universum berührt wird" (201). Die Religion sei eine „Richtung des Gemüths auf das

---

[12] Blum, *„Ich wäre ein Judenfeind?"*, 23.

Ewige" (202), die als solche "aus dem Inneren jeder beßern Seele nothwendig von selbst" entspringe (204).

Bezeichnenderweise redet Schleiermacher schon im Zusammenhang dieser Apologie der Religion davon, dass "die Gottheit" zu allen Zeiten "Mittler" unter die Menschheit gesandt habe, um das, was sonst getrennt geblieben wäre, miteinander zu vermitteln:

> "Solche beweisen sich durch ihr bloßes Dasein als Gesandte Gottes und als Mittler zwischen dem eingeschränkten Menschen und der unendlichen Menschheit [...]; sie deuten ihm die verkannte Stimme Gottes, sie söhnen ihn aus mit der Erde und mit seinem Platze auf derselben" (192f.).

Zugleich drückt Schleiermacher in deutlicher Anspielung auf die "alte Weissagung" vom "neuen Bund" nach Jer 31,31 seine Sehnsucht nach einer Zeit aus, in der "keiner bedürfen wird, daß man ihn lehre, weil alle von Gott gelehrt sind!" (194) Dies sind wichtige Weichenstellungen, durch die bereits in der Bestimmung des "Wesens" der Religion implizit die Überlegenheit des Christentums über das Judentum angedeutet wird.

Unter dieser Voraussetzung bestimmt Schleiermacher dann in der zweiten Rede ("Über das Wesen der Religion") die Religion als "das Höchste [...] in der Philosophie", wovon "Metaphysik und Moral nur untergeordnete Abtheilungen" seien (209). Ihr "Wesen" sei "weder Denken noch Handeln, sondern Anschauung und Gefühl" (211), genauer: "Anschauung des Universums" oder auch "Sinn und Geschmak fürs Unendliche" (212). Kurz: "Anschauen des Universums, ich bitte befreundet Euch mit diesem Begriff, er ist der Angel meiner ganzen Rede, er ist die allgemeinste und höchste Formel der Religion" (213).

Dabei geht Schleiermacher davon aus, dass gerade in der Religion die Anschauung "immer mit einem Gefühl verbunden" sei. Wer das Universum wahrhaft anschaue, werde "notwendig von mancherlei Gefühlen ergriffen werden" (218). Diese "religiösen Gefühle" sollten "wie eine heilige Musik alles Thun des Menschen begleiten; er soll alles mit Religion tun, nichts aus Religion" (219). Schleiermachers Sprache ist hier durchaus erotisch gefärbt: Der "geheimnißvolle Augenblik" religiöser Offenbarung sei

> "[f]lüchtig und durchsichtig, wie der erste Duft, womit der Thau die erwachten Blumen anhaucht, schamhaft und zart wie ein jungfräulicher Kuß, heilig und fruchtbar wie eine bräutliche Umarmung; ja nicht *wie* dies, sondern er *ist* alles dieses *selbst*."

Die religiöse "Anschauung" spiegele sich

> "in der offenen Seele wie das Bild der sich entwindenden Geliebten in dem aufgeschlagenen Auge des Jünglings, und nun erst arbeitet sich das Gefühl aus dem Innern empor und verbreitet sich wie die Röthe der Scham und der Lust auf seiner Wange."

Dieser Moment sei "die höchste Blüthe der Religion" (221f.).

7.2 Antijudaismus in Schleiermachers Reden Über die Religion

Im übrigen legt Schleiermacher Wert auf die Feststellung, dass „die Idee von Gott" in der Religion „nicht so hoch" stehe, wie im allgemeinen angenommen werde: „mit dem seienden und gebietenden Gott hat sie nichts zu schaffen". Vielmehr gehe es in der Religion darum, „daß wir durch das Anschauen des Universums so viel als möglich eins werden sollen mit ihm" (245f.). Gott sei „nicht Alles in der Religion, sondern Eins, und das Universum ist mehr [...]. Mitten in der Endlichkeit Eins werden mit dem Unendlichen und ewig sein in einem Augenblik, das ist die Unsterblichkeit der Religion" (247).

In der dritten Rede („Über die Bildung zur Religion") legt Schleiermacher seine Skepsis gegenüber der Möglichkeit religiöser Bildung offen. Grundsätzlich sei Unterricht in der Religion und im Anschauen genauso wenig möglich wie im Kunstgefühl oder in der Urteilsgabe. Das Universum bilde sich selbst seine „Betrachter und Bewunderer" (251). Religion sei aber in jedem Menschen angelegt: „Der Mensch wird mit der religiösen Anlage geboren wie mit jeder anderen, und wenn nur sein Sinn nicht gewaltsam unterdrükt [...] wird [...] so müßte sie sich auch in Jedem unfehlbar auf seine eigne Art entwickeln" (252).

In der vierten Rede („Über das Gesellige in der Religion oder über Kirche und Priesterthum"; 266) erläutert Schleiermacher dann die Gründe dafür, dass es religiöse Gemeinschaften gibt. Dabei schreckt er vor kritischen Äußerungen gegenüber der real existierenden Kirche durchaus nicht zurück und spricht sich für eine konsequente Trennung von Staat und Kirche aus.

Vor dem Hintergrund dieses in den ersten vier Reden dargelegten Begriffs von Religion geht Schleiermacher in der fünften und letzten Rede („Über die Religionen") auf die Konkretisierung seiner Idee von Religion in den real existierenden Religionen ein: „Ich will Euch gleichsam zu dem Gott, der Fleisch geworden ist hinführen; ich will Euch die Religion zeigen, wie sie sich ihrer Unendlichkeit entäußert hat, und oft in dürftiger Gestalt unter den Menschen erschienen ist" (294). In der Sekundärliteratur ist, soweit ich sehe, noch kaum bemerkt worden, dass die christologische Terminologie, derer sich Schleiermacher hier bedient,[13] bereits eine wichtige Vorentscheidung enthält, durch die das idealisierte Christentum zumindest implizit als die wahre Religion gegenüber allen anderen Religionen erscheint. Zwar stößt Schleiermacher auf die Tatsache der „Vielheit der Religionen und ihre bestimmteste Verschiedenheit als etwas nothwendiges und unvermeidliches". Doch „in den Religionen sollt Ihr die Religion entdeken, in dem was irdisch und verunreinigt vor Euch steht die einzelnen Züge derselben himmlischen Schönheit aufsuchen, deren Gestalt ich nachzubilden versucht habe" (294).

Den „Wunsch", dass es „nur Eine" Religion geben möge, weist Schleiermacher gleichwohl als töricht zurück. Die Religion trete nämlich in der Gesellschaft immer nur als eine bestimmte „positive Religion" auf. Den aufklärerischen

---

[13] Vgl. Joh 1,14 („Das Wort ward Fleisch") und Phil 2,6f. („Er hielt es nicht für Raub, zu sein wie Gott, sondern entäußerte sich selbst").

Gedanken einer „natürlichen Religion" bzw. einer Vernunftreligion als Wesenskern aller Religionen lehnt er ab (296). Denn das „Wesen der natürlichen Religion" bestehe „ganz eigentlich in der Negation alles Positiven und Charakteristischen in der Religion, und in der heftigsten Polemik dagegen" (310). Ein religiöser Mensch könne zu seiner Individualität aber nur gelangen, wenn er sich „in irgend eine bestimmte Form der Religion" einwohne (308).

Bei der Betrachtung der „positiven Religionen" kommt Schleiermacher auf die Stellung des Christentums unter den Religionen zu sprechen. Und in diesem Zusammenhang richtet sich sein Interesse zunächst auf das Judentum. Diese interreligiöse Perspektive hat manche Schleiermacher-Adepten dazu verführt, in dieser Rede eine Pionierleistung im Sinne einer Wegbereitung für eine pluralistische Theologie der Religionen zu sehen.[14] Doch dergleichen hätte Schleiermacher ferngelegen. Wir haben ja schon gesehen, dass das Judentum für ihn eine „todte Religion" ist, der Christus die „Vernichtung" gebracht hat (314 u. 321). Es geht ihm auch nicht um eine religionsgeschichtliche Perspektive, in der das Judentum immerhin als „der Vorläufer des Christentums" hätte gewürdigt werden können. Eine solche Auffassung weist Schleiermacher mit scharfen Worten zurück: „ich haße in der Religion diese Art von historischen Beziehungen, ihre Nothwendigkeit ist eine weit höhere und ewige, und jedes Anfangen in ihr ist ursprünglich" (314).

Interessant ist das Judentum für Schleiermacher aus einem ganz anderen Grund: der Vergleich des Christentums mit dem Judentum soll der Vertiefung einer religionspsychologischen Erfassung des Wesens der Religion dienen. Und in diesem Zusammenhang fällt Schleiermacher im Blick auf das Judentum auf: Es hat

> „einen so schönen kindlichen Charakter, und dieser ist so gänzlich verschüttet, und das Ganze ein so merkwürdiges Beispiel von der Corruption und vom gänzlichen Verschwinden der Religion aus der großen Maße, in der sie sich ehedem befand" (314f.).

In anderen Worten: das Judentum in seinem Verfallsstadium dient Schleiermacher als Kontrastfolie, vor der das Wesen der Religion, wie es im Christentum als der „Religion der Religionen" erscheint (325), um so glänzender zur Anschauung gebracht werden kann.

Gerade im Vergleich zum Christentum erscheint Schleiermacher die Logik der „Vergeltung" als Kern der jüdischen Beziehung zum Universum (315). Der

---

[14] Vgl. etwa Arnulf von Scheliha, Schleiermachers Deutung von Judentum und Christentum in der fünften Rede „Über die Religion" und ihre Rezeption bei Abraham Geiger, in: Roderich Barth, Claus-Dieter Osthövener u. Ulrich Barth (Hg.), Christentum und Judentum. Akten des Internationalen Kongresses der Schleiermacher-Gesellschaft in Halle, März 2009, Berlin u. a. 2012, 213–227.

7.2 Antijudaismus in Schleiermachers Reden *Über die Religion*

Geist des Judentums sei „ein Geist des Aufrechnens",[15] den Schleiermacher seltsamerweise zugleich einen Geist des „Dialogischen" nennen kann, weil es hier immer um „Reiz" und „Gegenwirkung" gehe, so dass ein „Gespräch zwischen Gott und den Menschen in Wort und That" immer nur unter dem Gesichtspunkt vergeltender Gerechtigkeit gesehen werde. Alle „Eigenschaften Gottes" werden Schleiermacher zufolge im Judentum dieser Regel „einer allgemeinen unmittelbaren Vergeltung" untergeordnet: „belohnend, strafend, züchtigend das Einzelne im Einzelnen, so wird die Gottheit durchaus vorgestellt". Das sei „der religiöse Geist des Judenthums in seiner schneidendsten Gestalt" (315). Einmal mehr erscheint das Judentum in dieser Perspektive als durch die Freiheit des Evangeliums überwundene bzw. zu überwindende Gesetzesreligion.

Die „lezte mit großer Anstrengung erzeugte Frucht" des Judentums sei der „Glaube an den Meßias" gewesen:

> „ein neuer Herrscher sollte kommen um das Zion wo die Stimme des Herrn verstummet war in seiner Herrlichkeit wieder herzustellen, und durch die Unterwerfung der Völker unter das alte Gesez sollte jener einfache Gang wieder allgemein werden in den Begebenheiten der Welt, der durch ihre unfriedliche Gemeinschaft, durch das Gegeneinandergerichtetsein ihrer Kräfte und durch die Verschiedenheit ihrer Sitten unterbrochen war."

Doch der Messiasglaube als Frucht der jüdischen Religion sei inzwischen längst „an einem welken Stiel [...] vertroknet". Ihr Partikularismus habe dieser Religion „als Religion" nur „eine kurze Dauer" gewährt. Was sich nach dem Sterben des Judentums von der jüdischen Religion noch erhalten habe, „ihr Äußeres", biete dem Auge eben nur noch (wie wir bereits gesehen haben), „die unangenehme Erscheinung einer mechanischen Bewegung, nachdem Leben und Geist längst gewichen ist" (316).

Im Vergleich zu dem jüdischen Partikularismus stellt sich „die ursprüngliche Anschauung des Christenthums" in ihrem Universalismus für Schleiermacher um so „[h]errlicher, erhabener, der erwachsenen Menschheit würdiger" dar, „tiefer eindringend in den Geist der systematischen Religion, weiter sich verbreitend über das ganze Universum". Diese „ursprüngliche Anschauung des Christenthums" sei „keine andere, als die des allgemeinen Entgegenstrebens alles Endlichen gegen die Einheit des Ganzen", in der „Endliches und Unendliches", „Menschliches und Göttliches" miteinander „vermittelt" seien.

> „Das Verderben und die Erlösung, die Feindschaft und die Vermittlung, das sind die beiden unzertrennlich miteinander verbundenen Seiten dieser Anschauung, und durch sie wird die Gestalt alles religiösen Stoffs im Christenthum und seine ganze Form bestimmt" (316).

---

[15] Brumlik, *Deutscher Geist*, 148f.

Dabei sei im Christentum der „Mittler" entscheidend, der „die Gottheit mit der Menschheit" vereinigt.

> „Dieses, daß das Christenthum in seiner eigentlichsten Grundanschauung am meisten und liebsten das Universum in der Religion und ihrer Geschichte anschaut, daß es die Religion selbst als Stoff für die Religion verarbeitet, und so gleichsam eine höhere Potenz derselben ist, das macht das unterscheidendste seines Charakters, das bestimmt seine ganze Form" (317).

Dem Prinzip der Vergeltung im Judentum stellt Schleiermacher also das Prinzip der Vermittlung im Christentum gegenüber: Im Gegensatz zum „dialogischen" (Vergeltungs-)Prinzip des Judentums sei das Christentum Ausdruck einer „heilige[n] Wehmut", des „Gefühl[s] einer unbefriedigten Sehnsucht", die sich auf die durch seinen Stifter begründete „Grundidee" hin ausrichte, „daß alles Endliche höherer Vermittlungen bedarf um mit der Gottheit zusammenzuhängen". Da „aller Anfang in der Religion geheimnisvoll" sei, wäre es ein verhängnisvoller Irrtum anzunehmen, dass der Mittler „ausgegangen [wäre] von der alten Idee seines Volkes, deren Vernichtung Er nur aussprechen wollte und in der That in einer zu glorreichen Form ausgesprochen hat, indem er behauptete der zu sein, deßen sie warteten" (320f.).

Im übrigen räumt Schleiermacher ein, dass auch das so verstandene Christentum seine Zeit gehabt haben könnte:

> „Das Christenthum, über sie [= die Religionen] alle erhaben, und historischer und demüthiger in seiner Herrlichkeit hat diese Vergänglichkeit seiner Natur ausdrücklich anerkannt: es wird eine Zeit kommen, spricht es, wo von keinem Mittler mehr die Rede sein wird, sondern der Vater Alles in Allem",

wie Schleiermacher in Anspielung auf 1 Kor 15,28 formuliert. Hier herrscht offenbar die Vorstellung einer heilsgeschichtlichen Entfaltung der Trinität, in der so, wie das Judentum als die Religion des Vaters durch das Christentum als die Religion des Sohnes abgelöst worden ist, auch die Religion des Sohnes sterben könnte, um der Religion des Geistes Platz zu machen. „Aber wann soll diese Zeit kommen? Ich fürchte, sie liegt außer aller Zeit" (324). Bis dahin bleibt das Christentum für Schleiermacher die „Religion der Religionen" (325), der gegenüber das Judentum eben nur noch als „todte Religion" erscheint (314).

7.3 Die *Briefe bei Gelegenheit der politisch theologischen Aufgabe und des Sendschreibens jüdischer Hausväter*

Schleiermachers Profilierung des Christentums als Religion der Vermittlung gegenüber dem Judentum als Religion der Vergeltung blieb nicht ohne Folgen für seine Positionierung im christlich-jüdischen Verhältnis. Hier ist an die *Briefe bei*

7.3 Die *Briefe bei Gelegenheit der politisch theologischen Aufgabe*

Gelegenheit der politisch theologischen Aufgabe und des Sendschreibens jüdischer Hausväter zu erinnern,[16] die Schleiermacher im Jahr 1799 nur wenige Wochen nach den Reden *Über die Religion* ebenfalls anonym veröffentlichte. Anlass waren zwei anonyme jüdische Publikationen, in denen der bürgerliche Status der Juden als diskriminierter Minderheit im christlichen Staat und Möglichkeiten zu ihrer politischen Emanzipation erörtert wurden: ein Aufsatz über die *Politisch-theologische Aufgabe über die Behandlung der jüdischen Täuflinge,* der sich mit der sog. Judenfrage befasste,[17] und ein *Sendschreiben jüdischer Hausväter* an den der Aufklärungstheologie zugeneigten Berliner Probst Wilhelm Teller.[18] Verfasser des *Sendschreibens* war, wie sich bald herausstellte, der Seidenfabrikant David Friedländer (1750–1834), ein Anhänger von Moses Mendelssohn, der sich als Wortführer der jüdischen Aufklärung in Berlin exponiert hatte.

Der anonyme Verfasser des Aufsatzes über die *Politisch-theologische Aufgabe* hatte dem preußischen Staat empfohlen, taufwilligen Juden „eine sechsjährige Bildungszeit" aufzuerlegen, „um die Ernsthaftigkeit ihrer Absichten zu überprüfen".[19] Zwar solle er „[j]edem Mitgliede der jüdischen Nation ohne alle Schwierigkeit die freie Annahme der christlichen Religion" bewilligen; dies aber nur, indem er es „eine Zeitlang als unmündig, als einen Zögling in den Jahren der Bildung betrachtete". Dabei solle sich die Bildung nicht so sehr auf die „Lehren des Christenthums" beziehen, „die bei einer mittelmäßigen Fassungskraft in einigen Tagen zum Hersagen erlernt werden können", sondern auf die „Bildung des Gemüths, der Gesinnungen, der Denkungsart". Denn „[d]iese Bildung, welche in einer gänzlichen Umschaffung des inneren Menschen besteht", sei „keine so leicht erlernbare Sache"; sie werde nur „durch eine lange anhaltende Übung allmälig erlangt". Daher solle

> „diese Bildungszeit wenigstens auf sechs Jahre festgesetzt werden, während welcher dem Täufling die Heiligthümer des Christenthums offen stehen und die Beschäfti-

---

[16] Vgl. dazu Hans-Martin Kirn, Friedrich Schleiermachers Stellungnahme zur Judenemanzipation im „Sendschreiben" David Friedländers. Die „Briefe bei Gelegenheit [...]" von 1799, in: Roderich Barth u. a. (Hg.), *Christentum und Judentum. Akten des Internationalen Kongresses der Schleiermacher-Gesellschaft in Halle, März 2009,* Berlin u. a. 2012, 193–212.

[17] Vgl. Anonymus, Politisch-theologische Aufgabe über die Behandlung der jüdischen Täuflinge (*Berlinisches Archiv der Zeit und ihres Geschmacks* 5, Teilbd. 1, Berlin 1799), in: Friedrich Schleiermacher, *Schriften aus der Berliner Zeit 1796–1799* (KGA I.2), hg. v. Günter Meckenstock, Berlin 1984, 373–380.

[18] Vgl. Anonymus [David Friedländer], *Sendschreiben an Seine Hochwürden, Herrn Oberkonsistorialrath und Probst Teller zu Berlin, von einigen Hausvätern jüdischer Religion* (Berlin, 1799), in: Friedrich Schleiermacher, *Schriften aus der Berliner Zeit 1796–1799* (KGA I.2), hg. v. Günter Meckenstock, Berlin 1984, 381–413. – Vgl. dazu Ellen Littmann, David Friedländers Sendschreiben an Probst Teller und sein Echo, in: *Zeitschrift für die Geschichte der Juden in Deutschland* 6 (1936), 92–112; 102.

[19] Blum, „Ich wäre ein Judenfeind?", 35.

gung mit denselben obliegt, aber der Eintritt in die den schon gebildeten Christen eigenthümlichen bürgerlichen Rechte und Freiheiten verwehrt ist".[20]

Wahrscheinlich war dieser Vorschlag des aufgeklärt-jüdischen Verfassers ironisch gemeint; Schleiermacher nahm ihn jedoch ernst und wies ihn in einer Notiz aus dem Jahr 1799 empört zurück: „Der Aufgeber glaubt doch an die Kraft des Christenthums in 6 Jahren; ich glaube gar nicht daran."[21] Schleiermacher hält es demnach für ausgeschlossen, dass ein als Jude geborener Mensch durch Bildung zur „Umschaffung des inneren Menschen" gelangen könne, die ihn erst zum Christen machen würde.

In seinem *Sendschreiben* an Teller hatte Friedländer die Bereitschaft der reformwilligen Juden bekundet, zu einem aufgeklärten „Christentum ohne Christus", d. h. ohne das christliche Dogma, überzutreten.[22] Er hatte die Frage gestellt, ob aufgeklärte Juden nicht, ohne sich verstellen zu müssen, „ein christliches Taufbekenntnis im Sinne der Vernunftreligion" ablegen könnten. Da die „Vernunftreligion" aus der Sicht aufgeklärter Juden dem „Kern der jüdischen Religion" entspreche, „wäre ein solches Bekenntnis für Friedländer akzeptabel" gewesen.[23] Die Taufe hätte nur beurkunden sollen, „daß das aufgenommene Mitglied die ewigen Wahrheiten aus Überzeugung angenommen, und sich den daraus fließenden Pflichten als Mensch und Staatsbürger unterwirft", so Friedländer. Sie hätte keineswegs „als Zeichen" gelten sollen, „daß derjenige, der sie vollzieht, stillschweigend eingesteht, er nehme die Dogmen der Kirche dieser Gesellschaft gläubig an".[24] Friedländers Taufbereitschaft bedeutete also keineswegs die Bereitschaft zur Übernahme des Christusbekenntnisses; sie schloss aber sehr wohl die Aufhebung des sog. jüdischen Zeremonialgesetzes und insbesondere auch die Absage an die jüdische Messiaserwartung ein.[25] Als Gegenleistung für das Bekenntnis zu dieser „menschheitlichen Aufklärungsreligion" hatte sich Friedländer die rechtliche Gleichstellung der Juden im preußischen Staat erhofft.[26]

Man kann in Friedländers *Sendschreiben* durchaus den Ausdruck der „Verzweiflung über die rechtlich-soziale Diskriminierung der Juden" sehen.[27] Doch „Friedländers Konversionsbereitschaft zu einem ‚Christentum ohne Christus'

---

[20] Anonymus, Politisch-theologische Aufgabe, in: Schleiermacher, *Schriften aus der Berliner Zeit 1796–1799*, 378.
[21] Friedrich Schleiermacher, Vermischte Gedanken und Einfälle (Gedanken I) (1796–1799), in: ders., *Schriften aus der Berliner Zeit 1796–1799*, 1–49; 45. Zit. nach Blum, *„Ich wäre ein Judenfeind?"*, 36.
[22] Vgl. Brumlik, *Deutscher Geist*, 134f.
[23] Blum, *„Ich wäre ein Judenfeind?"*, 33.
[24] [Friedländer], *Sendschreiben*, in: Schleiermacher, *Schriften aus der Berliner Zeit 1796–1799*, 412f.
[25] Vgl. Brumlik, *Deutscher Geist*, 140 u. 137f.
[26] Brumlik, *Deutscher Geist*, 135.
[27] Blum, *„Ich wäre ein Judenfeind?"*, 33.

alarmierte die protestantische Welt Berlins am Ende des achtzehnten Jahrhunderts."[28] Sie war auch für Schleiermacher inakzeptabel. Zwar gebiete die Vernunft, so Schleiermacher in seinen *Briefen bei Gelegenheit der politisch-theologischen Aufgabe und des Sendschreibens jüdischer Hausväter*,[29] dass „Alle Bürger sein sollen"; sie wisse aber „nichts davon, daß Alle Christen sein müssen". Daher müsse es „auf vielerlei Art möglich sein, Bürger, und Nichtchrist zu sein" (335).

Diese Aussage Schleiermachers ist vielfach als Ausdruck von Toleranz gegenüber dem Judentum missverstanden worden, als habe er damit sagen wollen, dass die Juden ohne jede Bedingung rechtliche Gleichstellung im preußischen Staat beanspruchen könnten.[30] Dabei wurde aber übersehen, dass Schleiermacher den Juden die Gleichberechtigung durchaus nicht voraussetzungslos gewähren wollte. Vielmehr stimmt er in seinen *Briefen bei Gelegenheit* der Auffassung Friedländers zu, dass die Juden das sog. Zeremonialgesetz

> „den Gesezen des Staats unterordnen [müssten], so daß sie sich erklären, sie wollten sich keiner bürgerlichen Pflicht unter dem Vorwande entziehen, daß sie dem Ceremonialgesez zuwider laufe, und es sollte von Religions wegen niemandem verboten werden, irgend etwas zu thun oder zu unternehmen, was von Staats wegen erlaubt ist".

Darüber hinaus fordert Schleiermacher, dass die Juden „der Hofnung auf einen Meßias förmlich und öffentlich entsagen" müssten. Er glaubt, „daß dies ein wichtiger Punkt ist, den ihnen der Staat nicht nachlaßen kann" (352). Nach Brumlik zeigt sich hier eine Inkonsequenz in Schleiermachers Denken: „der liberale Religionsphilosoph und Theologe, der doch alles daransetzte, [...] die Ausdifferenzierung von Staat und Religion zu befördern", hing doch selbst noch „jener Vermengung" an, „die er überwinden wollte". Denn angesichts der Tatsache, dass ja gerade die Frage der Messianität Jesu zwischen Juden und Christen strittig war, lief Schleiermachers Forderung nach Aufgabe der Messiashoffnung letztlich auf „die Forderung nach einer theologischen Kapitulation des Judentums" hinaus.[31]

---

[28] Brumlik, *Deutscher Geist*, 137.
[29] Friedrich Schleiermacher, *Briefe bei Gelegenheit der politisch theologischen Aufgabe und des Sendschreibens jüdischer Hausväter, von einem Prediger außerhalb Berlin* (1799), in: ders., *Schriften aus der Berliner Zeit 1796-1799* (KGA I.2), hg. v. Günter Meckenstock, Berlin 1984, 327–361. Zitatnachweise im Text beziehen sich im Folgenden auf diese Ausgabe der *Briefe bei Gelegenheit*.
[30] Vgl. Kurt Nowak, Nachwort: Schleiermacher und die Emanzipation des Judentums am Endes des 19. Jahrhunderts in Preußen, in: Friedrich Daniel Ernst Schleiermacher, *Briefe bei Gelegenheit der politisch-theologischen Aufgabe und des Sendschreibens jüdischer Hausväter. Von einem Prediger außerhalb Berlin* (Faksimileausgabe), neu hg. v. Kurt Nowak, Berlin 1984, 65–86; 76 u. 78f. – Vgl. auch Hans-Joachim Birkner, Friedrich Schleiermacher, in: ders., *Schleiermacher-Studien*, Berlin 1996, 251–284; 259.
[31] Brumlik, *Deutscher Geist*, 152f.

Aus Friedländers verzweifeltem Angebot macht Schleiermacher staatlich unverzichtbare Bedingungen: „Aus dem jüdischen Reformprogramm wurden Bedingungen für die rechtliche Gleichstellung,"[32] was durchaus nicht dasselbe ist. In der „mangelnden Bereitwilligkeit der meisten Juden, Zeremonialgesetz und Messiasglauben aufzugeben", sah Schleiermacher „einen politischen Vorbehalt", genauer: „die in religiösen Glauben gekleidete Absicht, eine eigene Nation zu gründen", was zu politischer „Illoyalität" führen müsse.[33] Daher verlangte er von den Juden, dass sie ihr Selbstverständnis als „Nation" aufgeben müssten; andernfalls dürften sie sich nicht darüber beklagen, „daß ohnerachtet sie seit so vielen Jahrhunderten in unserm Welttheil gebohren und erzogen würden, die oberste Gewalt sie doch immer noch als Fremdlinge behandelte, eben als wären sie jezt erst aus Palästina eingewandert" (352).

Im übrigen hegte Schleiermacher die Befürchtung, dass durch eine größere Anzahl getaufter Juden die christliche Kirche jüdisch unterwandert werden könnte. So schreibt er in seinen *Briefen bei Gelegenheit*, es sei

> „unmöglich, daß Jemand, der Eine Religion wirklich gehabt hat, eine andere annehmen sollte; und wenn alle Juden die vortrefflichsten Staatsbürger würden, so würde doch kein einziger ein guter Christ: aber recht viel eigenthümlich Jüdisches brächten sie in ihren religiösen Grundsäzen und Gesinnungen mit, welches eben um deswillen nothwendig antichristlich ist. – Ja, ein judaisirendes Christenthum das wäre die rechte Krankheit, die wir uns noch inokuliren [= einimpfen] sollten!" (347)

Schleiermachers Warnung vor einer Inokulation, d. h. Impfung bzw. Ansteckung, durch ein judaisierendes Christentum steht in der Tradition der Metaphorik vom Judentum als einer „ansteckende[n] Krankheit"; sie erinnert damit „an die mittelalterlichen Legenden, nach denen die Juden als Brunnenvergifter die Pest verursacht hätten".[34]

Während aus Schleiermachers Sicht das Beibehalten des Zeremonialgesetzes und der Hoffnung auf den Messias als Ausdruck jüdischer Illoyalität gegenüber dem preußischen Staat zu gelten hatte, bedeutete für ihn „die Bereitschaft, zum Christentum zu konvertieren, eine Gefährdung des christlichen Glaubens und der Gesellschaft im ganzen". Hier zeigt sich nach Brumlik, dass Schleiermacher „in seiner Reaktion auf das ‚Sendschreiben' über einen rein theologischen Antijudaismus hinaus antisemitisch argumentierte".[35] Näherhin komme hier ein „sozialer Antisemitismus" zum Ausdruck, der „die Assimilation der Reichen und Gebildeten" unter den Juden „als besondere Gefahr" für die christliche Mehrheitsgesellschaft ansah.[36] So schreibt Schleiermacher:

---

[32] Kirn, Friedrich Schleiermachers Stellungnahme, in: R. Barth u. a. (Hg.), *Christentum und Judentum*, 209.
[33] Brumlik, *Deutscher Geist*, 159.
[34] Blum, „Ich wäre ein Judenfeind?", 51.
[35] Brumlik, *Deutscher Geist*, 191.
[36] Brumlik, *Deutscher Geist*, 160.

7.3 Die *Briefe bei Gelegenheit der politisch theologischen Aufgabe*

> „Je mehr gewiße Handelszweige von den christlich gewordenen Juden gegen andere Gewerbe vertauscht werden dürften, desto mehr werden sie sich in jenen concentriren, und des Reichthums, der in Verbindung mit der Unkultur steht, wird immer mehr, was unleugbar ein großes Uebel ist" (357).

Angesichts all der Bedingungen, an die Schleiermacher eine Emanzipation der Juden knüpft, angesichts all der Befürchtungen, die er mit einer rechtlichen Gleichstellung der Juden verbindet, und angesichts der antijüdischen Vorurteile, die er kritiklos reproduziert, bleibt es unerfindlich, wie der Religionssoziologe Kurt Nowak zu der Einschätzung kommen kann, dass „[d]ie historische Bedeutung von Schleiermachers Argumentation [...] in der Sicherung eines freien Raums für das Judentum gegen den Bekehrungsdruck des christlichen Staates und der Kirchen" gelegen habe.[37] Nowak übersieht die Tatsache, dass Schleiermacher gar nicht am Judentum und seiner sozialen Lage interessiert ist; vielmehr geht es ihm um die Verteidigung des (protetantischen) Christentums gegen die Gefahr einer ‚Judaisierung' durch jüdische Konvertiten. Sofern die jüdischen Emanzipationsbestrebungen überhaupt in den Blick kommen, werden sie an Bedingungen geknüpft, die auf eine „Selbstaufgabe" des Judentums hinauslaufen.[38]

So zeigt sich letztlich, dass Schleiermacher – „[a]ller Rede von freier Individualität zum Trotz" – nicht bereit war, „die Alterität" des Anderen anzuerkennen, wenn es um Juden ging. Während er den jüdischen Salongastgeberinnen und ihren Gästen „die Homogenität des Christentums" als Religion für die Gebildeten empfahl, insistierte er gegenüber den jüdischen Hausvätern auf der Differenz der Religionen.[39] Letztlich lief sein Vorschlag darauf hinaus, „das Judentum als eine mit Resten des Zeremonialgesetzes bestückte ‚Reformsekte'" neben der christlichen Religion „zu konzipieren".[40] Jüdisches Selbstverständnis erhält hier keine Chance: „Die Beibehaltung des Zeremonialgesetzes will Schleiermacher ihnen nicht zugestehen, die Konversion zum Christentum aufgrund der Gefährdung des christlichen Glaubens aber erst recht nicht."[41] Schleiermacher wollte „ein Judentum, das durch ein partielles Beibehalten des Zeremonialgesetzes jüdisch genug blieb, um vom Christentum unterschieden zu sein".[42] Indem er aber das Judentum mit Gesetzlichkeit bzw. Vergeltungsdenken assoziierte, trat er – entgegen seinem liberalen Selbstverständnis – „als traditionell christlicher Theologe" auf, der in seinem christlichen Überlegenheitsgefühl stärker mit Vorurteilen behaftet war, als er es selber wahrhaben wollte.[43]

---

[37] Kurt Nowak, Nachwort, in: Schleiermacher, *Briefe bei Gelegenheit*, neu hg. v. K. Nowak, 78f.
[38] Blum, „Ich wäre ein Judenfeind?", 57.
[39] Brumlik, *Deutscher Geist*, 173.
[40] Brumlik, *Deutscher Geist*, 156. – Vgl. Blum, „Ich wäre ein Judenfeind?", 69.
[41] Blum, „Ich wäre ein Judenfeind?", 56.
[42] Brumlik, *Deutscher Geist*, 161.
[43] Brumlik, *Deutscher Geist*, 157.

7.4 Schleiermachers Stellung zum Alten Testament

Dass es sich bei den negativen Urteilen über das Judentum nicht nur um Fehlgriffe des frühen Schleiermacher handelt, die möglicherweise in seiner reifen Theologie korrigiert worden wären, zeigt sich in dem negativen Urteil über das Alte Testament, wie es in der *Kurze[n] Darstellung des theologischen Studiums* zum Ausdruck kommt, u. zw. sowohl in der Erstfassung von 1811 wie in der ausführlicheren Spätfassung von 1830. So heißt es schon in der Erstfassung der *Kurzen Darstellung*, dass es „gegen die Idee des Kanon" streite, wenn das Alte Testament als Teil des biblischen Kanons betrachtet werde, da dann das Christentum nur „als eine Fortsetzung des Judenthums" gelten und nicht in seiner Eigenständigkeit gewürdigt werden könne. Die Kenntnis des „jüdischen Codex" sei lediglich eine „Hülfswissenschaft" für die historische Theologie.[44] In der zweiten Auflage wird daraus dann die folgende Behauptung:

> „Daß der jüdische Codex keine normale Darstellung eigenthümlich christlicher Glaubenssäze enthalte, wird wol bald allgemein anerkannt sein. Deshalb aber ist nicht nöthig – wiewol auch zuläßig bleiben muß – von dem altkirchlichen Gebrauch abzuweichen, der das alte Testament mit dem neuen zu einem Ganzen als Bibel vereinigt."[45]

Schleiermacher will demnach die Einheit der beiden Testamente in der christlichen Bibel nur aus Gründen der Tradition gelten lassen und plädiert gleichzeitig dafür, diese Tradition zu überwinden.

Ähnlich sieht Schleiermacher das Verhältnis bzw. Nicht-Verhältnis des Christentums zum Judentum in seiner *Glaubenslehre*, wenn es dort heißt:

> „Das Christenthum ist ohnerachtet seines geschichtlichen Zusammenhanges mit dem Judenthum doch nicht als eine Fortsezung oder Erneuerung desselben anzusehen; vielmehr steht es, was seine Eigenthümlichkeit betrifft, mit dem Judenthum in keinem anderen Verhältniß als mit dem Heidenthum."[46]

Das Christentum wird hier profiliert auf Kosten einer Paganisierung des Judentums. Entsprechend gilt für Schleiermacher ausschließlich das Neue Testament als Heilige Schrift:

> „Unter heiliger Schrift verstehe ich zunächst immer nur die neutestamentischen Bücher und zwar in dem Umfang als die protestantische Kirche sie anerkennt; die alt-

---

[44] Friedrich Schleiermacher, *Kurze Darstellung des theologischen Studiums zum Behuf einleitender Vorlesungen (1811/1830)*, hg. v. Dirk Schmid, Berlin u. a. 2002, 86.
[45] Schleiermacher, *Kurze Darstellung*, 183 (§ 115).
[46] Friedrich Schleiermacher, *Der christliche Glaube* (1821/22), hg. v. Hermann Peiter (KGA I.7,1), Berlin 1980, 88.

testamentischen aber nur soweit sich nachweisen läßt, daß sich direct oder indirect im neuen Testament auf sie bezogen wird."[47]

Auch wird in der *Glaubenslehre* Jesus ganz vom Judentum distanziert. Zwar will Schleiermacher nicht bestreiten, dass Jesus ein jüdisches Leben gelebt habe; aber die historischen Fakten sind für ihn theologisch irrelevant, nämlich da, wo es um das einzigartige, jede Geschichte transzendierende „Gottesbewusstsein" Jesu geht:

„Was aber den Erlöser als solchen konstituirt kann demzufolge nichts anders sein als eine solche vollkomne Einwohnung des höchsten Wesens im Bewußtsein, welche als die reine Thätigkeit Gottes in der menschlichen Natur angesehen werden, und vermöge deren man vom Erlöser sagen muß, daß Gott in ihm war in dem höchsten Sinne, in welchem überall Gott in Einem sein kann."[48]

Demnach wird in Schleiermachers Sicht durch die Universalisierung des Gottesbewusstseins Jesu seine jüdische Partikularität überwunden.

Zusammenfassend betont Schleiermacher in seinem ersten Sendschreiben „Über seine Glaubenslehre. An Herrn Dr. Lücke" aus dem Jahr 1829:

„Wie viele unserer wohlgesinnten Geistlichen auch zur Sprache des alten Testamentes und zum Predigen aus dem alten Testament zurückkehren: es wird sich doch auch auf diesem Gebiet immer mehr bewähren, daß in Christo das alte vergangen ist und alles neu worden."[49]

Hier wird also die Aussage des Paulus aus 2 Kor 5,17 über die „neue Kreatur", als die diejenigen gelten, die zum Glauben an Christus gekommen sind, dazu missbraucht, um das Alte Testament, ohne das Paulus keine einzige Aussage über den Glauben hätte treffen können, abzuwerten.

In seinem zweiten Sendschreiben an Lücke liefert Schleiermacher die dogmatischen Gründe für seine Distanzierung vom Alten Testament nach: So sei es ihm als „sehr wesentlich" erschienen, „auf das bestimmteste auszusprechen [...], daß der Glaube an die Offenbarung Gottes in Christo [...] auf keine Weise irgend abhängig" sei vom „Glaube[n] an eine bis zu einem gewissen Zeitpunkte fortgesetzte besondere Eingebung oder Offenbarung Gottes in dem jüdischen Volk".[50] Mehr noch: „Diese Überzeugung, daß das lebendige Christentum in seinem Fortgange gar keines Stützpunktes aus dem Judentum bedürfe, ist in mir so alt als mein religiöses Bewußtsein überhaupt." Es sei an der Zeit, sich von der „allgemeinen Anhänglichkeit an das unvollkommene Wesen und die dürftigen Ele-

---

[47] Schleiermacher, *Der christliche Glaube* (1821/22), 103.
[48] Schleiermacher, *Der christliche Glaube* (1821/22), 29.
[49] Friedrich Schleiermacher, Über seine Glaubenslehre, an Herrn Dr. Lücke, in: Heinz Bolli (Hg.), *Schleiermacher-Auswahl*, 120–175; 139.
[50] Schleiermacher, Über seine Glaubenslehre, ebd., 150.

mente des alten Bundes" zu lösen, da wir Christen doch „im Besitz des vollkommeneren" seien. Ja, Schleiermacher fürchtet, „je mehr wir uns, statt die reichen Gruben des neuen Bundes recht zu bearbeiten, an das alte halten, um desto ärger wird die Spaltung werden zwischen der Frömmigkeit und der Wissenschaft".[51] Einen religiösen Wert konnte er dem Alten Testament letztlich nur dort zugestehen, „wo es nicht jüdisch sei".[52]

7.5 Fazit und Ausblick

Schleiermachers theologische Überzeugung, dass das Judentum „nur noch eine tote Religion sei", hat sich in den von ihm formulierten Bedingungen für eine Emanzipation der Juden niedergeschlagen:

> „Indem Schleiermacher die grundsätzliche Modifikation zentraler Glaubensinhalte des Judentums fordert, welche schlussendlich aber ihre tatsächliche Aufgabe zur Folge hätte, postuliert er letztendlich das, was seinem theologischen Verständnis nach die jüdische Religion kennzeichnet, nämlich eine tote Religion zu sein."[53]

Dabei bediente er sich des protestantischen Vorurteils gegenüber dem Judentum als Religion der Vergeltung im Vergleich zum Christentum als Religion der Vermittlung, das letztlich auf das reformatorische Schema einer antithetischen Dialektik von Gesetz und Evangelium zurückzuführen ist.

Damit hängt auch Schleiermachers Abwertung das Alten Testaments zusammen, die letztlich auf den antiken Häretiker Markion (85–144) zurückgeht. Sie hat in der evangelischen Theologie leider Schule gemacht. So konnte Adolf von Harnack (1851–1930) im Jahr 1921 in seinem Buch über Markion formulieren:

> „Das A[lte] T[estament] im 2. Jahrhundert zu verwerfen, war ein Fehler, den die große Kirche mit Recht abgelehnt hat; es im 16. Jahrhundert beizubehalten, war ein Schicksal, dem sich die Reformation noch nicht zu entziehen vermochte; es aber im 19. Jahrhundert als kanonische Urkunde des Protestantismus noch zu konservieren, ist die Folge einer religiösen und kirchlichen Lähmung."[54]

In jüngster Zeit hat die in der Abwertung des Alten Testaments zum Ausdruck kommende antijüdische Tradition erneut in der Debatte um die Thesen des Berliner Systematikers Notger Slenczka fröhliche Urständ gefeiert, auch wenn Slenczka beteuert, er habe damit nur den Juden ihre Bibel zurückgeben wollen.[55]

---

[51] Schleiermacher, Über seine Glaubenslehre, ebd., 151.
[52] Brumlik, *Deutscher Geist*, 183.
[53] Blum, „Ich wäre ein Judenfeind?", 71.
[54] Adolf von Harnack, *Marcion. Das Evangelium vom fremden Gott* (1921), 2. Aufl. Leipzig 1924, 217.
[55] Vgl. Notger Slenczka, *Vom Alten Testament und vom Neuen. Beiträge zur Neuvermessung ihres Verhältnisses*, Leipzig 2017.

8 Nationalprotestantismus und Antisemitismus

Im Jahr 1818 klagte die Berliner Schriftstellerin und Salonnière Rahel Levin (1771–1833),[1] die sich 1814 aus Anlass ihrer Ehe mit August Varnhagen von Ense hatte taufen lassen: „Wo ist unsre Zeit! wo wir alle zusammen waren. Sie ist Anno 6 untergegangen. Untergegangen wie ein Schiff: mit den schönsten Lebensgütern, den schönsten Genuß erhaltend" (119). Was war in den zwölf Jahren seit 1806 geschehen? Was veranlasste Rahel Varnhagen zu diesem nostalgischen Seufzer? Hannah Arendt, ihre Biographin, erläutert: „Der Salon, der Menschen aus allen Ständen zusammenhielt, in dem man ohne gesellschaftlichen Stand leben konnte, ja für den gesellschaftliche Uneinordenbarkeit noch eine Chance war, ist der Katastrophe von 1806 zum Opfer gefallen" (118). Gemeint ist mit der Katastrophe die Doppelschlacht von Jena und Auerstedt, in der Preußen eine vernichtende Niederlage gegen Napoleons Armeen erlitten hatte. Diese Katastrophe löste die preußischen Reformen aus, aber auch eine nationalistische Welle, die von Anfang an nicht nur antifranzösische, sondern auch antisemitische Züge trug.

An die Stelle der „jüdischen Salons" war 1811 die „Deutsche Tischgesellschaft" getreten, in der sich christlich-romantische und preußisch-patriotische Elemente mischten. „Die Statuten verbieten Frauen, Franzosen, Philistern und Juden den Zutritt" (119f.). In diesen Kreisen „bricht zuerst ein programmatischer Antisemitismus aus", wie Arendt schreibt. Tatsächlich verdankten die Juden ja „Frankreich, dem klassischen Lande der Aufklärung und dem politischen Feind, [...] die Verwirklichung der Gleichberechtigung" (120). Ohne die französische Oberherrschaft wäre es auch nicht zum Preußischen Emanzipationsedikt von 1812 gekommen. Im übrigen muss auch „der Ausschluß der Frauen" aus der Deutschen Tischgesellschaft als „direkter Protest gegen die jüdischen Salons" verstanden werden (120f.).

---

[1] Vgl. Hannah Arendt, *Rahel Varnhagen. Lebensgeschichte einer deutschen Jüdin aus der Romantik* (1959), Neuausgabe München 1981. Seitenangaben im Text beziehen sich im Folgenden auf diese Ausgabe.

8.1 Übergänge vom religiösen zum säkularen Judenhass in der deutschen Nationalbewegung

Die Historikerin Eleonore Sterling, die im Jahr 1961 zu den jüdischen Gründungsmitgliedern der „Arbeitsgemeinschaft Juden und Christen" beim Deutschen Evangelischen Kirchentag zählte, hat in ihrer Dissertation zur „Frühgeschichte des Antisemitismus in Deutschland" die konservative Reaktion der Romantik gegen das Denken der Aufklärung, den aufkommenden antifranzösischen Nationalismus und die politische Restauration für die Entstehung des Antisemitismus in Deutschland verantwortlich gemacht.[2] Den von ihr untersuchten Quellen entnimmt sie, wie in der ersten Hälfte des 19. Jahrhunderts „[d]ie theologische und die säkulare Imago vom Juden und Judentum" ineinander fließen (48). Dabei kann Sterling rassistische Argumentationen, in denen „[d]er Jude als ‚Untermensch'" gezeichnet werde (66), durchaus schon vor der Mitte des 19. Jahrhunderts nachweisen.

> „Jetzt ist das Jüdische die ‚Nachtseite der menschlichen Natur', die ‚Verstümmelung der Menschheit'; die Juden sind eine ‚Abart von Menschen' und ‚Bastarde der Menschheit', die ‚mutwillig den Gesetzen der Natur ... und der Menschheit widerstreben' [...]. Man müsse Judenfeind sein, wenn man ‚menschlich' bleiben wolle" (67f.).
> „Um den Juden zum ‚Menschen' zu machen, müsse man ihn entweder ‚erst entviehen' oder ihn, der Menschheit zuliebe, ‚mit Stumpf und Stiel' ausrotten" (68; vgl. 147).[3]

Deshalb sei „die Liebe den Juden gegenüber ‚naturwidrig'. Das ‚deutsche Blut siede und stoße jeden jüdischen Tropfen unwillig zurück', der sich mit ihm mischen wolle" (72).

Charakteristisch für den Judenhass in der ersten Hälfte des 19. Jahrhunderts sei „[d]ie Verschiebung der theologischen Begriffe in die Sphäre der gesellschaftlichen und politischen Theorien" (73). Die „Volkstümler" hätten den Begriff der „Race" erfunden, der auch von einigen Liberalen aufgegriffen worden sei. Diese reduzierten schon in den dreißiger Jahren des 19. Jahrhunderts

> „die religiöse Eigenart des Judentums – also das angeblich verstockte Beharren der Juden auf ihrem spezifischen Monotheismus – mit Hilfe der Terminologie der neuzeitlichen Naturforschung auf ‚Sonderheit der Race' und ‚jüdische Racenreinheit'" (86).

---

[2] Eleonore Sterling, *Judenhaß. Die Anfänge des politischen Antisemitismus in Deutschland (1815-1850)*, Frankfurt a. M. 1969 [ursprüngl. u. d. T. *Er ist wie Du. Aus der Frühgeschichte des Antisemitismus in Deutschland (1815-1850)*, München 1956]. Zitatnachweise im Text beziehen sich im Folgenden auf die spätere Ausgabe unter dem Titel *Judenhaß*.

[3] Sterling bezieht sich hier auf Jakob Friedrich Fries, *Ueber die Gefährdung des Wohlstandes und Charakters der Deutschen durch die Juden*, Heidelberg 1816.

8.1 Übergänge vom religiösen zum säkularen Judenhass

Von den Juden heißt es jetzt, sie

> „gehörten zu einem ‚anderen Menschenstamm' oder sie stünden als ‚asiatische Fremdlinge' überhaupt ‚außerhalb der Menschheit'" (118). „Es wäre deshalb eine ‚strafbare politische Schwäche', ja eine ‚Blutschande', wenn ‚germanische Stämme' die Juden aufnähmen" (120). „Die spezifischen Begriffe von einer ‚semitischen' und ‚germanischen' Rasse finden sich schon in den vierziger Jahren [...]" (126).

Wie sehr in der deutschen Nationalbewegung christlich-theologische und rassisch-antisemitische Auffassungen ineinanderflossen, zeigt sich, wenn es heißt: „Das wahre Fundament des Christentums sei das Germanentum. Die ‚germanischen Nationen' und nicht das ‚jüdische Volk' seien die ‚von Gott Auserwählten'" (113). Auch habe sich in der christlich-deutschen Hetze gegen die Juden bereits der „Fanatismus" angedeutet, „der Jahrzehnte später im Rassenantisemitismus sich auslebt" (112). So, wenn ein „fromme[r] preußische[r] Oberfinanzrat" rät: „sollten die Juden zur Taufe sich nicht bewegen lassen, dann bleibe nur eines, sie ‚gewaltsam auszurotten'" (114).

So kommt Sterling zu dem Urteil, dass sich die „Volksdemagogen" der ersten Hälfte des 19. Jahrhunderts

> „[i]n ihren Vorschlägen zur Lösung der Judenfrage [...] von ihren nationalsozialistischen Nachkommen wesentlich nur darin [unterschieden], daß sie unter der Vernichtung der Juden die ‚Rettung' verstehen wollen und glauben, durch Vernichtung des Jüdischen die Juden von dem vermeintlich auf ihnen lastenden ‚göttlichen Fluch' zu befreien und sie zu erlösen. Man verlangt zumeist noch nicht die physische, aber doch die seelische Ausrottung der Juden [...]. Man müsse den Juden im Juden ‚todtschlagen', erklären die Germanomanen; ‚man muß ihn in sich selbst vertilgen'" (128).

Andere hätten bereits die „Austreibung" der Juden empfohlen:

> „Um das deutsche Vaterland ‚judenrein' zu machen [...], stecke man die Juden in Zwangsanstalten und Bordelle, oder man gründe für sie Kolonien in Palästina, Nordafrika, Syrien, Nord- und Südamerika oder Südrußland [...]. Andere aber fordern ganz ungeniert die Kastration der Juden."

Wieder andere hoffen, dass es wenigstens in der Zukunft „zum ‚Schädeleinschlagen' kommen" werde (129).

Zusammenfassend stellt Sterling fest:

> „Der Antisemitismus der ersten Hälfte des 19. Jahrhunderts leitet sich als Sozialerscheinung aus der durch die Industrialisierung bedrohten Situation des deutschen Bürgertums ab und aus der politischen, wirtschaftlichen und gesellschaftlichen Bedrängnis, unter der die Menschen lebten [...]. Die jüdische Verneinung der Messianität Jesu deutete darauf hin, daß die Welt noch nicht erlöst sei, und ließ das Bild des weltlichen Leidens im Bewußtsein des Menschen schärfer hervortreten. Anstatt die Zustände selbst zu überwinden, die das Elend erzeugten, haßten die Menschen diejenigen, die dieses Elend symbolisierten und so den andern ständig vor Augen hielten. Den Untergang der Juden identifizierten sie mit der Vernichtung des Leids selbst, der Erlösung der Welt, der Rettung Deutschlands" (168f.).

Dieser christlich motivierte Antisemitismus habe durchaus bereits einen „Vernichtungsgedanke[n]" eingeschlossen, wenn auch

> „meist noch verklausuliert: man betonte die Vernichtung des Judentums, nicht der Juden [...]. Man wünschte das ‚Ende der Geschichte' der Juden [...]. Man versprach sich ihr ‚allmähliches Absterben' von der Vernichtung ihrer Lehrbücher, von Taufe und Mischehen, sowie vom Heiratsverbot für die Juden [...]. Der Nationalsozialismus hat einen großen Teil seiner antisemitischen Losungen den Lehren der Germanomanie und der fanatischen Richtung im Konservativismus des frühen 19. Jahrhunderts entnommen. Aber durch ihn wird die Forderung nach der Vernichtung des *Judentums* als physische, kalt ausgeklügelte Vernichtung der *Juden* verwirklicht" (169f.).

Brisant für die Frage nach der Kontinuität antisemitischer Vorstellungen in der Mentalitätsgeschichte ist aber insbesondere Sterlings These, wonach der Rassegedanke seinerseits als Transformation des älteren, religiös begründeten Judenhasses zu verstehen sei:

> „Die ‚volkstümliche' Vorstellung von der Minderwertigkeit und Untergeordnetheit der ‚semitischen' unter die ‚germanische Race' ist im Grund nichts anderes als der säkulare und vulgarisierte Ausdruck der jahrhundertealten theologischen These von der Verworfenheit der Juden" (127).

So betont Ismar Elbogen in seiner von Eleonore Sterling bearbeiteten *Geschichte der Juden in Deutschland*, Luthers Schriften gegen die Juden hätten auch dem Antisemitismus des 19. und 20. Jahrhunderts „Argumente" geliefert.[4] Schließlich erscheine auch „das, was im nationalsozialistischen Deutschland 400 Jahre später geschah", als die „letzte Folge" einer „verzerrte[n] Auslegung des Evangeliums", einer Auslegung, die sagt, „daß die Juden unter Gottes Zorn und außerhalb seiner Gnade stünden", was gesellschaftlich ihre „Ausschließung [...] aus der menschlichen, d. h. ‚christlich begnadeten' Gemeinschaft" bedeutete.[5]

Mögen Elbogen und Sterling mit dieser Konsequenz vielleicht überzogen haben, so erscheint doch auch umgekehrt der Einwand, es sei „falsch", „Luther als Vorläufer des Nationalsozialismus hinzustellen",[6] wie ein gebetsmühlenartiges Ritual der Verharmlosung.

---

[4] Ismar Elbogen u. Eleonore Sterling, *Die Geschichte der Juden in Deutschland. Eine Einführung*, Frankfurt a. M. 1966, 96.
[5] Elbogen u. Sterling, *Die Geschichte der Juden in Deutschland*, 94.
[6] Johannes Brosseder, *Luthers Stellung zu den Juden im Spiegel seiner Interpreten. Interpretation und Rezeption von Luthers Schriften und Äußerungen zum Judentum im 19. und 20. Jahrhundert vor allem im deutschsprachigen Raum*, München 1972, 302.

8.2 Zum Beispiel Ernst Moritz Arndt, Friedrich Rühs und Jakob Friedrich Fries

Schon im Jahr 1793 hatte der Philosoph Johann Gottlieb Fichte (1762–1814) in seinen anonym veröffentlichten *Beiträgen zur Berichtigung der Urtheile des Publicums über die französische Revolution* die Behauptung aufgestellt, das Judentum habe sich längst durch alle Länder Europas als „ein mächtiger, feindseliger Staat" verbreitet, „der mit allen übrigen im beständigen Kriege" stehe und „auf den Hass des ganzen menschlichen Geschlechts aufgebauet" sei.[7] Zwar seien die Juden Menschen, denen als solchen auch Menschenrechte zustünden. „Aber ihnen Bürgerrechte zu geben, dazu sehe ich wenigstens kein Mittel, als das, in einer Nacht ihnen allen die Köpfe abzuschneiden und andere aufzusetzen, in denen auch nicht eine jüdische Idee sey."[8]

Fichtes Auffassung von den Juden als „Staat im Staate", denen Bürgerrechte nur unter der Bedingung der Aufgabe ihrer jüdischen Identität zugestanden werden könnten, machte im frühen 19. Jahrhundert unter den Antisemiten Schule. Dabei wurden ältere, religiös begründete Vorbehalte gegen die Juden in das entstehende deutsche Nationalbewusstsein integriert. Einige Beispiele für den Übergang von theologisch begründeter Judenfeindschaft in nationalen Antisemitismus in der deutschen Nationalbewegung am Anfang des 19. Jahrhunderts seien hier ausdrücklich genannt.

Zunächst muss Schleiermachers Schwager Ernst Moritz Arndt (1769–1860) erwähnt werden, der seit der Gründung der Bonner Universität im Jahr 1818 dort als Professor für Geschichte wirkte, doch schon 1820 im Zuge der sog. Demagogenverfolgung – bei Weiterbezahlung des Gehalts – suspendiert wurde. Nun ist Arndt selbst jedoch eine höchst zwiespältige Gestalt: Als ein Sprecher der Demokratiebewegung, der sich gegen die Leibeigenschaft engagierte, war er zugleich Chefideologe der antifranzösischen und antisemitischen deutschen Nationalbewegung. An Arndt wird erkennbar, dass die deutsche Nationalbewegung keineswegs nur säkular beurteilt werden kann; vielmehr gehörten Deutschtum und Christentum, genauer: Deutschtum und Protestantismus, bei ihm unlösbar zusammen.

Die Flugschriften, die Arndt während der „Franzosenzeit" (1806–1813) im schwedischen und russischen Exil verfasste, lassen eine durchaus religiöse Mo-

---

[7] [Johann Gottlieb Fichte], *Beiträge zur Berichtigung der Urtheile des Publicums über die französische Revolution*, in: J.-G. Fichte-Gesamtausgabe, hg. v. Reinhard Lauth u. Hans Jacob, Bd. 1: Werke 1791–1794, Stuttgart 1964, 291. Zitiert nach: Peter Schäfer, *Kurze Geschichte des Antisemitismus*, München 2020, 196.

[8] [Fichte], *Beiträge zur Berichtigung*. Zitiert nach Simon Gerber, Judenfeindschaft nach 1800 – unter besonderer Berücksichtigung von Rühs und Fries, in: Dorothea Wendebourg u. a. (Hg.), *Protestantismus, Antijudaismus, Antisemitismus. Konvergenzen und Konfrontationen in ihren Kontexten*, Tübingen 2017, 205–222; 206.

tivation erkennen: „Was für ein Geschlecht bist du geworden, Luthers Volk [...]?", schreibt er aus Sankt Petersburg.

> „Ach! wohin ist deine Prophetenstimme gefahren, Mann Gottes? Wo sind deine Hoffnungen geblieben? Komm hernieder aus deinem hellen Himmel und sieh, was das Volk treibt, das du mit Stolz dein nanntest [...]. Haß beseele, Zorn entflamme, Rache bewaffne uns! Laßt uns vergehen für unser Land und unsere Freiheit, auf daß unsere Kinder ein freies Land bewohnen! Männer, auf, und seid gerüstet! Ihr dürfet nicht leben als Sklaven!"[9]

Arndts Freiheitspathos konnte jedoch unmittelbar in Franzosenhass umschlagen. Das zeigt z. B. das 1812 in Sankt Petersburg verfasste *Vaterlandslied*, das mit den Worten beginnt: „Der Gott der Eisen wachsen ließ, der wollte keine Knechte, drum gab er Säbel, Schwert und Spieß dem Mann in seine Rechte [...]." Es wurde zur Hymne der deutschen Truppen in den sog. Befreiungskriegen gegen Napoleon. Seine vaterländischen Worte zieren auch das Bronzedenkmal, mit dem Arndt seit 1865 am Bonner Alten Zoll unter dem Motto „Der Rhein, Deutschlands Strom, nicht Deutschlands Grenze" geehrt wird.

Im übrigen geht Arndts Franzosenhass nahtlos in Antisemitismus über. So fürchtete er nichts mehr als dass „die edle teutsche Art verbastardet" werden könnte.[10] Er beschimpfte die Franzosen als „Judenvolk", das die Deutschen „mit jüdischen Kniffen und Pffiffen [...] zu verderben" suche und einem „judenartigen Kosmopolitismus" ausliefere.[11] Angesichts des Zustroms von Juden, die vor der russischen Tyrannei aus Polen flohen – „die eingeschwärzten Juden kommen alle aus Polen" –, warnte er vor der Zuwanderung von „Franzosen und Juden", die der „teutschen Menschenzucht [...] äußerst schädlich" seien.[12]

Insbesondere nach dem Wiener Kongress (1814/15), auf dem nach dem Sieg über Napoleon die konservative Restauration Europas eingeleitet wurde, setzte eine „christlich-germanische" Hetze gegen die Juden ein.[13] Friedrich Rühs (1781–1820), Professor für Geschichte an der Berliner Universität, vertrat im Jahr 1815 im Blick auf die anzustrebende „Einheit des deutschen Volks" die Ansicht, „Juden hätten keinen Anspruch, deutsche Bürger zu werden, weil sie zum deutschen Volk nicht dazugehörten"; ihre „moralischen Mängel" seien im Übrigen „nicht erst eine Folge der Unterdrückung".[14] Unter Berufung auf Eisenmen-

---

[9] Ernst Moritz Arndt, *Werke*, Teil 7: *Geist der Zeit* (2), hg. v. Wilhelm Steffens, Berlin u. Stuttgart o. J., 28 u. 174f.
[10] Ernst Moritz Arndt, *Noch ein Wort über die Franzosen und über uns*, o. O. [Leipzig] 1814, 14.
[11] Arndt, *Noch ein Wort*, 13f. u. 38; vgl. auch 22.
[12] Arndt, *Noch ein Wort*, Anhang 1 [Vorschlag eines Fremdengesetzes].
[13] Elbogen u. Sterling, *Die Geschichte der Juden in Deutschland*, 188.
[14] Gerber, Judenfeindschaft nach 1800, 209. – Vgl. Friedrich Rühs, Ueber die Einheit des deutschen Volks, in: *Zeitschrift für die neueste Geschichte, die Staaten- und Völkerkunde* 3 (1815), 21–41.

8.2 Z. B. Ernst Moritz Arndt, Friedrich Rühs und Jakob Friedrich Fries

ger erklärte er, die Juden seien „ein Volk von Händlern, Schiebern und Geldleuten", die aufgrund ihres Glaubens an „ihre eigene sittliche Vortrefflichkeit und Auserwähltheit" arbeitsscheu und feindselig „gegen die übrigen Menschen, besonders die Christen" seien.[15] Die Juden bildeten „nicht bloß eine eigene Nation, sondern auch einen eigenen Staat; dessen Grundgesetz sei [...] die jüdische Religion, dessen Vorsteher aber die Rabbiner, ihre eigene Geistesaristokratie".[16] Ein Volk könne nun einmal

> „nur zu einem Ganzen werden durch ein inniges Zusammenwachsen aller seiner Eigenthümlichkeiten, durch die gleiche Art ihrer Äußerung: durch Gesinnung, Sprache, Glauben, durch die Anhänglichkeit an seine Verfassung".[17]

Da das deutsche Volk nicht zuletzt durch das Christentum bestimmt sei, könnten Juden, solange sie ihrem Judentum treu blieben und an ihrer eigenen Nation festhielten, nicht dazugehören und auch keine Staatsbürger werden. Würde man ihnen zu viele Rechte einräumen, dann „litten das Gemeinwesen und die allgemeine Moral großen Schaden". Denn: „Das sittliche Leben, die staatsbürgerlichen Rechte und Pflichten, die Eide hingen in Deutschland mit dem christlichen Glauben zusammen, der also für das Staatsbürgertum unerlässlich sei."[18]

Offensichtlich greift Rühs „Fichtes Stichwort vom Staat im Staate auf und verbindet es mit der neuen Idee des Nationalstaates und mit der vom Christentum als sittlicher Grundlage des deutschen Staates."[19] Der nationale Antisemitismus verbindet sich hier bruchlos mit der traditionellen christlichen Judenfeindschaft. So empfahl Rühs „die Wiedereinführung mittelalterlicher Kennzeichnung" der Juden,

> „damit ein Deutscher, selbst sei er durch Aussehen, Verhalten und Sprache irregeführt, seinen hebräischen Feind erkenne'. Es müsse alles geschehen [...], um die Juden ‚auf dem Wege der Milde zum Christent[h]um und dadurch zur wirklichen Aneignung der deutschen Volkseigent[h]ümlichkeiten zu veranlassen, um auf diese Art den Untergang des jüdischen Volks mit der Zeit zu bewirken'."[20]

Der „Untergang des jüdischen Volkes" sollte demnach mit Hilfe der christlichen Taufe besiegelt werden. Es kann kaum überraschen, dass sich Rühs für seine Judenfeindschaft auch auf Martin Luther berufen konnte, aus dessen judenfeindlichen Spätschriften *Wider die Sabbather* und *Von den Juden und ihren Lügen* er zitiert. „Das Gemüt, aus dem diese kräftigen Äußerungen flössen, sei immer noch

---

[15] Gerber, Judenfeindschaft nach 1800, 209f. – Vgl. Friedrich Rühs, Ueber die Ansprüche der Juden auf das deutsche Bürgerrecht, in: *Zeitschrift für die neueste Geschichte, die Staaten- und Völkerkunde* 3 (1815), 129–161.
[16] Gerber, Judenfeindschaft nach 1800, 210.
[17] Rühs, Ueber die Ansprüche, 131–133; zit. nach: Gerber, Judenfeindschaft nach 1800, 210.
[18] Gerber, Judenfeindschaft nach 1800, 210f.
[19] Gerber, Judenfeindschaft nach 1800, 211.
[20] Elbogen u. Sterling, *Die Geschichte der Juden in Deutschland*, 188.

höchst ehrwürdig, auch wenn heutiger Eifer sich ganz anders ausdrücke. Zu wünschen sei, dass künftige Herausgeber der Werke Luthers diese Schriften mehr berücksichtigen würden."[21]

Der Philosoph Jakob Friedrich Fries (1773–1843), ein Schüler Fichtes, veröffentlichte im Jahr 1816 eine Rezension zu dem Aufsatz von Rühs über den Anspruch der Juden auf das deutsche Bürgerrecht, in der er diesem zustimmte, dass die Juden „Blutsauger des Volks" seien, „schmutzig, roh und jeglicher wertschöpfenden Arbeit abhold".[22] Dabei verschärfte Fries den Ton noch im Vergleich zu Rühs:

> „Nicht den *Juden*, unsern Brüdern, sondern der *Judenschaft* erklären wir den Krieg. […] Die bürgerliche Lage der *Juden* verbessern heißt eben das *Judenthum* ausrotten, die Gesellschaft prellsüchtiger Trödler und Händler. Judenschaft ist eine Völkerkrankheit, welche sich in Menge erzeugt und an Macht gewinnt durch Geld […]."

Das Kapital werde „von den Juden gefressen wie das Faulende vom Gewürm".[23]

Zwar wollte Fries im Gegensatz zu Rühs nicht das Christentum zur Bedingung des Bürgerrechts machen. Dennoch blieb auch bei ihm neben den moralischen, sozialen, politischen und ökonomischen Motiven für die Judenfeindschaft das überkommene religiöse Motiv bestehen: Toleranz gegenüber den Juden als Religionsgesellschaft sei nicht angebracht; vielmehr gehöre „das theokratische Rabbinerwesen" verboten.[24] „Die hohe mosaische Lehre" sei durch den Talmud zu einer partikularen „Nationalreligion" verkommen, „die andere Völker zu verachten und zu hassen lehre" und zugleich „eine politisch-theokratische Verbindung" darstelle, die der bürgerlichen Gesellschaft widerspreche.[25] Offenbar hinderte sein Einsatz für die „Menschenwürde" als „Grundlage des Rechts" Fries in keiner Weise daran, christliche Vorurteile gegen das Judentum als Religion zu reproduzieren.[26] So warnte er davor, „den Stimmen scheinbarer Toleranz und kosmopolitischer Philanthropie" zu trauen; vielmehr müsse das Judentum „als Staat im Staate und als verderbte gemeinschädliche Händlerkaste mit Stumpf und Stiel" ausgerottet werden, damit einzelne Juden in die Mehrheitsgesellschaft integriert werden könnten.[27]

---

[21] Gerber, Judenfeindschaft nach 1800, 217. – Vgl. Friedrich Rühs, Die Rechte des Christenthums und des deutschen Volkes, vertheidigt gegen die Ansprüche der Juden und ihrer Verfechter, in: *Zeitschrift für die neueste Geschichte, die Staaten- und Völkerkunde* 4 (1816), 393–474; 408–415.

[22] Gerber, Judenfeindschaft nach 1800, 213. – Vgl. Jakob Friedrich Fries, *Ueber die Gefährdung des Wohlstandes und Charakters der Deutschen durch die Juden*, Heidelberg 1816.

[23] Fries, *Ueber die Gefährdung*, 10f. Zitiert nach: Gerber, Judenfeindschaft nach 1800, 213f.

[24] Gerber, Judenfeindschaft nach 1800, 213.

[25] Gerber, Judenfeindschaft nach 1800, 214.

[26] Gerber, Judenfeindschaft nach 1800, 215.

[27] Gerber, Judenfeindschaft nach 1800, 214f.

Weder für Rühs, noch für Fries scheint die „Alternative religiöser Antijudaismus oder rassischer Antisemitismus" recht zu passen:

> „In einer Situation des Umbruchs aus einer ständisch und konfessionell strukturierten Gesellschaft wird – auch als romantische Reaktion auf die kalte Rationalität eines aufgeklärten Weltbürgertums – das durch gemeinsame Sprache und Kultur verbundene Volk als die tragfähige Grundlage des Gemeinwesens erfunden; demgegenüber erscheinen die Juden dann als die Fremden [...], eine Gesellschaft von Trödlern, Blutsaugern und Schädlingen, die [...] keine Bürger des Nationalstaats sein können, sondern höchstens ausgesonderte, geduldete Untertanen."[28]

Diese „kulturelle Judenfeindschaft", wie Simon Gerber sie nennt, trug zugleich religiöse Züge, da im frühen 19. Jahrhundert das Christentum noch selbstverständlich als Teil der herrschenden Kultur gelten konnte. Sowohl Rühs als auch Fries sahen das Judentum als eine Religionsgemeinschaft an, „die zugleich eine Nation und ein politisch-theokratisches Gemeinwesen ist". Nach dieser Wahrnehmung gilt:

> „Solange Juden ihre eigene Sprache und Kultur pflegen, solange sie ihre Identität als das unter viele Völker zerstreute auserwählte Volk bewahren, solange sie sich den theokratischen Ordnungen ihres Gemeinwesens [...] verpflichtet wissen, solange sie auf den politischen Messias warten, [...] so lange werden sie nicht loyal zu Volk und Staat stehen, so lange werden sie nicht dazugehören."[29]

Die „Identifizierung von Staatsvolk, Nation und Volksgemeinschaft, aus der das Judentum als schädlicher Fremdkörper zu entfernen sei", stellt ein Moment der romantischen Judenfeindschaft dar, in dem sich bereits die völkische Ideologie abzeichnet, die als Vorläufer des Nationalsozialismus gelten muss.[30]

8.3 Die „Berliner Bewegung" und der „Berliner Antisemitismusstreit"

Schlüsselrollen im Blick auf die Transformation des traditionellen kirchlichen Antijudaismus in einen nationalen und schließlich auch rassisch begründeten Antisemitismus spielten in der zweiten Hälfte des 19. Jahrhunderts der Berliner Historiker Heinrich von Treitschke (1834–1896), aber auch der Berliner Hof- und Domprediger Adolf Stoecker (1835–1909). Beide betraten im Jahr 1879 mit ihrer judenfeindlichen Agitation die Bühne der Öffentlichkeit. Stoecker rühmte sich selbst, der Initiator der „Berliner Bewegung" gewesen zu sein, die den Antisemi-

---

[28] Gerber, Judenfeindschaft nach 1800, 219f.
[29] Gerber, Judenfeindschaft nach 1800, 221.
[30] Gerber, Judenfeindschaft nach 1800, 220, Anm. 62.

tismus popularisierte. Treitschke ist in die Geschichte eingegangen, weil er den „Berliner Antisemitismusstreit" vom Zaun gebrochen hat.

Wenn wir uns hier auf die protestantische Version einer Transformation des religiösen Antijudaismus in nationalen Antisemitismus konzentrieren, dann wegen der Dominanz der Protestantismus im Wilhelminischen Kaiserreich gegenüber dem Katholizismus. Das soll nicht heißen, dass es in dieser Phase keinen katholischen Antisemitismus gegeben habe. Als Beispiel sei hier nur August Rohling (1839–1931) genannt, der mit seiner vielfach neu aufgelegten und erweiterten Schrift *Der Talmudjude* als katholisches Pendant zu Stoecker gelten kann.[31]

Der Berliner Hofprediger und Reichstagsabgeordnete Adolf Stoecker, der in Berlin als Mitbegründer der Stadtmission bis heute Verehrung genießt, hat wie kein anderer die Evangelische Kirche in Deutschland bis tief hinein in die 50er und 60er Jahre des 20. Jahrhunderts geprägt. Wegen seiner einstigen Popularität als Kanzelredner und politischer Agitator muss man noch heute mit empörten Reaktionen rechnen, wenn man auf seinen Antisemitismus hinweist. Tatsächlich hat Stoecker selbst jedoch in einer programmatischen Rede im Preußischen Abgeordnetenhaus im Jahr 1889 voller Stolz erklärt: „Ich bin derjenige, der die Judenfrage aus dem literarischen Gebiet in die Volksversammlungen und damit in die politische Praxis eingeführt hat."[32] Und diese Popularisierung der sog. „Judenfrage" war von vornherein als antisemitische Agitation konzipiert.

Indem Stoecker judenfeindliche Mythen der theologischen Tradition in die Sphäre politischer Propaganda einführte, trug er wesentlich zu deren Popularisierung bei. So erklärte er die „Gefahr", die angeblich vom Judentum ausgehe, mit der Legende vom „ewigen Juden":

> „Die Judenfrage ist da, überall wo Juden in Gemeinschaft mit andern Völkern wohnen; sie ist immer und überall, wie der ewige Jude. (Beifall und Heiterkeit.) Es ist ein göttliches Verhängnis über diesem Volk, dass es unstet umherirren soll in der Welt und leiden bis ans Ende der Tage, weil es das Heil nicht erkannt und nicht angenommen hat. Als die Juden Christum kreuzigten, kreuzigten sie sich selbst, ihre Offenbarung wie ihre Geschichte. Gleich Ahasverus ist dieses Volk seither verurteilt, umherzuirren und nirgends Ruhe zu finden, bis es sich bekehrt hat."[33]

---

[31] Vgl. August Rohling, *Der Talmudjude. Zur Beherzigung für Juden und Christen aller Stände dargestellt*, Münster 1871. – Zur zeitgenössischen Auseinandersetzung um Rohling vgl. Martin Friedrich, Franz Delitzsch gegen August Rohling, in: Wendebourg u. a. (Hg.), *Protestantismus, Antijudaismus, Antisemitismus*, 223–238.

[32] Adolf Stoecker, Rede im Preußischen Abgeordnetenhaus vom 24. Januar 1889, in: Günter Brakelmann, *Adolf Stoecker als Antisemit. Teil 2: Texte des Parteipolitikers und des Kirchenmannes*, Waltrop 2004, 188–192; 188. – Vgl. Dietrich von Oertzen, *Adolf Stoecker. Lebensbild und Zeitgeschichte*, Berlin 1910, Bd. II, 246.

[33] Adolf Stoecker, Das Judentum im öffentlichen Leben eine Gefahr für das Deutsche Reich. Rede vom 3. Februar 1882, in: Günter Brakelmann, *Adolf Stoecker als Antisemit. Teil 2: Texte des Parteipolitikers und des Kirchenmannes*, Waltrop 2004, 127–138; 129.

8.3 Die „Berliner Bewegung" und der „Berliner Antisemitismusstreit"

Stoecker scheute auch nicht davor zurück, sich die mittelalterliche Ritualmordlegende in suggestiven Andeutungen zu eigen zu machen. So erklärte er aus Anlass des Xantener Ritualmordvorwurfs im Jahr 1892 im Preußischen Abgeordnetenhaus:

> „Ich gehöre [...] nicht zu denen, welche jemals im öffentlichen Leben von Ritualmord sprechen. Vielmehr kann ich mich darauf berufen, daß ich diesen Ausdruck jederzeit ablehne [...] Aber es handelt sich dabei mehr um einen falschen Ausdruck. Daß vielfach im Lauf der Geschichte aus Aberglauben und Fanatismus Christen, besonders Christenkinder von Juden umgebracht sind, daran zweifelt niemand, der die Jahrhunderte genau studiert. (Sehr richtig! rechts.)"[34]

Als sein Lebensmotto hatte sich Stoecker den Satz gewählt: „Mit Gott für König und Vaterland." Dabei sah er sich als einen „Siebziger", d. h. als einen Angehörigen einer Generation, die – im Unterschied zu den durch die 48er-Revolution geprägten „Achtundvierzigern" – wesentlich durch den Deutsch-französischen Krieg von 1870/71 geprägt war. In einer Rückschau aus dem Jahr 1895 beschrieb Stoecker die politischen Verhältnisse in Berlin, als er im Oktober 1874 sein Amt als Hof- und Domprediger antrat:

> „Berlin fand ich in den Händen des kirchenfeindlichen Fortschritts und der gottfeindlichen Sozialdemokratie; das Judentum herrschte in beiden Parteien. Die Reichshauptstadt war in Gefahr, entchristlicht und entdeutscht zu werden. Als öffentliche Macht war das Christentum tot; ebenso die Königstreue und Vaterlandsliebe. Eine christliche oder konservative Volksversammlung war damals undenkbar. Es schien, als wäre der große Krieg geführt, damit das Judentum Herr von Berlin sei."[35]

Vor diesem Hintergrund beschreibt Stoecker seine antisemitische Agitation als einen „Kampf ums Dasein". Die einflussreiche liberale Fortschrittspartei sei damals „förmlich verjudet und vaterlandslos" gewesen.

> „In dem Augenblick aber, wo wir das Judentum angriffen, war es mit der Geduld der leitenden Kreise zu Ende. Niemals ist ein mehr berechtigter Krieg geführt als unser Streit wider die Anmaßung und Herrschaft der Juden in unserem durch deutsches Blut geeinigten Vaterland."

Noch heute, nachdem er „anderthalb Jahrzehnte hindurch den tödlichen Hass der Juden erfahren" habe, stehe er genauso „wie bei dem Anfang der antijüdischen Bewegung" im Kampf gegen das Judentum. Denn ohne die „Bekämpfung der Judenwirtschaft" sei „jede bauende Politik unmöglich".[36]

---

[34] Adolf Stoecker, Rede im Preußischen Abgeordnetenhaus zum „Fall Buschoff" (9. Februar 1892); zit. nach von Oertzen, *Adolf Stoecker*, Bd. II, 235.
[35] Adolf Stoecker, Dreizehn Jahre Hofprediger und Politiker (1895), in: Brakelmann, *Adolf Stoecker als Antisemit*. Teil 2, 270–340; 312f.
[36] Stoecker, Dreizehn Jahre, in: Brakelmann, *Adolf Stoecker als Antisemit*. Teil 2, 314.

Unbestreitbar war Stoeckers glühender Nationalismus durch ein soziales Engagement für die proletarisierten Massen der Reichshauptstadt unterfüttert. Im Jahr 1877 übernahm er die Leitung der Berliner Stadtmission, die sich der Fürsorge für Kranke, Behinderte und andere sozial Benachteiligte widmete. Als Stoecker die Vergeblichkeit des Versuchs erkannte, die Berliner Arbeiter mithilfe der Stadtmission der als „gottlos" geltenden Sozialdemokratie zu entfremden, gründete er im Jahr 1878 die Christlich-soziale Arbeiterpartei, die erste politische Partei, die den Antisemitismus zu einem Programmpunkt machte. Durch die antisemitische Agitation hoffte Stoecker, die proletarischen Massen der Sozialdemokratie abspenstig machen zu können, die durch Bismarcks „Sozialistengesetz" verboten worden war.

Die Parteitagsrede „Unsere Forderungen an das moderne Judentum" vom 19. September 1879 war Stoeckers erste explizit antisemitische Hetzrede.[37] Sie zeigt exemplarisch, wie in Stoeckers feindseliger Einstellung gegenüber den Juden theologische, soziale und rassistische Aspekte ineinanderfließen. Er stellte darin drei Forderungen an das Judentum auf, deren erste lautete: *„Ein klein wenig bescheidener!"* Die Tatsache, dass „die Lehre von dem einen Gott der Welt erhalten blieb", sei schließlich nicht „Israels Verdienst [...], sondern Gottes Gnade" (14f.). Im Folgenden wandte sich Stoecker ausdrücklich gegen die „jüdische Presse", die er für Liberalismus und Sozialismus verantwortlich machte. Der „Hass gegen das Christliche", der in der „Judenpresse" verbreitet werde, verdiene „den tiefsten Abscheu". Daher seine zweite Forderung: *„Ein klein wenig toleranter!"* (19).

Schließlich erging sich Stoecker in Warnungen vor einer angeblichen Gefahr, die von dem jüdischen Einfluss auf die ganze Gesellschaft ausgehe: „Es ist ja doch jedem Einsichtigen klar genug, dass die Herrschaft des semitischen Geistes über uns nicht bloß unsre geistige, sondern auch unsre wirtschaftliche Verarmung bedeutet." Die Juden bleiben für Stoecker ein Fremdkörper, wobei er sich durchaus schon rassistischer Terminologie bedienen kann:

> „Die Juden sind und bleiben ein Volk im Volke, ein Staat im Staat, ein Stamm für sich unter einer fremden Rasse. Alle Einwanderer gehen zuletzt in dem Volke auf, unter welchem sie wohnen; die Juden nicht. Dem germanischen Wesen setzen sie ihr ungebrochenes Semitentum, dem Christentum ihren starren Gesetzeskultus oder ihre Christenfeindschaft entgegen. Wir können sie darum nicht verurteilen; solange sie Juden sind, können sie gar nicht anders. Aber wir müssen uns mit klarer Erkenntnis vor den Gefahren schützen, die in einer solchen Vermischung liegen" (21).

Anders als für die Nationalsozialisten war die sog. „Judenfrage" für Stoecker jedoch noch nicht in erster Linie eine Rassenfrage, sondern vielmehr eine sozialethische Frage. Für ihn „gipfelt die Judenfrage in der Frage, ob die Juden, welche

---

[37] Vgl. Adolf Stoecker, Unsere Forderungen an das moderne Judentum. Rede vom 19.09.1879, in: Brakelmann, *Adolf Stoecker als Antisemit*. Teil 2, 10–24. Zitatnachweise im Text beziehen sich im Folgenden auf diese Ausgabe.

8.3 Die „Berliner Bewegung" und der „Berliner Antisemitismusstreit"

unter uns leben, lernen werden, sich an der gesamten deutschen Arbeit, auch an der harten und sauren Arbeit des Handwerks, der Fabrik, des Landbaus zu beteiligen." Daraus ergibt sich Stoeckers dritte Forderung: „Das moderne Judentum muss an der produktiven Arbeit teilnehmen. *Bitte, etwas mehr Gleichheit!"* (22f.)

Mit alledem wollte Stoecker, wie er im Jahr 1880 an den Kaiser schrieb, nicht die Juden als solche angreifen, „sondern nur das frivole, gottlose, wucherische, betrügerische Judentum, das in der Tat das Unglück unseres Volkes ist".[38] Der letzte Satz stellt offenbar eine Anspielung auf einen berüchtigten Satz Heinrich von Treitschkes dar, den dieser in einem Artikel unter dem harmlos klingenden Titel „Unsere Aussichten" im November 1879 in den *Preußischen Jahrbüchern* formuliert hatte. Dort heißt es:

> „Bis in die Kreise der höchsten Bildung hinauf, unter Männern, die jeden Gedanken kirchlicher Unduldsamkeit oder nationalen Hochmuths mit Abscheu von sich weisen würden, ertönt es heute wie aus einem Munde: ,Die Juden sind unser Unglück!'"[39]

Treitschke gab sich hier den Anschein, über jedes religiöse oder nationale Vorurteil gegenüber den Juden erhaben zu sein und nur die Auffassung der Gebildeten wiederzugeben, hinter der er sich versteckt. Der Artikel löste den sog. „Berliner Antisemitismusstreit" aus, an dem sich zahlreiche Historiker und andere Gelehrte beteiligten. Auffällig ist jedoch, dass es – mit der Ausnahme des Historikers Theodor Mommsen – überwiegend jüdische Gelehrte waren, die Treitschke widersprachen; an der Berliner Universität gehörte der Antisemitismus bald zum „guten Ton". Man kann ohne Übertreibung sagen, „dass Treitschke Verantwortung für die historisch-politische Unterweisung einer ganzen Akademikergeneration mit allen Folgen trägt".[40] Es kann daher kaum überraschen, dass Treitschkes Parole „Die Juden sind unser Unglück" im 20. Jahrhundert von dem nationalsozialistischen Propagandablatt *Der Stürmer* als Motto gewählt worden ist.

In unserem Zusammenhang ist die Beobachtung bedeutsam, dass Treitschke mit seiner judenfeindlichen Parole fast wörtlich auf Luthers Schrift *Von den Juden und ihren Lügen* (1843) zurückgreift, wo es heißt: „Denn sie [= die Juden] uns eine schwere last, wie eine Plage, Pestilentz und eitel unglück in unserm Lande sind."[41] Dass die terminologische Nähe Treitschkes zu Luther trotz der Versicherung des Autors, von religiösen Vorurteilen frei zu sein, kein Zufall sein dürfte,

---

[38] Adolf Stoecker, Schreiben an Kaiser Wilhelm I. vom 23. September 1880 (Auszug), in: Brakelmann, *Adolf Stoecker als Antisemit*. Teil 2, 55–57; 56. – Vgl. auch Paul W. Massing, *Vorgeschichte des politischen Antisemitismus*, Frankfurt a. M. 1986, 31.
[39] Heinrich von Treitschke, Unsere Aussichten, in: *Preußische Jahrbücher* 48 (1879); wieder abgedruckt in: Walter Boehlich (Hg.), *Der Berliner Antisemitismusstreit*, Frankfurt a. M. 1965, 5–12; 11.
[40] René Süss, *Luthers theologisches Testament: Von den Juden und ihren Lügen. Einleitung und Kommentar,* Bonn 2017, 220.
[41] Martin Luther, *Von den Juden und ihren Lügen*, in: ders., *Werke*, Bd. 53, Weimar 1920, 520.

zeigt sich in einem Festvortrag, den der Historiker zur Feier des 400. Geburtstags des Reformators im November 1883 unter dem Titel „Luther und die deutsche Nation" in Darmstadt gehalten hat.[42] Natürlich durfte in diesem Vortrag Luthers Bekenntnis nicht fehlen: „Für meine Deutschen bin ich geboren, ihnen will ich dienen."[43] Zwar kommt der Festvortrag ohne explizit antisemitische Rhetorik aus; aber Luther wird bereits zu einem germanischen Helden stilisiert: „Gewiß war Luthers Tat eine Revolution [...]. Nur ein Mann, in dessen Adern die ungebändigte Naturgewalt deutschen Trotzes kocht, konnte so Vermessenes wagen."[44] Daher könnten „wir Deutschen" einfach nur sagen:

> „das ist Blut von unserem Blute. Aus den tiefen Augen dieses urwüchsigen deutschen Bauernsohnes blitzte der alte Heldenmut der Germanen, der die Welt nicht flieht, sondern sie zu beherrschen sucht durch die Macht des sittlichen Willens."[45]

Auch Stoeckers antisemitische Agitation erreichte im Lutherjahr 1883 einen Höhepunkt, als der Hofprediger vor einer begeisterten Versammlung in der Berliner Bockbrauerei erklärte,

> „daß wir nur unser gutes Recht tun, wenn wir den Juden den Kampf anbieten bis zum völligen Siege (Bravo!) und nicht eher ruhen, als bis sie hier in Berlin von dem hohen Postament, auf das sie sich gestellt haben, heruntergestürzt sind in den Staub, wohin sie gehören. (Lebhafter Beifall!)"[46]

Regelmäßig kam es nach solchen Propagandareden zu Schlägereien im Publikum, für die Stoecker die Juden verantwortlich machte. Mit Stoecker machte der Antisemitismus „den Schritt [...] aus dem Hörsaal der Universität heraus, über die Stammtische zu den Großveranstaltungen in Sälen, die nicht selten zu gewalttätigen Aktionen auf der Straße führten".[47]

Im Jahr 1906 hielt Stoecker in einer „Jubiläumsbetrachtung" Rückschau auf die von ihm initiierte antisemitische „Berliner Bewegung".[48] Dabei diente ihm

---

[42] Heinrich von Treitschke, Luther und die deutsche Nation. Vortrag, gehalten in Darmstadt am 7. November 1883, in: *Preußische Jahrbücher* 52 (1883); wieder abgedruckt in: ders. u. Erich Marcks, *Biographische Essays* (Deutsche Bücherei, Bd. 29), Berlin o. J. [ca. 1910], 3–25.

[43] Martin Luther, Brief an Nikolaus Gerbel in Straßburg, Wartburg, 1. November 1521, in: ders., *Werke. Briefwechsel*, Bd. 2, Weimar 1931, 396–398; 397: „*Germanis meis natus sum, quibus et serviam.*" Zitiert bei Treitschke, Luther und die deutsche Nation, 7.

[44] Treitschke, Luther und die deutsche Nation, 11.

[45] Treitschke, Luther und die deutsche Nation, 22f.

[46] Adolf Stoecker, Die Berliner Juden und das öffentliche Leben. Rede vom 2. Juli 1883 [gehalten vor der Versammlung Deutscher Bürger in den Sälen der Berliner Bockbrauerei], in: Günter Brakelmann, *Adolf Stoecker als Antisemit. Teil 2: Texte des Parteipolitikers und des Kirchenmannes*, Waltrop 2004, 163–184; 175.

[47] Süss, *Luthers theologisches Testament*, 223.

[48] Adolf Stoecker, Die Anfänge der antijüdischen Bewegung in Berlin. Eine Jubiläumsbetrachtung (1906), in: Brakelmann, *Adolf Stoecker als Antisemit. Teil 2*, 340–356. Zitatnachweise im Text beziehen sich im Folgenden auf diese Ausgabe.

8.3 Die „Berliner Bewegung" und der „Berliner Antisemitismusstreit"

die judenfreundliche Broschüre *Die Judenfrage und ihre göttliche Lösung* des methodistischen Theologen Ernst Ferdinand Ströter als rhetorisches Sprungbrett.[49] Auf Ströters Behauptung, dass die Juden aus der Sicht des Apostels Paulus einen Vorzug aufgrund der göttlichen Erwählung genießen, reagiert Stoecker scharf:

> „Man muss, um solche Wahnvorstellungen zu haben, ganz und gar den schneidenden Ausspruch des Herrn vergessen haben: Darum sage ich euch: Das Reich Gottes wird von euch genommen und den Heiden gegeben werden, die seine Früchte bringen. Damit hat Jesus klargestellt [...], dass die Ermordung des Sohnes Gottes, des Messias Israels, diesem Volk seinen Vorzug nimmt, der besondere Träger des Himmelreichs zu sein. Selbstverständlich sind damit die prophetischen Verheißungen israelitischer Herrlichkeit abgetan; dieselben stehen unter der göttlichen Bedingung des Glaubens und hören auf, wenn diese Bedingung nicht erfüllt ist. Daran ändert auch die neue Verheißung des Apostels Paulus nichts" (340f.).

Den Vorwurf eines Pietisten, „wir seien Antisemiten", kontert Stoecker mit seiner Sicht auf das Neue Testament:

> „Offenbar hat dieser Bruder des Kampfes Jesu gegen die Juden, die von ihrem Vater dem Teufel seien, gänzlich vergessen, ebenso des Urteils, das Johannes, der Jünger der Liebe, in der Offenbarung zweimal über die Juden fällt: Sie sagen, sie sind Juden und sind des Teufels Synagoge. Das gilt heute viel mehr als damals. Aber die Verblendung weichlicher Theologen und hysterischer Christen kann eine solche Heiligkeit des göttlichen Wortes nicht mehr begreifen. Lieber lassen sie die Christenvölker unter dem teuflischen Treiben jüdischer Mammonsdiener, Redakteure, Antichristen zugrunde gehen, als dass sie der kindlichen Auffassung der Judenfrage entsagen" (342).

Zwar will Stoecker „die gegenwärtigen Judenfrage" weder primär als eine religiöse, noch als eine „Rassenfrage" behandelt wissen. Das hindert ihn aber nicht daran, seiner primär sozialethisch motivierten Judenfeindschaft religiöse und rassistische Motive beizumischen:

> „Natürlich hat sowohl die Religion wie die Rasse der Juden an ihrer heutigen Stellung zum Völkerleben einen bedeutenden Anteil. Durch die Verwerfung und Kreuzigung Jesu Christi ist der Gegensatz, der grundsätzlich zwischen Gesetz und Evangelium besteht, ins Ungeheure vergrößert. [...] Die Rasse ist ohne Zweifel ein wichtiges Moment in der Judenfrage. Die semitisch-punische Art ist auf allen Gebieten, sowohl der Arbeit wie des Gewinnes, des Handels wie des Erwerbes, des Staatslebens wie der Weltanschauung, des geistigen wie des sittlichen Wirkens von der germanischen Sitte und Lebensauffassung so verschieden, dass eine Aussöhnung oder Verschmelzung unmöglich ist, es sei denn durch eine wirkliche in den Tiefen des Gewissens vollzogene religiöse Wiedergeburt aufrichtiger Israeliten" (342f.).

---

[49] Vgl. Ernst Ferdinand Ströter, *Die Judenfrage und ihre göttliche Lösung nach Römer Kapitel 11*, Kassel 1903.

So ist die „Judenfrage" für Stoecker letztlich sowohl eine „Religionsfrage" als auch eine „Rassenfrage", vor allem aber „eine höchst komplizierte sozialethische, wirtschaftlich-politische Erscheinung". Es gehe darin um „wirtschaftliche[] Ausbeutung" und die „sittliche[] Zerrüttung der Völker, unter denen die Juden lebten". Dazu sei „in neuester Zeit, durch die Emanzipation ermöglicht, durch eine falsche Freiheit befördert, die Idee einer jüdischen Weltherrschaft vermöge der Mittel des Geldes und der Presse als der Kern der Judenfrage hinzugekommen" (344). Speziell in Berlin sei „die Judenfrage vielleicht am brennendsten auf der ganzen Erde" (345).

Ausdrücklich stimmt Stoecker Treitschke zu, der „in seiner tiefen nationalen Besorgnis" seine Schrift veröffentlicht habe, „deren Mittelpunkt das Wort war: ‚Die Juden sind unser Unglück'". Angesichts der Gefahr, die vom modernen Judentum ausgehe, sei es notwendig gewesen, auf den christlich-sozialen Versammlungen „ganz sanft, aber doch überaus wirksam" die Forderungen zu erheben: „Ein klein wenig bescheidener! Ein klein wenig toleranter! Ein klein wenig mehr soziale Gleichheit!" (352) Denn:

> „Die Erneuerung des Geistes der Christenheit, in der ein verdorbenes Judentum seine finanziell und geistig verderbliche, religionsfeindlich und unsittlich wirkende Macht offenbart, ist unmöglich ohne den Kampf gegen das Judentum [...]. Israel muss den Anspruch aufgeben, der Herr Deutschlands werden zu wollen" (353).

Zu seinen Lebzeiten ist Stoecker mit seiner antisemitischen Hetze gescheitert; sie kostete ihn schließlich sogar seine Stellung als Hofprediger. Die Zeit war noch nicht reif. Um so mehr muss die langfristige Wirkung seines Antisemitismus bedacht werden, die sowohl in den Nationalsozialismus als auch in die Evangelische Kirche hineinreicht.

Der Berliner Theologe Reinhold Seeberg bemerkte im Jahr 1909 aus Anlass von Stoeckers Tod: „Ein mächtiger, starker Mann von großen Gaben und ein frommes Gotteskind ist von uns gegangen, ein Herrnmensch, der zugleich ein treuer Knecht seines Herrn war."[50] Und er ergänzte nicht ohne Bewunderung: „In ihm erwachte, wenn es am heißesten zuging, die alte Kampfeslust unserer Vorfahren, und sie konnte sich steigern zum *furor teutonicus*."[51] Stoeckers Freund und Biograph Dietrich von Oertzen hob hervor, dass „die Rassen- und Radau-Antisemiten schwerlich jemals zur Welt gekommen wären, wenn nicht Stoecker zuvor mit seinem Kampf gegen das Judentum in Berlin eingesetzt hätte".[52] Deut-

---

[50] Reinhold Seeberg, Adolf Stoecker als geschichtliche Persönlichkeit. Gedächtnisrede [Berliner Stadtmission, 15. März 1909], in: Adolf Stoecker, *Reden und Aufsätze*. Mit einer biographischen Einleitung hg. v. Reinhold Seeberg, Leipzig 1913, 1–26; 26.
[51] Seeberg, Adolf Stoecker als geschichtliche Persönlichkeit, 14.
[52] Von Oertzen, *Adolf Stoecker*, Bd. I, 212. – Vgl. Massing, *Vorgeschichte des politischen Antisemitismus*, 99.

8.3 Die „Berliner Bewegung" und der „Berliner Antisemitismusstreit"

licher noch wurde Walter Frank, Rassentheoretiker der NSDAP, der Stoecker als einen „Propheten des Dritten Reiches" pries.[53]

Ein glühender Verehrer Stoeckers war aber auch der württembergische Landesbischof Theophil Wurm (1868–1953), der noch im Jahr 1952 aus Anlass des 75. Jubiläums der Gründung der Berliner Stadtmission wissen ließ, dass der „große[] Volkstribun der Kaiserzeit" für ihn einer „der größten Männer" bleibe, „die der evangelischen Kirche und dem deutschen Volk geschenkt worden sind". Weil aber die gesellschaftlichen Führungsschichten der Deutschen Stoecker nicht unterstützt hätten, sei „[d]er Niedergang des Gemeinwesens unausweichlich gewesen". Die evangelische Kirche habe Stoecker „unausgenutzt und unverstanden ziehen und sterben lassen". Das sei „ihre große Schuld […], die sich gerächt hat durch den Sturz in die Tiefe, der 1914 begonnen und 1945 geendet hat". Dieses Schuldbekenntnis hielt Wurm sogar für wichtiger als das Stuttgarter Schuldbekenntnis, das der Rat der Evangelischen Kirche in Deutschland im Oktober 1945 gegenüber Vertretern der Ökumene „im Hinblick auf das Hitlerregime und seine Ausschreitungen" abgelegt hatte.[54]

Otto Dibelius (1880–1967) schließlich, zu Beginn der dreißiger Jahre des 20. Jahrhunderts Generalsuperintendent der Kurmark und seit 1945 Bischof von Berlin-Brandenburg, erinnerte sich noch im Jahr 1961, wie er sich schon während seiner Berliner Studienzeit für Stoecker als Festredner begeistert hatte und daraufhin dem antisemitischen Verein Deutscher Studenten beigetreten war.[55] An keiner Stelle ließ Dibelius erkennen, dass er diesen Schritt im Nachhinein bereue.

Von seinen kirchlich-orthodoxen Anhängern wurde Stoecker bereits zu Lebzeiten als ein „neuer Luther" gefeiert.[56] „Der Hofprediger schaute – nach der Forderung Martin Luthers – dem Volk aufs Maul. Er war ein Mann aus dem Volk und blieb es in dieser Hinsicht auch immer." Jedoch: „Er schaute dem Volk nicht nur aufs Maul, sondern redete ihm auch nach dem Mund."[57] So muss Stoecker als der populärste Exponent des Antisemitismus in den letzten Jahrzehnten des 19. Jahrhunderts gelten. Aufgrund seiner vielfältigen Rezeption kommt Stoeckers Judenfeindschaft eine zentrale Brückenfunktion zwischen Luthers primär

---

[53] Vgl. Walter Frank, Vorwort zur zweiten Auflage, in: ders., *Hofprediger Adolf Stoecker und die christlichsoziale Bewegung* (1928), Hamburg (2., durchgesehene Aufl.) 1935, 11. Das Buch *Adolf Stoecker* sei „aus dem Nachgrübeln über das Erlebnis Adolf Hitlers" entstanden.
[54] Werner Jochmann, Einleitung, in: Brakelmann, Greschat u. Jochmann, *Protestantismus und Politik. Werk und Wirkung Adolf Stoeckers*, Hamburg 1982, 7f.
[55] Vgl. Otto Dibelius, *Ein Christ ist immer im Dienst*, Stuttgart 1961, 33f.
[56] Günter Brakelmann, *Adolf Stoecker als Antisemit*. Teil 1: *Leben und Wirken Adolf Stoeckers im Kontext seiner Zeit*, Waltrop 2004, 219f.
[57] Werner Jochmann, Stoecker als nationalkonservativer Politiker und antisemitischer Agitator, in: Brakelmann, Greschat u. Jochmann, *Protestantismus und Politik*, 193f. [Schlußbetrachtung].

theologisch begründetem Antijudaismus und dem Antisemitismus der Nationalsozialisten zu.

8.4 Exkurs: Die *Protokolle der Weisen von Zion*

Ein wirkmächtiges Beispiel für die Transformation der religiösen Begründung des Antisemitismus in die säkulare Sprache eines Verschwörungsmythos stellen die sogenannten *Protokolle der Weisen von Zion* dar.[58] Dieses antisemitische Pamphlet wurde wahrscheinlich zu Anfang des 20. Jahrhunderts „von Agenten der zaristischen, russischen Polizei in Paris verfasst". Andere Hypothesen gehen davon aus, dass die *Protokolle* in Russland von russischen Rechtsradikalen kompiliert worden seien. Jedenfalls handelt es sich um eine Fälschung, die „eine ganze Serie an verborgenen Zitaten, Paraphrasen und Plagiaten" aus anderen Quellen enthält.[59] Die erste gedruckte Ausgabe der *Protokolle* erschien im August 1903 in Form einer Artikelserie in einer russischen Zeitung. In Buchform wurden die *Protokolle* zum ersten Mal im Jahr 1905 als Anhang zu der zweiten Auflage des autobiographischen Werks *Das Große im Kleinen* des russisch-orthodoxen Mystikers und Antisemiten Sergej Alexandrowitsch Nilus veröffentlicht, der zeitweise hohes Ansehen am Zarenhof genoss. Am 16. Oktober 1905 wurden die *Protokolle* auf Anordnung des Metropoliten von Moskau in allen Kirchen Moskaus rezitiert.[60] In der Folgezeit erschienen zahlreiche Neuauflagen der *Protokolle* im zaristischen Russland.

Inhaltlich geht es in den *Protokollen* im Wesentlichen um drei Themenkomplexe: eine Kritik am Liberalismus der westlichen Gesellschaften, die Entlarvung der angeblichen Pläne des Judentums, die Weltherrschaft zu übernehmen, und schließlich die Darstellung des Lebens im künftigen jüdischen Weltreich als eine Dystopie.[61] Dabei wird der Weg, auf dem das Judentum die Weltherrschaft erringen will, wie folgt geschildert:

> „Als eine Gruppe von geheimen, subversiven Unterwanderern scheuen die Juden kein Mittel, um sich die Weltherrschaft zu sichern. Sie verbreiten Krankheiten, stiften Unordnung, Revolutionen und Kriege an, um die Herrscher der Nationen zu stürzen und die Ordnung der Gesellschaft zu untergraben. Eine wichtige Zielscheibe ist

---

[58] Vgl. Jeffrey L. Sammons (Hg.), *Die Protokolle der Weisen von Zion. Die Grundlage des modernen Antisemitismus – eine Fälschung. Text und Kommentar*, Göttingen (1998) 6. Aufl. 2011. – Vgl. auch Stefan Rohrbacher u. Michael Schmidt, *Judenbilder. Kulturgeschichte antijüdischer Mythen und antisemitischer Vorurteile*, Reinbek bei Hamburg 1991, 202–217 [Die Protokolle der Weisen von Zion].

[59] Håkon Harket, Die Protokolle der Weisen von Zion, in: Eriksen u. a., *Judenhass*, 383.

[60] Vgl. Harket, Die Protokolle, in: Eriksen u. a., *Judenhass*, 392f.

[61] Vgl. Göran Larsson, *Fakten oder Fälschung? Die Protokolle der Weisen von Zion*, Jerusalem u. a. 1995, 11. Zitatnachweise im Text beziehen sich im Folgenden auf die Darstellung der *Protokolle* bei Larsson.

8.4 Exkurs: *Die Protokolle der Weisen von Zion*

> für sie auch das Christentum. Ihre Methode besteht darin, den Menschen Freiheit und Rechte zu geben. Sie können dann leicht manipuliert und gegen die bestehenden politischen und religiösen Autoritäten aufgewiegelt werden."

So wird die Französische Revolution von 1789 mit ihrer Parole „Freiheit, Gleichheit, Brüderlichkeit" als Ergebnis der gemeinsamen subversiven Propaganda von Juden und Freimaurern interpretiert. Bürgerliche Rechte wie die „Rede- und Religionsfreiheit", aber auch „das allgemeine Wahlrecht und die Schaffung parlamentarischer Demokratien" gelten den *Protokollen* als Ausdruck der Unterwanderung der bestehenden Ordnung durch die „Weisen von Zion" (11).

Nach der Darstellung der *Protokolle* stehen die „Weisen von Zion" aber „nicht nur hinter dem Liberalismus, sondern auch hinter dem Sozialismus und dem Kommunismus". Dabei wird die Befreiung der Arbeiter aber nur vorgetäuscht; in Wirklichkeit geht es darum, „Chaos und Anarchie innerhalb und unter den Nationen anzustiften, um sie dann aufzulösen". Deshalb provozieren die „Weisen von Zion" „mit verschiedenen Mitteln einen Bürgerkrieg zwischen den Klassen: sie hetzen die Arbeiter gegen die Arbeitgeber, rufen zu Streiks auf und verursachen Hungersnot durch Preistreiberei" (12). Sie schüren Streitigkeiten unter den Völkern, die zu einer Ermüdung der Demokratie führen und autoritäre Lösungen wünschenswert erscheinen lassen.

> „Sollte das noch immer nicht genügen, so werden die Juden zu einem weiteren Mittel greifen, nämlich Kriege zwischen den Nationen anstiften. Und wenn die bestehende Ordnung aufgelöst ist, werden sie ihr Ziel erreicht haben. Denn die Nationen werden dann so erschöpft sein durch das Leiden, das ihnen die Juden zugefügt haben, daß sie willig jeden annehmen werden, der ihnen Hilfe verspricht" (13).

Schließlich werden sich die Völker von sich aus einen Weltherrscher wünschen, der dann als „König aus dem Blute Zion" (wie es im Protokoll der dritten Sitzung heißt),[62] d. h. als messianischer Welterlöser auftritt und durch einen Staatsstreich die Macht in aller Welt übernimmt.[63] Er ist ein charismatischer Führer, der sich dadurch Ansehen verschafft, dass er sich den Anschein gibt, persönliche Bedürfnisse dem Wohl der Menschheit unterordnen zu wollen.[64]

Als Ziel der jüdischen Weltverschwörung gilt demnach die Weltherrschaft des Judentums in einem totalen Universalstaat, in dem die Juden ihren Hass auf die Christen zur Geltung bringen können. Die unterstellte Feindseligkeit der Ju-

---

[62] Sammons (Hg.), *Die Protokolle*, 43. – Vgl. auch ebd., 47 [Protokoll der 5. Sitzung]: „unser Gewaltkönig vom Blute Zion". – Vgl. bei Larsson, *Fakten oder Fälschung?*, 13: „Despotenkönig[] vom Blute Zions".

[63] Vgl. Larsson, *Fakten oder Fälschung?*, 13f.: „Dann ist endlich der große Augenblick gekommen, wo es ihnen gelingen wird, die Weltregierung zu errichten, angeführt durch ‚den Weltherrscher, hervorgegangen aus dem heiligen Samen Davids ...'"

[64] Vgl. Sammons (Hg.), Die Protokolle, 113 [Protokoll der 24. und letzten Sitzung]: „Der Weltherrscher vom heiligen Samen Davids muß alle persönlichen Freuden dem Wohle seines Volkes und der Menschheit zum Opfer bringen."

den gegenüber den Christen knüpft an mittelalterliche Mythen an, in denen den „verstockten" Juden Gottesmord, Hostienschändung und Bundesgenossenschaft mit dem Teufel unterstellt wurde.⁶⁵ Diese judenfeindliche christliche Tradition erscheint in den *Protokollen*, die auch als die „Bibel des modernen Antisemitismus" bezeichnet worden sind (9), in neuem Gewand: als klassischer Verschwörungsmythos.

Zum „Sitz im Leben" der *Protokolle* ist zu bedenken, dass der Mythos von einer jüdisch-freimaurerisch-bolschewistischen Weltverschwörung im zaristischen Russland weit verbreitet war und insbesondere aus Anlass der Revolution von 1905 wieder auflebte. Zar Nikolaus II. versah sein Exemplar der *Protokolle* „mit enthusiastischen Randnotizen". Und als die Leichen der von den Bolschewiki ermodeten Zarenfamilie im Juli 1918 in Jekaterinburg entdeckt wurden, fanden sich im Besitz der Zarin neben einer Bibel auch die *Protokolle*. So wurde die ermordete Zarin zur „Blutzeugin gegen die jüdische Weltverschwörung, die sich nun in der bolschewistischen Revolution manifestierte". Durch die Umstände ihres Todes schien „der letzte Beweis für die Echtheit" der *Protokolle* erbracht zu sein. Im auf die Oktoberrevolution folgenden Bürgerkrieg spielten die *Protokolle* in der Propaganda der „weißen" Armeen bald eine große Rolle. So dürften auch

> „[d]ie grauenhaften Massaker, die während des russischen Bürgerkrieges von den ‚Weißen' an der jüdischen Bevölkerung verübt wurden [...], ihre Erklärung auch in der Gewißheit der Mörder [finden], daß sich hinter dem Bolschewismus und den Feinden Rußlands das Weltjudentum verberge".⁶⁶

Nach dem Ersten Weltkrieg erschienen die *Protokolle* auch außerhalb Russlands als Übersetzungen in über sechzig Sprachen. Die erste deutsche Ausgabe wurde bereits 1920 veröffentlicht und erlebte noch innerhalb desselben Jahres fünf Nachdrucke. „In den 1920er und 1930er Jahren war es lediglich die Bibel, die in höheren Auflagen gedruckt wurde."⁶⁷ Im Zusammenhang mit der sog. „Dolchstoßlegende" konnten die *Protokolle* als scheinbarer Beweis dafür herhalten, dass hinter der Niederlage des Deutschen Kaiserreichs im Ersten Weltkrieg und der Novemberrevolution „das Gespenst der jüdisch-freimaurerisch-bolschewistischen Weltverschwörung" wirksam war.⁶⁸ Damit waren die *Protokolle* zugleich brauchbar für die antisemitische Agitation der Nationalsozialisten, in deren Propaganda „der jüdischen Weltverschwörung und den ‚Protokollen der Weisen von Zion' stets ein Ehrenplatz zugewiesen" war.⁶⁹ Seit 1929 wurde eine deutsche

---

[65] Vgl. Norman Cohn, „Die Protokolle der Weisen von Zion." Der Mythos der jüdischen Weltverschwörung, Baden-Baden 1998, 13.
[66] Rohrbacher und Schmidt, *Judenbilder*, 211f.
[67] Harket, Die Protokolle, in: Eriksen u. a., *Judenhass*, 384.
[68] Rohrbacher und Schmidt, *Judenbilder*, 213.
[69] Rohrbacher und Schmidt, *Judenbilder*, 214.

8.4 Exkurs: *Die Protokolle der Weisen von Zion*

Ausgabe der *Protokolle* im Parteiverlag der NSDAP veröffentlicht. In *Mein Kampf* bekannte sich Adolf Hitler ausdrücklich zu den *Protokollen*:

> „Was viele Juden unbewußt tun mögen, ist hier bewußt klargelegt. Darauf kommt es an. Es ist ganz gleich, aus wessen Judenkopf diese Enthüllungen stammen, maßgebend aber ist, daß sie mit geradezu grauenerregender Sicherheit das Wesen und die Tätigkeit des Judenvolkes aufdecken und in ihren inneren Zusammenhängen sowie deren letzten Schlußzielen darlegen."[70]

In den Jahren 1934 und 1935 wurde in einem Gerichtsprozess in Bern die Authentizität der *Protokolle* juristisch geprüft – mit dem eindeutigen Ergebnis, dass es sich um eine Fälschung handele.[71] Das konnte nichts daran ändern, dass die *Protokolle* auch weiterhin in Umlauf gebracht wurden und sich auch heute wieder großer Popularität insbesondere in Russland und in der arabischen Welt erfreuen, wo sie nicht selten „als endgültige[r] Beweis für weltumspannende Konspirationen der Juden und des Judentums" verwendet werden.[72]

---

[70] Adolf Hitler, *Mein Kampf*, 176f. Zitiert nach: Sammons (Hg.), *Die Protokolle*, 24.
[71] Vgl. Harket, Die Protokolle, in: Eriksen u. a., *Judenhass*, 393.
[72] Vgl. Harket, Die Protokolle, in: Eriksen u. a., *Judenhass*, 384.

9 Evangelische Theologie und Nationalsozialismus

Es wäre gewiss ein Anachronismus, wollte man den Massenmord an den europäischen Juden zur Zeit des Nationalsozialismus direkt aus der antisemitischen Schattenseite der christlichen Theologie herleiten. Weder von den Kirchenvätern, noch von den Theologen des Mittelalters, weder von Luther noch von Schleiermacher führt ein gerader Weg zu Hitler. Das enthebt uns aber nicht der Aufgabe, den verschlungenen Pfaden nachzugehen, die eben doch von dem traditionellen Antijudaismus der christlichen Theologie zum nationalen und rassistischen Antisemitismus des 19. und 20. Jahrhunderts führen und in den nationalsozialistischen Judenmord münden konnten.

Eine Schlüsselrolle bei der Transformation eines theologischen Antijudaismus in rassistischen und schließlich eliminatorischen Antisemitismus kommt der Theologie der sog. „Deutschen Christen" zu. Um diese zu verstehen, dürfte es wichtig sein, zunächst einen Blick auf die Weltanschauung Alfred Rosenbergs zu werfen, des Chefideologen der NSDAP. Zwar war Rosenberg kein Theologe – er hatte in Riga und Moskau Architektur studiert –, seine Weltanschauung war aber von allerlei theologischen Elementen durchsetzt.

9.1 Alfred Rosenberg und seine „Deutsche Volkskirche"

Alfred Woldemarowitsch (Ernst) Rosenberg (1893 Reval [Talinn] – 1946 Nürnberg [hingerichtet]) entstammte einer baltendeutschen Familie, die enge Beziehungen zur lutherischen St. Petri-Gemeinde in Sankt Petersburg unterhielt.[1] In der russischen Oktoberrevolution, die er 1917 als Augenzeuge in Moskau erlebte, sah er den Ausdruck einer jüdisch-bolschewistischen Weltverschwörung. Diese Auffassung war möglicherweise bereits durch die Lektüre der *Protokolle der Weisen von Zion* beeinflusst. Im Jahr 1919 emigrierte Rosenberg nach Deutschland, wo er 1923 eingebürgert wurde. Im Jahr seiner Einbürgerung gab er einen Kommentar zu den *Protokollen* heraus, der dazu beitrug, dass Adolf Hitler sich in *Mein Kampf* (1925) darauf berufen konnte. Während Hitlers Festungshaft nach dem Marsch auf die Münchener Feldherrnhalle, einem nationalsozialistischen

---

[1] Zu Rosenberg vgl. Ernst Piper, *Alfred Rosenberg. Hitlers Chefideologe*, München 2005.

Putschversuch, war Rosenberg mit der Führung der NS-Bewegung betraut worden. Hitler, der Rosenbergs Thesen nicht in jeder Hinsicht teilte, sah in ihm gleichwohl den „Philosophen" der NSDAP. Im Jahr 1937 wurde Rosenberg Herausgeber des nationalsozialistischen Propagandablattes *Völkischer Beobachter*.

Gemäß seinem Hauptwerk *Der Mythus des 20. Jahrhunderts*,[2] veröffentlicht im Jahr 1930, strebte Rosenberg eine von jüdischen Elementen gereinigte „Deutsche Volkskirche" an, die nach der unvollkommenen Überwindung des Judentums durch Jesus und der ebenfalls unvollkommenen Überwindung des Katholizismus durch Luther gleichsam als dritte Stufe die Reformation zu ihrem eigentlichen Ziel führen solle. Als wichtigste religiöse Ressource für die „Deutsche Volkskirche" galt ihm die mittelalterliche Mystik des Meisters Eckehart. Die Reformation sei „auf halbem Weg" stehen geblieben, indem sie „an die Stelle des römischen Zentrums das jerusalemitische Zentrum gesetzt" habe. Martin Luther habe, „als er in Worms die Hand zugleich auf das Neue *und* Alte Testament legte, eine von seinen Anhängern als sinnbildlich betrachtete und als heilig verehrte Tat" vollbracht. Erst sehr spät habe er sich der „Jüden und ihrer Lügen" entledigt und erklärt, „daß wir mit Moses nichts mehr zu schaffen hätten". Aber inzwischen sei „die ‚Bibel' ein Volksbuch geworden". Damit sei „die Verjudung und Erstarrung unseres Lebens um einen neuen Schritt vorwärts getrieben" worden, und es sei „kein Wunder, daß fortan blonde deutsche Kinder allsonntäglich singen mußten: ‚Dir, dir, Jehova, will ich singen, denn wo ist wohl ein solcher Gott wie du …'" (129).

Erst in der künftigen „Deutschen Volkskirche", so Rosenberg, könne die arische „Rassenseele" ihren authentischen Ausdruck finden. Dabei erschien ihm auch Jesus als eine Verkörperung der nordischen „Rassenseele". In einer Anmerkung zu seinem *Mythus* präzisiert Rosenberg:

> „Was Jesu Herkunft betrifft, so liegt […] nicht der geringste zwingende Grund zur Annahme vor, daß Jesus jüdischer Herkunft gewesen, wenn er auch in jüdischen Gedankenkreisen aufgewachsen ist. […] Streng wissenschaftlich wird die Herkunft Jesu wohl für immer unerwiesen bleiben. Es muß uns genügen, die Wahrscheinlichkeit nichtjüdischer Abstammung anerkennen zu können. Die durchaus unjüdische, mystische Lehre vom ‚Himmelreich inwendig in uns' verstärkt diese Annahme" (76, Anm. *).

Entscheidend ist für Rosenberg ohnehin nicht die Herkunft Jesu, sondern sein „heldischer" Charakter, durch den er dem nordischen Mythos und der arischen „Rassenseele" entspreche:

> „Ein alt-neues Thema aber ist hierbei aufgetreten: Jesus der *Held*. Nicht der Zerschundene, nicht der magisch Entschwundene der *späten* Gotik, sondern die einmalige

---

[2] Vgl. Alfred Rosenberg, *Der Mythus des 20. Jahrhunderts. Eine Wertung der seelisch-geistigen Gestaltungskämpfe unserer Zeit* (1930), München (99.–102. Aufl.) 1936. Zitatnachweise im Text beziehen sich im Folgenden auf diese Ausgabe.

herbe Persönlichkeit. Die Schöpfung dieses neuen Heldenbildes ist noch nicht vollendet [...]" (414).

An den derart arisierten Jesus meint Rosenberg anknüpfen zu können:

„Sein *Leben* ist es, das für germanische Menschen Bedeutung besitzt, nicht sein qualvolles Sterben [...]. Der gewaltige Prediger und der Zürnende im Tempel [...], nicht der Gekreuzigte ist heute das bildende Ideal, das uns aus den Evangelien hervorleuchtet" (604).

Es kann kaum überraschen, dass die Germanisierung Jesu Hand in Hand geht mit der Forderung nach Abschaffung des Alten Testaments:

„Abgeschafft werden muß danach ein für allemal das sogen. Alte Testament als Religionsbuch. Damit entfällt der mißlungene Versuch der letzten anderthalb Jahrtausende, uns geistig zu Juden zu machen, ein Versuch, dem wir u. a. auch unsere furchtbare materielle Judenherrschaft zu danken haben" (603).

Ersetzt werden solle das Alte Testament durch die nordischen Sagen der *Edda*:

„Denn an Stelle der alttestamentlichen Zuhälter- und Viehhändlergeschichten werden die nordischen Sagen und Märchen treten, anfangs schlicht erzählt, später als Symbole begriffen. Nicht der Traum von Haß und mordendem Messianismus, sondern der Traum von Ehre und Freiheit ist es, der durch nordische, germanische Sagen angefacht werden muß" (614).

Rosenbergs *Mythus des 20. Jahrhunderts* avancierte in den 30er und 40er Jahren des 20. Jahrhunderts zu einem der einflussreichsten und am weitesten verbreiteten Werke nationalsozialistischer Ideologie, dessen Erfolg nur noch von Hitlers *Mein Kampf* übertroffen wurde. Das heißt aber nicht, dass die von Rosenberg propagierte „Deutsche Volkskirche" unumstritten gewesen wäre; im Gegenteil: der *Mythus* stieß sowohl auf römisch-katholischer als auch auf evangelischer Seite auf Widerspruch, wenn auch oft nur halbherzig. So protestierte der lutherische Theologe Walter Künneth, der sich in der NS-Zeit in der Bekennenden Kirche engagierte, zwar gegen die im Gegenüber zur offiziellen christlichen Lehre offensichtlichen Irrlehren von Rosenbergs *Mythus*.[3] Das hinderte ihn aber nicht daran, gleichzeitig die Diskriminierung der Juden durch den NS-Staat zu befürworten. Sehr viel konsequenter war die Kritik an Rosenberg, die der mit Karl Barth befreundete niederländisch-reformierte Theologe Kornelis Heiko Miskotte im Jahr 1939 in seinem Buch *Edda en Thora* [Edda und Thora] vorgelegt hat, das jedoch in Deutschland damals ganz unbekannt geblieben und erst 2015 in deutscher Übersetzung erschienen ist.[4]

---

[3] Walter Künneth, *Antwort auf den Mythus. Die Entscheidung zwischen dem nordischen Mythus und dem biblischen Christus*, Berlin 1935.

[4] Vgl. Kornelis H. Miskotte, *Edda en Thora. Een vergelijking van germaansche en israëlitische religie*, 2. Aufl. Nijkerk 1939. Deutsch: *Edda und Thora. Ein Vergleich germanischer und israelischer*

9.2 Die Anfänge der „Deutschen Christen"

Es gab auch evangelische Kreise, die Rosenbergs *Mythus* als Aufruf zu einer Reform der Kirche verstanden, durch die das Anliegen der Reformation des 16. Jahrhunderts allererst vollendet würde. Dies ist der Fall der sog. „Deutschen Christen", die als Nazipartei innerhalb der Evangelischen Kirche und zugleich als der evangelische Flügel innerhalb der NSDAP gelten können.[5] Zwar war die NSDAP keine christliche Partei; es wäre aber auch verfehlt, einen antithetischen Widerspruch zwischen Nationalsozialismus und Christentum konstruieren zu wollen. Tatsächlich gab es vielfältige Berührungen und Überschneidungen. Laut Parteiprogramm gründete sich die NSDAP auf ein „positives Christentum",[6] was immer damit gemeint sein sollte. Und trotz aller antikirchlichen Maßnahmen des NS-Staats blieb Adolf Hitler bis zuletzt Mitglied der Römisch-Katholischen Kirche.

Entsprechend heißt es in den *Richtlinien der Glaubensbewegung „Deutsche Christen"*[7] vom 6. Juni 1932: „Wir stehen auf dem Boden des positiven Christentums. Wir bekennen uns zu einem bejahenden artgemäßen Christus-Glauben, wie er deutschem Luther-Geist und heldischer Frömmigkeit entspricht" (254). Hier wird der Begriff des positiven Christentums also mit einem „artgemäßen Christus-Glauben" verbunden, der von vornherein rassistisch und damit antijüdisch gefärbt ist. Indem dieser Glaube mit „deutschem Luther-Geist" assoziiert wird, stellt er sich bewusst in die als deutsche Nationalbewegung gedeutete reformatorische Tradition hinein, die mit Luther als einem nationalen Symbol arbeitet. Dabei soll der Ausdruck „heldische Frömmigkeit" zugleich an Traditionen des germanischen Heidentums anknüpfen, wie sie in der NSDAP von Rosenberg und anderen kultiviert wurden.

[!; muss heißen: *israelitischer*] *Religion*, übersetzt aus dem Niederländischen und mit einer Einführung versehen von Heinrich Braunschweiger, Berlin 2015.

[5] Vgl. Doris Bergen, *Twisted Cross. The German Christian Movement in the Third Reich*, Chapel Hill (North Carolina) 1996. – Vgl. auch: Claus P. Wagener, „Gott sprach: Es werde Volk, und es ward Volk!" Zum theologischen und geistesgeschichtlichen Kontext der Deutschen Christen in ihren unterschiedlichen Strömungen, in: Peter von der Osten-Sacken (Hg.), *Das mißbrauchte Evangelium. Studien zu Theologie und Praxis der Thüringer Deutschen Christen*, Berlin 2002, 35–69.

[6] Parteiprogramm der NSDAP vom 24. Februar 1920, Punkt 24: „Wir fordern die Freiheit aller religiöser Bekenntnisse im Staat, soweit sie nicht dessen Bestand gefährden oder gegen das Sittlichkeits- und Moralgefühl der germanischen Rasse verstoßen. Die Partei als solche vertritt den Standpunkt eines positiven Christentums, ohne sich konfessionell an ein bestimmtes Bekenntnis zu binden. Sie bekämpft den jüdisch-materialistischen Geist in und außer uns […]." Zit. nach: Friedrich Zipfel, *Kirchenkampf in Deutschland 1933-1945. Religionsverfolgung und Selbstbehauptung der Kirchen in der nationalsozialistischen Zeit*, Berlin 1965, 1.

[7] Richtlinien der Glaubensbewegung „Deutsche Christen"; zit. nach: Karl Kupisch (Hg.), *Quellen zur Geschichte des deutschen Protestantismus 1871-1945*, München u. Hamburg 1960, 254–256. Zitatnachweise im Text beziehen sich im Folgenden auf diese Ausgabe.

9.2 Die Anfänge der „Deutschen Christen"

Mit ihrer Anknüpfung an Rosenbergs *Mythus* wollten die Deutschen Christen „das wiedererwachte deutsche Lebensgefühl in unserer Kirche zur Geltung bringen" (254). So kann es nicht überraschen, dass es in den zitierten *Richtlinien* heißt: „Wir sehen in Rasse, Volkstum und Nation uns von Gott geschenkte und anvertraute Lebensordnungen, für deren Erhaltung zu sorgen uns Gottes Gesetz ist." Daher sei „der Rassenvermischung entgegenzutreten", denn der Christusglaube zerstöre die Rasse nicht, sondern vertiefe und heilige sie (255). Offenbar wird hier die bereits in den zwanziger Jahren des 20. Jahrhunderts im konservativen Luthertum entwickelte Theologie der Schöpfungsordnungen problemlos in die Rassenideologie des Nationalsozialismus übersetzt. In diesem Rahmen ist es dann konsequent, dass die Deutschen Christen „[i]n der Judenmission […] eine große Gefahr für unser Volkstum" sehen. Sie sei „das Eingangstor fremden Blutes in unseren Volkskörper". So heißt es in den *Richtlinien*:

> „Wir lehnen die Judenmission in Deutschland ab, solange die Juden das Staatsbürgerrecht besitzen und damit die Gefahr der Rassenverschleierung und Bastardisierung besteht […]. Insbesondere ist die Eheschließung zwischen Deutschen und Juden zu verbieten" (255).

Hier wird also die Ablehnung jüdischer Konversionen zum Christentum, die bei Schleiermacher noch eher kulturell begründet war, mit der Rassenideologie des NS untermauert. Bezeichnenderweise wird jedoch eine Hintertür für Judenmission offengehalten, sofern die Juden zunächst ausgebürgert und auf das Niveau eines kolonisierten Sklavenvolkes hinuntergedrückt würden.

Nach der Machtübernahme der Nationalsozialisten im Bündnis mit den Deutschnationalen entwickelten sich die Deutschen Christen wegen ihrer Verquickung mit der NSDAP schnell zur führenden Gruppierung innerhalb der Evangelischen Kirche. Bei den Kirchenwahlen vom 23. Juli 1933 errangen sie in den meisten evangelischen Landeskirchen eine Zweidrittelmehrheit. Mit dieser Mehrheit konnten sie daran gehen, einen „Arierparagraphen" nach staatlichem Modell in der evangelischen Kirche einzuführen, der Christen jüdischer Herkunft von kirchlichen Ämtern ausschließen sollte. Dies geschah mit dem *Kirchengesetz betreffend die Rechtverhältnisse der Geistlichen und Kirchenbeamten*, das am 6. September 1933 von der Generalsynode der Evangelischen Kirche der altpreußischen Union, der sog. „Braunen Synode", in Berlin verabschiedet wurde. Darin heißt es:

> „Als Geistlicher oder Beamter der allgemeinen kirchlichen Verwaltung darf nur berufen werden, wer die für seine Laufbahn vorgesehene Vorbildung besitzt und rückhaltlos für den nationalen Staat und die Deutsche Evangelische Kirche eintritt. / Wer nicht arischer Abstammung oder mit einer Person nichtarischer Abstammung verheiratet ist, darf nicht als Geistlicher und Beamter der allgemeinen kirchlichen Verwaltung berufen werden. Geistliche und Beamte arischer Abstammung, die mit einer Person nichtarischer Abstammung die Ehe eingehen, sind zu entlassen. / Wer als Person nichtarischer Abstammung zu gelten hat, bestimmt sich nach den Vorschrif-

ten der Reichsgesetze. [...] Geistliche oder Beamte, die nichtarischer Abstammung oder mit einer Person nichtarischer Abstammung verheiratet sind, sind in den Ruhestand zu versetzen."[8]

9.3 Der Sportpalastskandal vom 13. November 1933

In der Kirchengeschichtsschreibung ist die These verbreitet, dass die Bewegung der „Deutschen Christen" mit dem sog. Sportpalastskandal vom 13. November 1933 bereits ihren Höhepunkt überschritten habe und zum Stillstand gekommen sei. Der Skandal bestand darin, dass der Berliner Gauobmann Reinhold Krause bei dieser Gelegenheit die Ziele der Deutschen Christen deutlicher aussprach als manchen ihrer Anhänger lieb war. Zwar hatte die am 27. September 1933 in Wittenberg tagende Reichssynode der Deutschen Evangelischen Kirche, an der ungefähr die Hälfte der Synodalen in SA-Uniform teilnahm, den deutsch-christlichen Wehrkreispfarrer Ludwig Müller, Vertrauensmann Adolf Hitlers für kirchliche Angelegenheiten, zum Reichsbischof gewählt. Die Einführung eines „Arierparagraphen" war aber aufgrund eines Einspruchs des Auswärtigen Amtes, das damals noch um das Ansehen Deutschlands im Ausland fürchtete, vertagt worden.

Die Enttäuschung der Deutschen Christen über diese Entwicklung versuchte Reinhold Krause aufzufangen, indem er der Kirchenleitung durch öffentlichen Druck die Dringlichkeit antijüdischer Maßnahmen deutlich zu machen versuchte. Diesem Zweck diente die Einberufung einer deutschchristlichen Gauversammlung für den 13. November 1933, wenige Tage nach Luthers 450. Geburtstag, in den Berliner Sportpalast. In Anwesenheit der gesamten Führung der Deutschen Christen konnte Krause bei dieser Gelegenheit vor 20 000 begeisterten Zuhörern in einer zweistündigen Rede über „Die völkische Sendung Luthers", die auch im Rundfunk übertragen wurde, seine Vorstellungen eines deutschen Christentums ungeschminkt darlegen.[9] Luther, so Krause, habe den Deutschen „ein kostbares Vermächtnis hinterlassen [...]: die Vollendung der deutschen Reformation im Dritten Reich!" Wie einst Stoecker und Treitschke so erinnerte auch Krause an den „deutsche[n] Volksprediger" Luther, „der aus tiefster Seele rufen konnte: ‚Für meine lieben Deutschen bin ich geboren, ihnen will ich dienen'" (1).

---

[8] Generalsynode der Evangelischen Kirche der altpreußischen Union, *Kirchengesetz betreffend die Rechtsverhältnisse der Geistlichen und Kirchenbeamten* vom 6. September 1933; zit. nach Karl Kupisch (Hg.), *Quellen zur Geschichte des deutschen Protestantismus 1871–1945*, 267.

[9] Vgl. [Reinhold Krause], *Rede des Gauobmannes der Glaubensbewegung „Deutsche Christen" in Groß-Berlin Dr. Krause, gehalten im Sportpalast am 13. November 1933* (nach doppeltem stenographischen Bericht), Berlin-Pankow 1933 (Schriftenreihe der Glaubensbewegung Deutsche Volkskirche, 1). Zitatnachweise im Text beziehen sich im Folgenden auf diese Ausgabe.

9.3 Der Sportpalastskandal vom 13. November 1933

So weit bewegte sich Krauses Rede im Strom dessen, was schon zuvor im Nationalprotestantismus weitgehend als Konsens gelten konnte. Umstritten waren jedoch die Folgerungen, die Krause daraus für die „*deutsche Volkskirche*" zog, die sich durch „*eine heldische Frömmigkeit* aus dem Geiste Luthers und *ein artgemäßes Christentum*" auszeichnen solle (3). Als skandalös wurde von vielen Evangelischen, auch von manchen Anhängern der Deutschen Christen, insbesondere die Tatsache empfunden, dass sich Krause bei dieser Gelegenheit die Forderungen Alfred Rosenbergs im Blick auf eine „Entjudung" der deutschen Volkskirche hemmungslos zu eigen machte. So verlangte er die „*Befreiung vom Alten Testament mit seiner jüdischen Lohnmoral, von diesen Viehhändler- und Zuhältergeschichten*" (6). Ein Festhalten am Alten Testament, einem der „fragwürdigsten Bücher der Weltgeschichte", sei mit dem „artgemäße[n] Christentum" unvereinbar (6f.).

> „Wenn wir heute den Geist Martin Luthers beschwören, dann wollen wir Luthers Stellung zum Alten Testament und zu den Juden nicht unterschlagen, wenn er schreibt: ‚Drum lasse man Mose der Juden Sachsenspiegel sein und uns Heiden unverworren damit! Das Gesetz Moses geht allein die Juden an [...].'"

Entsprechend verlangte Krause auch,

> „daß alle offenbar entstellten und abergläubischen Berichte des Neuen Testaments entfernt werden und ein grundsätzlicher Verzicht auf die ganze Sündenbock- und Minderwertigkeitstheologie des Rabbiners Paulus ausgesprochen wird".

Mit scharfen Worten forderte er nicht nur die Einführung eines kirchlichen „Arierparagraphen" nach staatlichem Vorbild, sondern generell den Ausschluss von Christen jüdischer Herkunft aus der deutschen Volkskirche:

> „Hierher gehört auch, daß unsere Kirche keine Menschen judenblütiger Art mehr in ihren Reihen aufnehmen darf. Wir [...] haben immer wieder betont: judenblütige Menschen gehören nicht in die deutsche Volkskirche (starker Beifall), weder auf die Kanzel, noch unter die Kanzel. Und wo sie auf den Kanzeln stehen, haben sie so schnell wie möglich zu verschwinden" (7).

Wenn all diese Forderungen erfüllt würden, dann werde zu erleben sein, „*wie eng sich [...] die Verwandtschaft des nordischen deutschen Geistes mit dem heldischen Jesusgeist zeigt*". Es werde dann „*offenbar werden, daß die Vollendung der Reformation Luthers de[n] endgültige[n] Sieg des nordischen Geistes über orientalischen Materialismus bedeutet*" (10).

Der „Sportpalastskandal" hatte zur Folge, dass sich die Bewegung der Deutschen Christen in mehrere Flügel aufspaltete und manche ihrer Anhänger der Bewegung den Rücken kehrten. Der Berliner Gauobmann Krause wurde zum Rücktritt von seinen Ämtern gezwungen. Diese Schwächung der Deutschen Christen änderte aber nichts daran, dass die meisten ihrer Mitglieder, die im Lauf des Jahres 1933 Führungspositionen in der Reichskirche, in den evangelischen Landeskirchen und an den evangelisch-theologischen Fakultäten erobert hatten, bis zum Kriegsende 1945 und teilweise darüber hinaus im Amt blieben. Man wird jedoch sagen können, dass der „Sportpalastskandal" als Katalysator für die Organisation einer kirchlichen Opposition gewirkt hat, aus der dann Ende Mai 1934 mit der Bekenntnissynode von Barmen die „Bekennende Kirche" hervorgegangen ist.

9.4 Antisemitische Einstellungen in der protestantischen Landschaft der NS-Zeit

Mehrheitlich ist in der evangelischen Theologie der frühen 30er Jahre des 20. Jahrhunderts ein unentschiedenes Lavieren zwischen theologischer Kritik an den neuheidnischen Tendenzen innerhalb der NS-Bewegung und Sympathiebekundung für ihre politischen Ziele unter Einschluss der rechtlichen und gesellschaftlichen Diskriminierung der Juden zu beobachten. Der gemeinsame Nenner, auf dem evangelische Theologen sich mit den Nationalsozialisten treffen konnten, war die Opposition gegen die Weimarer Demokratie, eine Opposition, die sich entweder deutschnational bzw. nationalkonservativ artikulieren konnte oder aber unverblümt nationalsozialistisch. Die gemeinsame ideologische Front gegen den „Geist von Weimar" schloss die Warnung vor der angeblichen bolschewistischen bzw. kommunistischen Gefahr ein – eine Warnung, die sich kirchlich nicht zuletzt im Kampf gegen die sog. „Gottlosenbewegung" äußerte –, aber auch und vor allem den Antisemitismus, der gerade unter der evangelischen Pfarrerschaft in der Tradition Adolf Stoeckers virulent war. Dabei konnten sich die Motive auch vermischen, wie die verbreitete Rede von der jüdisch-bolschewistischen Weltverschwörung zeigte, die wiederum auf die *Protokolle der Weisen von Zion* zurückgreifen konnte.

Die Ernennung Adolf Hitlers zum Reichskanzler am 30. Januar 1933 war von zahlreichen Protestanten begrüßt worden, nicht nur von den „Deutschen Christen". Dies wurde deutlich nicht zuletzt in dem symbolischen Akt des Tages von Potsdam am 21. März 1933, als der Reichstag in der Potsdamer Garnisonkirche eröffnet wurde und Hitler von dem Generalsuperintendenten der Kurmark, Otto Dibelius, feierlich begrüßt wurde.[10] Hier wurde der preußisch-militaristische „Geist von Potsdam" dem demokratischen „Geist von Weimar" entgegengestellt.

Dibelius, der nie Mitglied der Deutschen Christen war, sondern sich nach einem Intermezzo als Kurprediger in Italien im Juli 1934 der Bekennenden Kirche anschloss, war dennoch ein bekennender Antisemit. Ich zitiere aus seiner „Wochenschau", die jeweils auf der ersten Seite des *Berliner evangelischen Sonn-*

---

[10] Vgl. Manfred Gailus, Der „Tag von Potsdam" und die Kirchen im Jahr 1933, in: *Beiträge, Reden, Predigten aus der Kontroverse um den Wiederaufbau der Garnisonkirche in Potsdam*, epd-Dokumentation Nr. 18–19, 2016, 58–64.

9.4 Antisemitische Einstellungen in der protestantischen Landschaft

tagsblatts veröffentlicht wurde. Da heißt es am 12. Februar 1933 im Blick auf Hitlers Machtübernahme: „Zum ersten Mal seit der Revolution ist eine Regierung gebildet worden, die von einem großen Teil der Bevölkerung mit Begeisterung begrüßt worden ist." Und Dibelius weiß: „Wer jetzt die Macht in die Hand bekommt, wird sie so leicht nicht wieder hergeben."[11] Am 12. März 1933 kommentierte er den Reichstagsbrand:

> „Daß dieser Brand ein kommunistisches Attentat gewesen ist, ist klar erwiesen. [...] Die Reichsregierung hat sofort die schärfsten Maßnahmen ergriffen. Sie hat nicht nur die kommunistische, sondern auch die sozialistische Presse verboten. [...] Wir stehen als evangelische Christen gegenüber der kommunistischen Agitation in einer klaren, fest bestimmten Front."[12]

Dibelius hat demnach am Tag von Potsdam keineswegs nur von Amts wegen als Generalsuperintendent der Kurmark teilgenommen, sondern weil er der Nazi-Regierung innerlich zustimmte.

Diese Zustimmung schloss nicht nur den Nationalismus, den Antikommunismus, sondern auch den Antisemitismus ein. So heißt es in der „Wochenschau" vom 9. April 1933 im Rückblick auf den sog. Boykott jüdischer Geschäfte vom 1. April, mit dem die Nationalsozialisten ihre Bereitschaft zu judenfeindlichen Gewaltmaßnahmen dokumentiert hatten:

> „Das Ausland hat auf die große Umwälzung in Deutschland mit gewohnter Unfreundlichkeit geantwortet. [...] Das Judentum fühlt sich durch eine nationale Bewegung mit antisemitischem Einschlag begreiflicherweise bedroht. Und zwar entscheidend deshalb, weil das Judentum sich mit der Revolution von 1918 und mit der sozialistischen Herrschaft eng verbunden hatte. [...] Die letzten fünfzehn Jahre haben in Deutschland den Einfluß des Judentums außerordentlich verstärkt. Die Zahl der jüdischen Richter, der jüdischen Politiker, der jüdischen Beamten in einflußreicher Stellung ist spürbar gewachsen. Dagegen wendet sich die Stimmung eines Volkes, das mit den Folgen der Revolution aufräumen will. Das Judentum fühlt sich bedroht. Und – es macht nun im Ausland Stimmung gegen das neue Deutschland. Was in Amerika, in England und in Frankreich über Greueltaten in Deutschland geredet und geschrieben worden ist, spottet jeder Beschreibung. [...] Schließlich hat sich die Reichsregierung genötigt gesehen, den Boykott jüdischer Geschäfte zu organisieren – in der richtigen Erkenntnis, daß durch die internationalen Verbindungen des Judentums die Auslandshetze dann am ehesten aufhören wird, wenn sie dem deutschen Judentum wirtschaftlich gefährlich wird."

Wenn der Boykott zu einer „Zurückdrängung des jüdischen Einflusses im öffentlichen Leben Deutschlands" führen werde, dann könne „dagegen [...] niemand im Ernst etwas einwenden". Im Gegenteil: Dibelius empfiehlt der Regierung darüber hinaus „eine langfristige Sperre der deutschen Ostgrenze gegen die jüdische Einwanderung". Dann werde das Judentum in Deutschland zurückgehen:

---

[11] Otto Dibelius, Wochenschau, *Berliner Sonntagsblatt*, 12.02.1933, 1.
[12] Otto Dibelius, Wochenschau, *Berliner Sonntagsblatt*, 12.03.1933, 1.

„Die Kinderzahl der jüdischen Familien ist klein. Der Prozeß des Aussterbens geht überraschend schnell vor sich."[13]

Die Einführung eines kirchlichen „Arierparagraphen" in der Evangelischen Kirche der altpreußischen Union hat wesentlich dazu beigetragen, dass sich im Herbst 1933 um den Pfarrer Martin Niemöller (Berlin-Dahlem) im sog. „Pfarrernotbund" eine kirchliche Opposition organisierte, aus der dann im Jahr 1934 die „Bekennende Kirche" hervorgehen sollte. Als deren Gründungsdokument gilt die Ende Mai 1934 auf der Bekenntnissynode in Barmen verabschiedete „Theologische Erklärung" (Barmer Bekenntnis), in der jedoch die Frage des Verhältnisses der Kirche zum Judentum keine Rolle spielte. Auf dieses Versäumnis hat im Nachhinein Karl Barth, der Hauptverfasser der Barmer Erklärung, selbstkritisch gegenüber Eberhard Bethge, dem Freund und Biographen Dietrich Bonhoeffers, hingewiesen: Er „empfinde es längst als eine Schuld", dass er „damals – weil anders interessiert – in dieser Sache nicht wenigstens in aller Form gekämpft habe". Allerdings meinte Barth, dass ein Text, der die Diskriminierung der Juden ausdrücklich benannt hätte, „bei der damaligen Geistesverfassung auch der ‚Bekenner'" ohnehin nicht mehrheitsfähig gewesen wäre."[14] Tatsächlich war Antisemitismus auch in der Bekennenden Kirche, in der sich die Opposition gegen die Deutschen Christen sammelte, weit verbreitet.

Antisemitismus prägte während der NS-Zeit aber auch solche Theologen, die sich auf ein konfessionelles Luthertum zurückzogen.[15] Hauptvertreter einer solchen unentschiedenen Theologie, die sich nur unzureichend gegenüber den Deutschen Christen abgrenzte und zwischen den Fronten des Kirchenkampfes in der Evangelischen Kirche lavierte, waren Exponenten der sog. „Lutherrenaissance" wie die Erlanger Systematiker Werner Elert (1885–1954) und Paul Althaus (1888–1966). Beide begrüßten die Machtübernahme durch die Nationalsozialisten Ende Januar 1933 als eine Chance zur Rechristianisierung des deutschen Volkes. Als Brücke zur Theologie der Deutschen Christen konnte insbesondere Althaus' Lehre von den „Schöpfungsordnungen" dienen: Ehe und Familie, Arbeit und Wirtschaft, Volk und Staat galten Althaus als Seinsordnungen, die mit der Schöpfung gegeben seien und in denen Gott handele, weshalb die Menschen an sie gebunden seien. Diese Lehre war nicht dagegen geschützt, den Begriff „Volk" im Sinne der nationalsozialistischen Rassenideologie zu interpretieren und somit den Antisemitismus als „gesundes Volksempfinden" zu rechtfertigen.[16]

Aus Anlass der von den Deutschen Christen initiierten Diskussion über die Einführung eines kirchlichen „Arierparagraphen" verfassten Althaus und Elert

---

[13] Otto Dibelius, Wochenschau, *Berliner Sonntagsblatt*, 09.04.1933, 1.
[14] Karl Barth, Brief an Eberhard Bethge, Basel, 22. Mai 1967, in: ders., *Briefe 1961–1968*, hg. v. Jürgen Fangmeier u. Hinrich Stoevesandt, Zürich 1979, 403.
[15] Vgl. zum Folgenden Robert P. Ericksen, *Theologen unter Hitler: Das Bündnis zwischen evangelischer Dogmatik und Nationalsozialismus*, Wien 1986.
[16] Vgl. Tanja Hetzer, „Deutsche Stunde". *Volksgemeinschaft und Antisemitismus in der politischen Theologie bei Paul Althaus*, München 2009.

9.4 Antisemitische Einstellungen in der protestantischen Landschaft

im Jahr 1933 im Auftrag der Erlanger Fakultät ein „Theologisches Gutachten über die Zulassung von Christen jüdischer Herkunft zu den Ämtern der Deutschen Evangelischen Kirche", das sich für eine „sanfte" Variante des Arierparagraphen ausspricht: Einerseits sollten Christen jüdischer Herkunft von kirchlichen Ämtern ferngehalten werden, da kirchliche Amtsträger demselben Volk angehören sollten wie die Gemeindeglieder; andererseits sollten bereits amtierende „Nichtarier" nicht nachträglich entlassen, sondern lediglich zum „freiwilligen" Verzicht auf ihre Ämter bewegt werden.[17]

Am 11. Juni 1934 unterzeichneten die beiden Erlanger Theologieprofessoren gemeinsam mit einigen nationalsozialistischen Pfarrern aus Franken den sog. „Ansbacher Ratschlag", ein Protestschreiben gegen die Barmer „Theologische Erklärung", in dem der von Karl Barth betonte Christozentrismus zurückgewiesen wurde; es gebe neben der Offenbarung Gottes in Jesus Christus auch eine göttliche Offenbarung in den Schöpfungsordnungen von Familie, Volk und Rasse, die als Gesetz für die Gläubigen ebenso verbindlich sei wie das Evangelium von Jesus Christus.[18] Trotz ihrer schöpfungstheologisch begründeten Nähe zur völkischen Ideologie konnten sowohl Althaus als auch Elert nach 1945 ihre Lehrtätigkeit in Erlangen weitgehend ungehindert fortsetzen.

Deutlicher noch als bei Elert und Althaus zeigt sich der Schulterschluss zwischen lutherischer und deutsch-christlicher Theologie bei Emanuel Hirsch (1888–1972), der seit 1921 zunächst als Kirchenhistoriker, ab 1936 auch als Systematiker an der Universität Göttingen lehrte. Wie Elert und Althaus war Hirsch in der Weimarer Zeit ein Anhänger der Deutschnationalen Volkspartei gewesen; seit der Machtübernahme durch Adolf Hitler Ende Januar 1933 wurde er aber zu einem Wortführer der Deutschen Christen, für deren „kirchliches Wollen" er eintrat.[19] Er engagierte sich als Berater des deutsch-christlichen Reichsbischofs Ludwig Müller und trat im Jahr 1937 schließlich der NSDAP bei. Seine Denunziation des früheren Göttinger Kollegen Karl Barth trug wesentlich zu dessen Entlassung aus seiner Bonner Professur im Jahr 1935 bei. Anders als Althaus und Elert durfte Hirsch, nachdem er sein Amt, um einem Entnazifizierungsverfahren zuvorzukommen, niedergelegt hatte, in der Nachkriegszeit nicht mehr als Professor lehren.

---

[17] Paul Althaus u. Werner Elert, Theologisches Gutachten über die Zulassung von Christen jüdischer Herkunft zu den Ämtern der Deutschen Evangelischen Kirche, in: Kurt Dietrich Schmidt (Hg.), *Die Bekenntnisse und grundsätzlichen Äußerungen zur Kirchenfrage des Jahres 1933*, Göttingen 1934, 182–186.

[18] Der „Ansbacher Ratschlag" zu der Barmer „Theologischen Erklärung", in: Kurt Dietrich Schmidt (Hg.), *Die Bekenntnisse und grundsätzlichen Äußerungen zur Kirchenfrage. Bd. 2: Das Jahr 1934*, Göttingen 1935, 102–104.

[19] Vgl. Emanuel Hirsch, *Das kirchliche Wollen der Deutschen Christen*, Berlin 1933.

Eine besonders problematische Gestalt stellt auch Gerhard Kittel (1888–1948) dar, der seit 1926 in Tübingen Neues Testament lehrte.[20] Er galt zu seiner Zeit unter evangelischen Theologen als unbestrittene Autorität in der Erforschung des antiken Judentums in neutestamentlicher Zeit und ist noch heute berühmt als Begründer des *Theologischen Wörterbuchs zum Neuen Testament* (ThWNT), dessen erste vier Bände (von 1933 bis 1942) unter seiner Ägide herausgegeben wurden. Mit der Machtübernahme Adolf Hitlers Ende Januar 1933 trat Kittel der NSDAP bei. Mit der Schrift *Die Judenfrage* exponierte er sich im Jahr 1933 als radikaler Antisemit an der Seite der Deutschen Christen.[21] Schon hier erwog Kittel die Möglichkeit, alle Juden totzuschlagen, verwarf diese jedoch als ineffektiv im Sinne einer „endgültigen Lösung der Judenfrage", die nur auf „wissenschaftlichem" Weg bewerkstelligt werden könne. Während des Krieges arbeitete Kittel mit Gutachten für das Reichssicherheitshauptamt der sog. „Sonderbehandlung" von Juden zu. Im Jahr 1945 wurde Kittel von der französischen Besatzungsmacht seines Amtes enthoben.

9.5 Walter Grundmann und das Eisenacher „Entjudungsinstitut"

Wie wenig die Einschätzung zutrifft, dass durch den „Sportpalastskandal" vom 13. November 1933 die Bewegung der Deutschen Christen bereits an ihr Ende gekommen sei, wird bei einem Blick auf die Gründung des Eisenacher „Instituts zur Erforschung und Beseitigung des jüdischen Einflusses auf das deutsche kirchliche Leben" im Jahr 1939 deutlich.[22] Tatsächlich erreichte die Bewegung mit der Errichtung des Eisenacher Instituts einen neuen „Höhepunkt", wie die jüdische Religionswissenschaftlerin Susannah Heschel in ihrem Essay „Deutsche Theologen für Hitler" beschreibt:

---

[20] Vgl. Leonore Siegele-Wenschkewitz, *Neutestamentliche Wissenschaft vor der Judenfrage. Gerhard Kittels theologische Arbeit im Wandel deutscher Geschichte*, München 1980. – Vgl. auch Manfred Gailus u. Clemens Vollnhals (Hg.), *Christlicher Antisemitismus im 20. Jahrhundert. Der Tübinger Theologe und „Judenforscher" Gerhard Kittel*, Göttingen 2019.

[21] Vgl. Gerhard Kittel, *Die Judenfrage* (1933), 3., erweiterte Aufl. Stuttgart 1934.

[22] Vgl. dazu: Susannah Heschel, Deutsche Theologen für Hitler. Walter Grundmann und das Eisenacher „Institut zur Erforschung und Beseitigung des jüdischen Einflusses auf das deutsche kirchliche Leben", in: Peter von der Osten-Sacken (Hg.), *Das mißbrauchte Evangelium. Studien zu Theologie und Praxis der Thüringer Deutschen Christen*, Berlin 2002, 70–90. – Vgl. ausführlicher auch dies., Theologen für Hitler. Walter Grundmann und das „Institut zur Erforschung und Beseitigung des jüdischen Einflusses auf das deutsche kirchliche Leben", in: Leonore Siegele-Wenschkewitz (Hg.), *Christlicher Antijudaismus und Antisemitismus. Theologische und kirchliche Programme Deutscher Christen*, Frankfurt a. M. 1994, 125–170. – Vgl. auch Oliver Arnhold, *„Entjudung" – Kirche im Abgrund*, Bd. 2: *Das „Institut zur Erforschung und Beseitigung des jüdischen Einflusses auf das deutsche kirchliche Leben" 1939–1945*, Berlin 2010.

9.5 Walter Grundmann und das Eisenacher „Entjudungsinstitut"

> „Die Bedeutung des Instituts lag in seinen Anstrengungen, Christentum und nationalsozialistischen Antisemitismus mit dem Argument zur Deckung zu bringen, Jesus sei Arier gewesen und habe die Vernichtung des Judentums angestrebt."[23]

Der Gründung des Eisenacher Instituts war das Versagen der Evangelischen Kirche angesichts der antisemitischen Ausschreitungen und Synagogenbrände in der sog. „Reichskristallnacht" vom 9./10. November 1938 vorausgegangen. Die Bekennende Kirche schwieg zu dem Pogrom – mit wenigen rühmlichen Ausnahmen wie etwa Helmut Gollwitzer in seiner Bußtagspredigt vom 16. November 1938.[24] Unüberhörbar war auch das Schweigen der lutherisch-konservativen kirchlichen „Mitte". Der deutsch-christliche Landesbischof von Thüringen, Martin Sasse, erklärte in der Einleitung zu seiner Edition von Luthers „Judenschriften", die Ende 1938 unter dem programmatischen Titel *Martin Luther über die Juden: Weg mit ihnen!* erschien:

> „Am 10. November 1938, an Luthers Geburtstag, brennen in Deutschland die Synagogen. Vom deutschen Volke wird [...] damit der gottgesegnete Kampf des Führers zur völligen Befreiung unseres Volkes gekrönt [...]. In dieser Stunde muß die Stimme des Mannes gehört werden, der als der Deutschen Prophet im 16. Jahrhundert aus Unkenntnis einst als Freund der Juden begann, der, getrieben von seinem Gewissen, getrieben von den Erfahrungen und der Wirklichkeit, der größte Antisemit seiner Zeit geworden ist, der Warner seines Volkes wider die Juden."[25]

In dieser Situation hielt auch der Neutestamentler Walter Grundmann (1906–1976) seine Stunde für gekommen.[26] Grundmann, von 1930 bis 1932 Assistent bei Gerhard Kittel in Tübingen, für dessen *Theologisches Wörterbuch zum Neuen Testament* er zwanzig Artikel verfasste, war bereits seit 1930 Mitglied der NSDAP und hatte schon im Jahr 1933 eine Schrift unter dem Titel *Gott und Nation* veröffent-

---

[23] Heschel, Deutsche Theologen für Hitler, in: Osten-Sacken (Hg.), *Das mißbrauchte Evangelium*, 71.
[24] Vgl. Wolfgang Gerlach, *Als die Zeugen schwiegen. Bekennende Kirche und die Juden*, Berlin (2., bearb. u. ergänzte Aufl.) 1993. – Als bedeutsame Ausnahme sei die Bußtagspredigt des Barth-Schülers Gollwitzer erwähnt: Helmut Gollwitzer, Predigt über Lukas 3,3-14 am 16. November 1938, in: ders., *Dennoch bleibe ich stets an dir ... Predigten aus dem Kirchenkampf 1937-1940*, hg. v. Joachim Hoppe (Ausgew. Werke, Bd. 1), München 1988, 52–61. – Vgl. auch Andreas Pangritz, „Nun ist Bußtag – und die Kirche soll schweigen?" Die Reaktion von Elisabeth Schmitz auf die Novemberpogrome 1938, in: ders., *Vergegnungen, Umbrüche und Aufbrüche. Beiträge zur Theologie des christlich-jüdischen Verhältnisses*, Leipzig 2015, 95–113.
[25] Martin Sasse, *Martin Luther über die Juden: Weg mit ihnen!*, Eisenach / Freiburg i. Br. 1938, 2; zit. nach Johannes Brosseder, *Luthers Stellung zu den Juden im Spiegel seiner Interpreten*, München 1972, 208.
[26] Zum Folgenden vgl. neben der bereits genannten Literatur auch Peter von der Osten-Sacken, Walter Grundmann – Nationalsozialist, Kirchenmann und Theologe. Mit einem Ausblick auf die Zeit nach 1945, in: ders. (Hg.), *Das mißbrauchte Evangelium*, 280–312.

licht, in der er sich als evangelischer Theologe ausdrücklich zum Nationalsozialismus bekannte.[27] Im Jahr 1934 hatte er in einer weiteren Schrift eine „totale Kirche im totalen Staat" gefordert.[28] Durch solche Publikationen hatte er sich als führender Vertreter des deutsch-christlichen Antisemitismus profiliert. Am 21. November 1938, wenige Tage nach der „Reichskristallnacht", deutete Grundmann an, dass er in den Pogromen die judenfeindlichen Bestrebungen Luthers an ihr Ziel gekommen sah:

> „Die Judenfrage ist in ihr akutestes Stadium getreten. In den Kirchen muss die Entscheidung gegen das Judentum mit voller Klarheit vollzogen und aus dieser Entscheidung die Konsequenz für alle Gebiete des kirchlichen und religiösen Lebens gezogen werden. Damit wird ein wesentliches Vermächtnis des deutschen Reformators erfüllt."[29]

Am 4. April 1939 verabschiedeten die Führer von elf evangelischen Landeskirchen die sog. „Godesberger Erklärung", in der der Nationalsozialismus als „die Vollendung des Werkes, das der deutsche Reformator Martin Luther begonnen hat", bezeichnet wurde. Er werde das deutsche Volk zum wahren Verständnis des christlichen Glaubens führen; dieser sei „der unüberbrückbare religiöse Gegensatz zum Judentum".[30] Zwar stieß die „Godesberger Erklärung" in Kreisen der Bekennenden Kirche auf Protest; dieser fiel aber halbherzig aus und bewies, wie sehr der Antisemitismus auch in die Theologie der Bekennenden Kirche Eingang gefunden hatte. So erklärten August Marahrens, Hans Meiser und Theophil Wurm, die lutherischen Bischöfe der sog. „intakten Kirchen" von Hannover, Bayern und Württemberg, in denen die Deutschen Christen bei den Kirchenwahlen von 1933 keine Mehrheit gefunden hatten:

> „Im Bereich des Glaubens besteht der scharfe Gegensatz zwischen der Botschaft Jesu Christi und seiner Apostel und der jüdischen Religion der Gesetzlichkeit und der politischen Messiashoffnung [...]. Im Bereich des völkischen Lebens ist eine ernste und

---

[27] Vgl. Walter Grundmann, *Gott und Nation. Ein evangelisches Wort zum Wollen des Nationalsozialismus und zu Rosenbergs Sinndeutung*, Berlin 1933.

[28] Vgl. Walter Grundmann, *Totale Kirche im totalen Staat*, Dresden 1934.

[29] Walter Grundmann, Planung für die Schaffung und Arbeit einer Zentralabteilung zur Entjudung des religiösen und kirchlichen Lebens (Vorbemerkung), Landeskirchenarchiv Eisenach; zit. nach: Peter von der Osten-Sacken, „Die große Lästerung." Beobachtungen zur Gründung des Eisenacher Instituts und zeitgenössische Dokumente zur kritischen Wertung seiner Arbeit sowie zur Beurteilung Grundmanns, in: ders. (Hg), *Das mißbrauchte Evangelium*, 313–347; 319.

[30] Die Godesberger Erklärung (Evangelisches Zentralarchiv Berlin [EZA], Bestand 7/4166 u. 7/4167); zit. nach: Heschel, Deutsche Theologen für Hitler, in: Osten-Sacken (Hg.), *Das mißbrauchte Evangelium*, 75.

verantwortungsbewußte Rassenpolitik zur Reinerhaltung des Volkstums erforderlich."[31]

Die „Godesberger Erklärung" wurde mit dem Zusatz veröffentlicht, dass die Kirchen planten, ein „Institut zur Erforschung und Beseitigung des jüdischen Einflusses auf das kirchliche Leben des deutschen Volkes" zu errichten.[32] Die feierliche Eröffnung dieses „Entjudungsinstituts", das in der Villa des Eisenacher Predigerseminars großzügig untergebracht wurde, fand bereits am 6. Mai 1939 auf der Wartburg statt. Walter Grundmann hielt den „wissenschaftlichen" Eröffnungsvortrag unter dem Titel „Die Entjudung des religiösen Lebens als Aufgabe deutscher Theologie und Kirche". Darin erklärte er, „daß die Beseitigung des jüdischen Einflusses auf das deutsche religiöse Leben ein dringendes und grundlegendes Problem des Tages sei".[33] Damit solle das Judentum, „[d]er Nutznießer der französischen Revolution und der hervorragendste Vertreter ihrer Ideen", zurückgedrängt werden und „die Weltherrschaft des Judentums", die durch den Bolschewismus drohe, verhindert werden.[34] Dabei sah Grundmann in der „Entjudung" des Christentums schlicht eine Fortsetzung der Reformation.[35] So gipfelte eine Zusammenfassung seines Vortrags in der Aussage: „[...] wir bekennen uns zu dem Satz Schleiermachers: Die Reformation geht fort. Wir bekennen uns zu diesem Satz aus der vollen Verantwortung und inneren Bindung an Luthers Werk."[36]

In kürzester Zeit traten dem Institut mehr als fünfzig Theologieprofessoren aus dem ganzen Reich, sowie rund hundert Bischöfe, Pfarrer und Religionslehrer bei. Unter den Theologieprofessoren waren auffällig viele Neutestamentler, die sich „für Fachleute auf dem Gebiet" hielten, das sie „Spätjudentum" nannten. Die im Jahr 1941 gegründete Arbeitsgruppe „Germanentum und Christentum"

---

[31] August Marahrens u. a., [Gegenerklärung zur „Godesberger Erklärung", 31. Mai 1939], in: *Kirchliches Jahrbuch* 60–71 (1933–1944), Gütersloh 1948, 290; zit. nach: Heschel, Deutsche Theologen für Hitler, in: Osten-Sacken (Hg.), *Das mißbrauchte Evangelium*, 89.

[32] Die Godesberger Erklärung; zit. nach: Heschel, Deutsche Theologen für Hitler, in: Osten-Sacken (Hg.), *Das mißbrauchte Evangelium*, 75.

[33] Vgl. Heschel, Deutsche Theologen für Hitler, in: Osten-Sacken (Hg.), *Das mißbrauchte Evangelium*, 76.

[34] Walter Grundmann, *Die Entjudung des religiösen Lebens als Aufgabe deutscher Theologie und Kirche*, 1939; zit. nach: Osten-Sacken, Walter Grundmann – Nationalsozialist, Kirchenmann und Theologe, in: ders. (Hg.), *Das mißbrauchte Evangelium*, 291.

[35] Vgl. Heschel, Deutsche Theologen für Hitler, in: Osten-Sacken (Hg.), *Das mißbrauchte Evangelium*, 82.

[36] Walter Grundmann, [Zusammenfassung], in: Verbandsmitteilungen des Instituts, 34; zit. nach: Hans Prolingheuer, Der Lutherisch Deutsch-Christliche Weg. Am Beispiel des Eisenacher Entjudungsinstituts, in: Christian Staffa (Hg.), *Vom Protestantischen Antijudaismus und seinen Lügen. Versuche einer Standort- und Gehwegbestimmung des christlich-jüdischen Gesprächs*, Wittenberg (3., verb. Aufl.) 1997, 57–92; 64.

initiierte eine enge Zusammenarbeit mit skandinavischen Theologen, insbesondere von der schwedischen Universität Lund.[37] Eine Außenabteilung des Instituts arbeitete in Hermannstadt (Sibiu) in Rumänien, dem Sitz der Evangelischlutherischen Kirche der Siebenbürger Sachsen.

Zu den Publikationen des Eisenacher Instituts zählte eine „entjudete" Version des Neuen Testaments, die unter dem Titel *Die Botschaft Gottes* erstmals 1940 veröffentlicht und in ca. 250 000 Exemplaren verkauft wurde.[38] In demselben Jahr erschien ein „entjudetes" Gesangbuch unter dem Titel *Großer Gott, wir loben dich*; und ein Jahr später komplettierte ein Katechismus unter dem Titel *Deutsche mit Gott. Ein deutsches Glaubensbuch* die Grundlagenliteratur des Instituts.[39] Der Katechismus stellte klar:

> „Jesus aus Nazareth in Galiläa erweist in seiner Botschaft und Haltung einen Geist, der dem Judentum in allen Stücken entgegengesetzt ist. Der Kampf zwischen ihm und den Juden wurde so unerbittlich, daß er zu seinem Kreuzestod führte. So kann Jesus nicht Jude gewesen sein. Bis auf den heutigen Tag verfolgt das Judentum Jesus und alle, die ihm folgen, mit unversöhnlichem Haß. Hingegen fanden bei Jesus Christus besonders arische Menschen Antwort auf ihre letzten und tiefsten Fragen. So wurde er auch der Heiland der Deutschen."[40]

Susannah Heschel sieht in der Arisierung Jesu durch das „Entjudungsinstitut" den Ausdruck einer „Krise innerhalb der liberalen protestantischen Theologie", die sich bereits 19. Jahrhundert angedeutet habe, als liberale Neutestamentler den „historischen Jesus" entdeckten. „Die Entdeckung, daß der historische Jesus Jude war" und wie die Rabbinen seiner Zeit lehrte, habe es diesen Neutestamentlern schwer gemacht, weiterhin „die Einzigartigkeit Jesu zu behaupten" und den liberalen Protestantismus vom liberalen Judentum abzugrenzen. Dieses Problem habe man durch die „bereitwillige Anerkennung der Rassentheorie" zu lösen versucht.[41]

Entsprechend berief sich Grundmann für seinen Kampf gegen das Judentum auf eine „entjudete" Botschaft Jesu. Dieser habe „den Kampf gegen Jahwe als Stammesgott geführt"; er habe Gott im Unterschied zu den Juden „in vertrauli-

---

[37] Vgl. Heschel, Deutsche Theologen für Hitler, in: Osten-Sacken (Hg.), *Das mißbrauchte Evangelium*, 77.
[38] Vgl. Birgit Jerke, Wie wurde das Neue Testament zu einem sogenannten *Volkstestament* „entjudet"? Aus der Arbeit des Eisenacher „Institutes zur Erforschung und Beseitigung des jüdischen Einflusses auf das deutsche kirchliche Leben", in: Siegele-Wenschkewitz (Hg.), *Christlicher Antijudaismus und Antisemitismus*, Frankfurt a. M. 1994, 201–234.
[39] Vgl. Heschel, Deutsche Theologen für Hitler, in: Osten-Sacken (Hg.), *Das mißbrauchte Evangelium*, 78.
[40] Walter Grundmann u. a. (Hg.), *Deutsche mit Gott. Ein deutsches Glaubensbuch*, Weimar 1941, 46; zit. nach: Heschel, Deutsche Theologen für Hitler, in: Osten-Sacken (Hg.), *Das mißbrauchte Evangelium*, 78f.
[41] Heschel, Deutsche Theologen für Hitler, in: Osten-Sacken (Hg.), *Das mißbrauchte Evangelium*, 72.

9.5 Walter Grundmann und das Eisenacher „Entjudungsinstitut"

chen Worten" angesprochen, „als ‚Abba', Vater, statt mit dem hebräischen Ausdruck ‚Jahwe'".[42] Schließlich:

> „Mit der Verkündigung des Reiches Gottes als gegenwärtig hereinbrechenden Handelns Gottes verbindet sich ihm eine neue Gotteserfahrung und ein neues Gottesverständnis, das in ihm selbst zur Wirklichkeit wird und in das er die Menschen ruft. Es hat innerlich nichts mit dem Judentum zu tun, vielmehr bedeutet es die Ablösung der jüdischen Religionswelt, was allein schon aus der Tatsache erkennbar sein sollte, daß die Juden Jesus ans Kreuz brachten."[43]

Die antijüdische Theologie schloss für Grundmann auch die Rechtfertigung der Behandlung der Juden durch den Nazistaat ein. Noch 1942, als immer mehr Informationen über die Deportationen und Morde bekannt wurden, schrieb Grundmann:

> „Ein gesundes Volk muß und wird das Judentum in jeder Form ablehnen. Diese Tatsache ist vor der Geschichte und durch die Geschichte gerechtfertigt. Möge man sich auch über Deutschlands Haltung gegen das Judentum ereifern, *Deutschland hat dennoch die geschichtliche Rechtfertigung und die geschichtliche Berechtigung zum Kampf gegen das Judentum auf seiner Seite*."[44]

Bemerkenswert ist die Tatsache, dass sich Grundmann, der im Herbst 1943 zur Wehrmacht eingezogen worden war, noch im Herbst 1945, als er aus sowjetischer Kriegsgefangenschaft zurückkehrte, bei der Thüringischen Kirche für die Erhaltung des Eisenacher Instituts einsetzte. Er erklärte, „die Forschung des Instituts habe zu der Erkenntnis geführt, daß Jesus vom Alten Testament unabhängig sei und zum Judentum seiner Zeit im Gegensatz gestanden habe". Seinen Einsatz für das „Entjudungsinstitut" begründete er jetzt mit der dreisten Behauptung, das eigentliche Ziel des Instituts sei

> „die Verteidigung des Christentums gegen den Nationalsozialismus gewesen [...]. Die Nationalsozialisten hätten geglaubt: ‚Das Christentum ist jüdischen Ursprungs, ist also Judentum für Arier und muß deshalb ausgerottet werden. Als geistiges Judentum vergiftet es die deutsche Seele.'"

Demgegenüber habe es sich das Institut zur Aufgabe gemacht, die Kirche durch „Entjudung" vor dem Nationalsozialismus zu schützen.[45]

---

[42] Heschel, Deutsche Theologen für Hitler, in: Osten-Sacken (Hg.), *Das mißbrauchte Evangelium*, 82.

[43] Walter Grundmann, *Die Gotteskindschaft in der Geschichte Jesu und ihre religionsgeschichtlichen Voraussetzungen*, Weimar 1938; zit. nach: Heschel, Deutsche Theologen für Hitler, in: Osten-Sacken (Hg.), *Das mißbrauchte Evangelium*, 82f.

[44] Karl Friedrich Euler u. Walter Grundmann, *Das religiöse Gesicht des Judentums. Entstehung und Art*, Leipzig 1942 (Vorwort); zit. nach: Heschel, Deutsche Theologen für Hitler, in: Osten-Sacken (Hg.), *Das mißbrauchte Evangelium*, 72.

[45] Heschel, Deutsche Theologen für Hitler, in: Osten-Sacken (Hg.), *Das mißbrauchte Evangelium*, 86.

Zwar wurde Grundmanns Gesuch im Januar 1946 abgelehnt; aber es gab auch keine „offizielle Verurteilung der antisemitischen Ausrichtung des Instituts" durch die thüringische Kirche. Vielmehr konnten die meisten Mitarbeiter des Instituts „nach dem Krieg ihre Laufbahn ungehindert fortsetzen". Gegen den Verlust seines Lehrstuhls an der Universität Jena aufgrund seines frühen Beitritts zur NSDAP protestierte Grundmann in einem Brief an den neuen Rektor, indem er „behauptete, er sei kein Täter gewesen, sondern vielmehr ein Opfer des Kampfes der NSDAP gegen seine Arbeit und seine Person". Weder die Sowjetische Militäradministration noch die Behörden der DDR ließen sich von dieser Argumentation überzeugen. Hingegen wurde Grundmann kirchlicherseits schadlos gehalten, indem er im Jahr 1954 zum Rektor des Katechetenseminars in Thüringen ernannt wurde.[46] Daneben konnte Grundmann am Predigerseminar in Eisenach, am Katechetischen Oberseminar in Naumburg und am Theologischen Seminar Leipzig lehren. Seit den sechziger Jahren diente er als Berater der Evangelischen Verlagsanstalt in Berlin (DDR), wo er auch seine Kommentare zu den synoptischen Evangelien veröffentlichte, die noch in den siebziger Jahren des 20. Jahrhunderts als Standardliteratur auch an westdeutschen Fakultäten genutzt wurden. Spätestens diese Nachgeschichte zeigt, dass die Frage berechtigt ist, „ob die deutsche protestantische Theologie eine spezifische Fähigkeit zur sittlichen Beurteilung ihrer selbst und eine Selbstkontrolle hat".[47]

9.6 Ausblick: Nachwirkungen der „Lehre der Verachtung" nach der Schoa

Angesichts der übermächtigen Tradition eines theologischen Antijudaismus durch die Jahrhunderte kann es kaum überraschen, dass sich die „Lehre der Verachtung", in der die Juden für den Christusmord verantwortlich gemacht werden, im 20. Jahrhundert nicht nur in der völkischen Theologie der „Deutschen Christen" Ausdruck verschafft hat, sondern auch bei Theologen, die deren offensichtliche Irrlehren ablehnten. Diese Kontinuität ist während der Nazizeit auch etwa bei Theologen der Bekennenden Kirche zu beobachten, die zwar gegen die „Arisierung" Jesu durch die Deutschen Christen protestierten, die judenfeindlichen Maßnahmen der NS-Staats aber gleichwohl verteidigten. Aber auch noch Jahrzehnte nach der Schoa sind – trotz aller kirchlichen Schuldbekenntnisse – Elemente eines theologischen Antijudaismus gerade auch in der evangelischen Theologie kritiklos weitertradiert worden.

---

[46] Heschel, Deutsche Theologen für Hitler, in: Osten-Sacken (Hg.), *Das mißbrauchte Evangelium*, 87f.

[47] Heschel, Deutsche Theologen für Hitler, in: Osten-Sacken (Hg.), *Das mißbrauchte Evangelium*, 90.

9.6 Ausblick: Nachwirkungen der „Lehre der Verachtung" nach der Schoa

Bis heute umstritten ist Rosemary Ruethers These, wonach „die Grundlagen des Antijudaismus" schon „im Neuen Testament" gelegt worden sind.[48] Die naheliegende Frage, ob demnach bereits am Anfang etwas falsch lief, muss hier offen bleiben.[49] Es sollen aber Beispiele für einen unverkennbaren Antijudaismus genannt werden, wie er sich insbesondere in der neutestamentlichen Wissenschaft auch noch nach der Schoa geäußert hat.

In ihrem Buch *Theologie und Anti-Judaismus* beobachtete die vom Judentum zum Katholizismus konvertierte Zionsschwester Charlotte Klein (1915–1985)[50] noch 1975 bei deutschen Bibelwissenschaftlern antijüdische Klischees wie die folgenden: Das Judentum sei „durch das Christentum überholt und abgelöst". Es habe daher „kaum mehr eine Daseinsberechtigung". Es sei „auf jeden Fall, verglichen mit der Lehre des Christentums, minderwertig und diesem ethisch unterlegen". Daraus leiteten christliche Theologen ihr Recht ab, „über das Judentum, sein Schicksal, seine Aufgabe in der Welt, urteilen" und ihm „vorschreiben zu dürfen", Jesus als legitimen „Fortsetzer" der prophetischen Verkündigung anzuerkennen.[51] Kennzeichnend für das von diesen Bibelwissenschaftlern konstruierte Bild vom Judentum sei die jüdische „Gesetzlichkeit", d. h. der angebliche Versuch der Juden, sich die „unverdiente Gnade" durch sog. „Werkgerechtigkeit" zu erwerben, – mit der Folge, eben durch diese Bemühung aus der Gnade herauszufallen.[52]

Klassisch ist die Auffassung von Rudolf Bultmann (1884–1976) geworden, wonach das „Gesetz in seiner Begegnisweise als Mosegesetz" der „Weg des Scheiterns in der Sünde" sei; demgegenüber sei Christus das „Ende" des Gesetzes.[53] Entsprechend heißt es in Bultmanns *Theologie des Neuen Testaments* aus dem Jahr 1953: „Als Auslegung des Willens, der Forderung Gottes ist Jesu Verkündigung ein großer Protest gegen die jüdische Gesetzlichkeit."[54] Ähnlich schreibt

---

[48] Rosemary Ruether, *Nächstenliebe und Brudermord. Die theologischen Wurzeln des Antisemitismus*, München 1978, 210. S. o. Kapitel 3: Die theologischen Wurzeln des Antisemitismus.
[49] Vgl. Ekkehard W. Stegemann u. Wolfgang Stegemann, Lief am Anfang etwas falsch?, in: dies., *Vom Anti-Judaismus zum Anti-Israelismus, Der Wandel der Judenfeindschaft in theologisch-kirchlichen Diskursen*, hg. v. Soham Al-Suadi, Stuttgart 2021, 207–219.
[50] Ruth Ahl, Rez. Edith Sauerbier (Hg.), Charlotte Klein – Pionierin der Verständigung, in: *Freiburger Rundbrief* NF 2 (1995), 141: „Geboren wurde sie in Berlin, wo sie in einer frommen, streng orthodoxen jüdischen Familie aufwuchs. Gestorben ist sie in London – als Sionsschwester, also als katholische Ordensfrau. Die Predigt in ihrer Totenmesse hielt Rabbiner Lionel Blue [...]."
[51] Charlotte Klein, *Theologie und Anti-Judaismus. Eine Studie zur deutschen theologischen Literatur der Gegenwart*, München 1975, 15f.
[52] Klein, *Theologie und Anti-Judaismus*, 45.
[53] Rudolf Bultmann, Weissagung und Erfüllung, in: Claus Westermann (Hg.), *Probleme alttestamentlicher Hermeneutik*, München (3. Aufl.) 1968, 52; zit. nach: Klein, *Theologie und Anti-Judaismus*, 61. – Vgl. auch Rudolf Bultmann, Christus des Gesetzes Ende (1940), in: ders., *Glauben und Verstehen. Gesammelte Aufsätze*, Bd. 2, Tübingen 1952, 32–58.
[54] Rudolf Bultmann, *Theologie des Neuen Testaments*, Tübingen (6. Aufl.) 1968, 10; zit. nach Klein, *Theologie und Anti-Judaismus*, 61.

Eduard Lohse (1924–2015) noch 1960, dass „die Auseinandersetzung, die Jesus mit den Juden austragen mußte," nicht zufällig „am Verständnis des jüdischen Gesetzes aufgebrochen" sei, „das der freien Barmherzigkeit Gottes keinen Raum lassen will".[55]

Angesichts solcher Pauschalurteile über jüdische „Gesetzlichkeit" muss gefragt werden, ob es sich dabei lediglich um die sachliche Feststellung einer christlich-jüdischen Differenz handelt, oder ob darin nicht vielmehr die traditionelle „Lehre der Verachtung" rezipiert und propagiert wird. Ulrich Wilckens (1928–2021) konnte noch 1974 ohne Zögern behaupten, dass „die ‚antijudaistischen' Motive im Neuen Testament christlich-theologisch *essentiell*" seien. Und er folgerte daraus:

> „Es wäre in der Tat viel gewonnen, wenn einerseits von christlicher Seite alles getan wird, um nicht nur jeder Verquickung dieses Antijudaismus mit Antisemitismen aller Art, sondern auch jeder religiös begründeten Verteufelung des jüdischen Volkes zu wehren, andererseits von jüdischer Seite akzeptiert würde, daß der christliche Antijudaismus, richtig verstanden, nicht die Juden als Mitmenschen oder als Volk trifft, wohl aber in der Tat den Nerv jüdischer Glaubensüberlieferung."[56]

Zu Recht hat Peter von der Osten-Sacken angesichts dieser Differenzierung von einer „Scheinlösung" gesprochen; denn es sei „ein Unding [...] zu meinen, man könne ‚den Nerv jüdischer Glaubensüberlieferung' treffen, ohne zugleich auch die Existenz der ‚Juden als Mitmenschen und Volk' im Innersten zu berühren".[57]

Tatsächlich nimmt die Darstellung jüdischer Glaubenspraxis als Negativfolie des Christentums auch nach der Schoa immer wieder Formen an, in denen das Judentum verächtlich gemacht wird. So beschreibt der Bultmann-Schüler Günther Bornkamm (1905–1960) in seinem *Jesus*-Buch von 1956 das Judentum als ein „seltsam archaisches Gebilde, das von seiner primitivsten Urgeschichte sich niemals löst".[58] Ein geradezu unheimliches Beispiel bietet Bornkamm in seinen unter dem Titel *Das Ende des Gesetzes* veröffentlichten „Paulusstudien". Dort meint er von einzelnen Sätzen des Römerbriefs, in denen Paulus sich syntaktisch verstolpert, hier bringe die „aggressive Vehemenz [...] den Vordersatz zum Scheitern". Dabei ziele die Aggression des Paulus auf die Juden; denn die sprachliche Form werde „selbst zum sprechenden Ausdruck für das Zusammenbrechen

---

[55] Eduard Lohse, *Israel und die Christenheit*, Göttingen 1960, 22; zit. nach Klein, *Theologie und Anti-Judaismus*, 58.

[56] Ulrich Wilckens, Das Neue Testament und die Juden. Antwort an David Flusser, in: *Evangelische Theologie* 34 (1974), 611; zit. nach Peter von der Osten-Sacken, Nachwort: Von der Notwendigkeit theologischen Besitzverzichts, in: Ruether, *Nächstenliebe und Brudermord*, 245f.

[57] Vgl. Osten-Sacken, Nachwort, in: Ruether, *Nächstenliebe und Brudermord*, 246.

[58] Günther Bornkamm, *Jesus von Nazareth*, Stuttgart 1956, 33; zit. nach Friedrich-Wilhelm Marquardt, *Von Elend und Heimsuchung der Theologie. Prolegomena zur Dogmatik*, München 1988, 92.

9.6 Ausblick: Nachwirkungen der „Lehre der Verachtung" nach der Schoa

aller Vorzüge der Juden, wie auch die Schärfe und Härte der Anklagen in der Schärfe und Härte der knappen Fragesätze ihren sachgemäßen Ausdruck" finde. Sie seien „wie ein Sperrfeuer, durch das der Gefragte nicht mehr lebend hindurchkommt".[59] Bornkamm behauptet also eine „Kongruenz" zwischen der antijüdischen theologischen Aussage und der Sprache des Paulus. Angesichts dieser sprachlich völlig unreflektierten Behauptung hat Friedrich-Wilhelm Marquardt gefragt:

> „Weiß er [Bornkamm] nicht, welche Bilder er beschwört? Ist er unempfindlich gegen die Sperrfeuer der Wachtürme von Auschwitz, durch die in der Tat kein Jude mehr lebend hindurchkam? Verschlägt's ihm nicht diese Sprache? [...] Warum muß Paulus [...] im Assoziationsfeld der Vernichtungsverbrechen sprachlich interpretiert werden?"[60]

Dass Bornkamm unter den Bultmann-Schülern kein Einzelfall ist, beweist Günter Klein (1928–2015), der noch 1969 davon reden konnte, dass Paulus den jüdischen Erwählungsglauben „konkret vernichtet" habe. Erneut fragt Marquardt:

> „Was nötigt zur Ausbildung solcher Destruktions- und Vernichtungsterminologie? Welche sachliche Notwendigkeit erfordert diese Sprache? [...] Warum erstickt sie nach Auschwitz nicht im Halse eines Wissenschaftlers?"[61]

Und angesichts weiterer „Beispiele einer zunehmenden sprachlichen Verwilderung", die den Eindruck erwecken, dass die Sprache der Theologie „nach Auschwitz nicht etwa geläutert, sondern enthemmt worden" ist,[62] verallgemeinert Marquardt seine Frage: „Läßt sich für die Theologie ein Gefälle, gar ein Zusammenhang vom Geist zum Verbrechen erkennen und behaupten?"[63] Schließlich erinnert Marquardt daran, dass der jüdische Neutestamentler David Flusser die Vernichtungsrhetorik christlicher Neutestamentler nur noch mit dem Ruf nach der Polizei habe beantworten können, indem er fragte: „Hat überhaupt jemand bedacht, daß solche Worte und ähnliche Sprüche polizeilich strafbar sind, daß sie, natürlich indirekt, zum Menschenmord hetzen?"[64]

---

[59] Günther Bornkamm, Paulinische Anakoluthe, in: ders., *Das Ende des Gesetzes. Paulusstudien. Gesammelte Aufsätze.* Bd. 1, München 1958, 78; zit. nach Marquardt, *Von Elend und Heimsuchung*, 94.
[60] Marquardt, *Von Elend und Heimsuchung*, 94.
[61] Marquardt, *Von Elend und Heimsuchung*, 93.
[62] Marquardt, *Von Elend und Heimsuchung*, 91.
[63] Marquardt, *Von Elend und Heimsuchung*, 86.
[64] David Flusser, Rez. Charlotte Klein, Theologie und Antijudaismus, in: *Freiburger Rundbrief* 27 (1975), 139; zit. nach Marquardt, *Von Elend und Heimsuchung*, 93.

10 Ambivalente Einstellungen gegenüber dem Judentum

Angesichts der scharfen innerkirchlichen Konflikte, die den sog. evangelischen Kirchenkampf während der Nazizeit charakterisierten, könnte man vermuten, dass die antijudaistische Tradition der „Lehre der Verachtung", die von den Deutschen Christen auf die Spitze getrieben wurde, in der oppositionellen Theologie der Bekennenden Kirche bekämpft und womöglich überwunden worden sei. Dies ist jedoch nicht oder nur sehr eingeschränkt der Fall, wie wir bereits am Beispiel von Otto Dibelius gesehen haben. Doch auch bei Theologen wie Karl Barth, Heinrich Grüber und Dietrich Bonhoeffer, die sich mit den verfolgten Juden solidarisierten und den theologischen Irrlehren der Deutschen Christen klar widersprachen, zeigen sich Ambivalenzen in ihrer Einstellung gegenüber dem Judentum.

10.1 Das Beispiel Dietrich Bonhoeffers

Dass Dietrich Bonhoeffer (1906–1945), einer der konsequentesten oppositionellen Theologen während der Nazizeit, hier als Beispiel für eine ambivalente Einstellung gegenüber dem Judentum angeführt wird, mag überraschen. Doch ausgerechnet in dem Essay „Die Kirche vor der Judenfrage",[1] mit dem Bonhoeffer im Juni 1933 die evangelische Kirche vor der Einführung eines „Arierparagraphen" nach staatlichem Modell warnen und zur Solidarität mit den rechtlich diskriminierten Juden aufrufen wollte, vertritt er auch die These von den Juden als Christusmördern.[2]

In Bonhoeffers Essay lesen wir zwar, dass die Kirche „den Staat immer wieder danach fragen" solle, „ob sein Handeln von ihm als *legitim staatliches* Handeln verantwortet werden könne"; gerade „in bezug auf die Judenfrage" werde sie „diese Frage heute [...] in aller Deutlichkeit stellen müssen" (351f.). Zudem sei

---

[1] Vgl. Dietrich Bonhoeffer, Die Kirche vor der Judenfrage, in: ders., *Berlin 1932–1933*, hg. v. Carsten Nicolaisen u. Ernst-Albert Scharffenorth, Gütersloh 1997 (DBW 12), 349–358. Zitatnachweise im Text beziehen sich im Folgenden auf diese Ausgabe.

[2] Vgl. dazu Andreas Pangritz, „Dem Rad in die Speichen fallen." Alte und neue Beobachtungen zu Dietrich Bonhoeffers Aufsatz „Die Kirche vor der Judenfrage", in: ders., *Vergegnungen, Umbrüche und Aufbrüche. Beiträge zur Theologie des christlich-jüdischen Verhältnisses*, Leipzig 2015, 57–70.

die Kirche „den Opfern jeder Gesellschaftsordnung in unbedingter Weise verpflichtet, auch wenn sie nicht der christlichen Gemeinde angehören". Offenbar geht es hier um die praktische Solidarität mit den im Nazistaat diskriminierten und verfolgten Juden. Schließlich kann sich Bonhoeffer sogar vorstellen, dass eine Situation eintreten könnte, in der es nicht mehr genüge, „die Opfer unter dem Rad zu verbinden", in der es vielmehr darauf ankomme, „dem Rad selbst in die Speichen zu fallen" (353). Ein solches „unmittelbar politisches Handeln der Kirche" sei allerdings „nur dann möglich und gefordert, wenn die Kirche den Staat in seiner Recht und Ordnung schaffenden Funktion versagen sieht". Darüber, ob eine solche Situation gegeben sei, müsse jeweils ein „evangelisches Konzil" entscheiden (353f.).

In demselben Essay schreibt Bonhoeffer aber auch:

> „Niemals ist in der Kirche Christi der Gedanke verloren gegangen, daß das ‚auserwählte Volk', das den Erlöser der Welt ans Kreuz schlug, in langer Leidensgeschichte den Fluch seines Tuns tragen muß [...]. Aber die Leidensgeschichte dieses von Gott geliebten und gestraften Volkes steht unter dem Zeichen der letzten Heimkehr des Volkes Israel zu seinem Gott. Und diese Heimkehr geschieht in der Bekehrung Israels zu Christus" (354f.).

Charlotte Klein (1915–1985) kommentiert in ihrem Buch *Theologie und Anti-Judaismus* die zuletzt zitierte Passage aus Bonhoeffers Essay ernüchtert:

> „Wenn ein Bonhoeffer so sprechen kann, dann kann das allgemeine schweigende Dabeistehen der Kirche in den Jahren 1933–45 nicht verwundern: das jüdische Volk hat Christus gekreuzigt, ist verflucht und steht unter dem Strafgericht Gottes. Sicher sollten sich Menschen nicht anmaßen, dieses Strafgericht selber auszuüben; sind sie aber nicht von vornherein entschuldbar, da sie eigentlich nur Gottes Willen konkret ausführen?"[3]

Und der methodistische Theologe Franklin H. Littell (1917–2009), Pionier der „Holocaust Studies" in den Vereinigten Staaten, schreibt dazu in seinem Buch *The Crucifixion of the Jews*:

> „Es ist die traurige Wahrheit, dass der Mensch Bonhoeffer sehr viel besser war als seine Theologie. [...] Der Mann, dessen Humanität und dessen Anstand ihn dazu brachte, um der Juden willen Gefahren zu riskieren und sich dem praktischen Antisemitismus zu widersetzen, war besser als die schlechte Theologie, die die Grundlagen für den christlichen Antisemitismus gelegt hatte."[4]

---

[3] Charlotte Klein, *Theologie und Anti-Judaismus. Eine Studie zur deutschen theologischen Literatur der Gegenwart*, München 1975, 117.
[4] Franklin H. Littell, *The Crucifixion of the Jews* [1975], new edition Macon (GA) 1996, 51 (Übersetzung AP).

Es kann an dieser Stelle nicht darum gehen, Bonhoeffers Verhältnis zu Juden und Judentum umfassend zu diskutieren.⁵ Es sollte aber bedacht werden, dass Bonhoeffer die zitierten Sätze einer „Theologie der Verachtung" gegenüber dem Judentum später nicht wiederholt hat. Stattdessen findet sich in seiner nur fragmentarisch überlieferten *Ethik* ein Satz, der für eine Christologie ohne Antijudaismus nach der Schoa zentrale Bedeutung erlangt hat: „Der Jude hält die Christusfrage offen."⁶

10.2 Der Fall Heinrich Grüber

Die theologische Ambivalenz der Bekennenden Kirche gegenüber der damals sog. „Judenfrage" kommt vielleicht nirgends deutlicher zum Ausdruck als bei Heinrich Grüber (1891–1975), der am 28. Juli 1964 von der Jerusalemer Holocaust-Gedenkstätte Yad Vashem wegen seines Engagements für verfolgte Juden als ein „Gerechter aus den Völkern" geehrt worden ist. Grüber war zwar Anfang 1933 in die NSDAP eingetreten, hatte sich aber noch im Laufe desselben Jahres aus Protest gegen die Einführung eines kirchlichen Arierparagraphen dem Pfarrernotbund um Martin Niemöller angeschlossen. Er setzte sich im Auftrag der Bekennenden Kirche für von den Rassegesetzen des NS-Staats betroffene Christen „nicht-arischer Abstammung" (wie es damals hieß) ein und wurde dafür im KZ Dachau inhaftiert und gefoltert.⁷ Nach dem Krieg wurde er Propst (Stellvertreter des Bischofs) von Berlin-Brandenburg und ab 1949 Generalbevollmächtigter der Evangelischen Kirche in Deutschland bei der Regierung der DDR in Ostberlin. Bis zum Bau der Berliner Mauer im August 1961 amtierte er in Ostberlin, wohnte aber im Westen der geteilten Stadt. Im Sommer 1961 trat er als einziger Deutscher im Prozess gegen Adolf Eichmann, den Organisator der nationalsozialistischen Judenmorde, in Jerusalem als Zeuge auf.

Wenn Grüber hier trotz seiner unbestreitbaren Verdienste als Retter von Verfolgten doch auch als Beispiel für den Zusammenhang von Theologie und Antisemitismus genannt wird, dann wegen einer Episode, die der US-amerikanische Rabbiner und Hochschullehrer Richard L. Rubenstein (1924–2021) in sei-

---

⁵ Vgl. dazu jetzt Andreas Pangritz, Bonhoeffer and the Jews, in: Michael Mawson and Philip G. Ziegler (Hg.), *The Oxford Handbook of Dietrich Bonhoeffer*, Oxford 2019, 91–107. – Vgl. auch Bertold Klappert, Israel und Judentum, in: Christiane Tietz (Hg.), *Bonhoeffer Handbuch*, Tübingen 2021, 188–200.

⁶ Dietrich Bonhoeffer, *Ethik*, hg. v. Ilse Tödt u. a., München 1992 (DBW 6), 95. Dazu s. u. Kap. 11.1.

⁷ Vgl. dazu Hartmut Ludwig, Das ‚Büro Pfarrer Grüber' 1938–1940, in: Walter Sylten, Joachim-Dieter Schwäbl, Michael Kreutzer (Hg.), *‚Büro Pfarrer Grüber'. Evangelische Hilfsstelle für ehemals Rasseverfolgte. Geschichte und Wirken heute*, Berlin 1988, 1–23.

nem Buch *After Auschwitz* berichtet hat.[8] Als Rubenstein im August 1961 Bonn besuchte, drängte ihn das Bundespresseamt, nach Berlin zu fliegen, – zwei Tage, nachdem die Regierung der DDR begonnen hatte, die Mauer zwischen Ost- und West-Berlin zu errichten. Bei dieser Gelegenheit kam es am 17. August 1961 um 16:30 Uhr, wie Rubenstein sich erinnert, zu einer denkwürdigen Begegnung mit Grüber in dessen Wohnung in Berlin-Dahlem.

Im Gespräch Richard Rubensteins mit Heinrich Grüber ging es

> „um Grübers Erfahrungen beim Eichmann-Prozess in Jerusalem, um seine Hilfe für verfolgte Juden während und nach der Nazizeit, um die gegenwärtige Lage der Juden in der Bundesrepublik Deutschland, die Grüber von neuem deswegen gefährdet sah, weil ‚wieder einmal' Juden einflussreich im Bankgeschäft, in der Presse und anderen Bereichen des öffentlichen Lebens seien".[9]

Grüber – so jedenfalls erinnert sich Rubenstein – sagte:

> „Das Problem besteht in Deutschland darin, dass die Juden nichts aus dem gelernt haben, was ihnen widerfahren ist. Ich sage meinen jüdischen Freunden immer, dass sie unserem Kampf gegen den Antisemitismus doch keine Hindernisse in den Weg legen sollten."

Nach einer Erläuterung angesichts seiner lange bewährten Freundschaft für das jüdische Volk gefragt, antwortete Grüber:

> „Hunderte von Jahren gab es unter den Deutschen eine virulente Tradition des Antisemitismus. [...] Es ist sehr schwer für uns, das wegzuschaffen. Nach dem Eichmann-Prozess ist dies eine meiner Fragen. Ein oder zweimal die Woche bin ich bei Treffen dabei, die helfen sollen, dem Antisemitismus ein Ende zu bereiten, aber das ist sehr schwer wegen der Juden in hervorragenden Stellungen und derer wegen, die mit nichts anderem beschäftigt sind, als Geld zu verdienen."[10]

Heinrich Grüber, der „bewährte Helfer der Juden und Freund Israels", machte sich im Gespräch mit Rubenstein also „ein altes Argument des gesellschaftlichen Antijudaismus" zu eigen, wonach die Juden letztlich selber schuld am Antisemitismus seien. Entsprechende kritische Rückfragen Rubensteins scheinen Grüber verwirrt zu haben. Er wich jedoch nach Rubensteins Bericht sofort ins Theologische aus,

> „sprach vom Bund Gottes mit Israel, von einer besonderen Pflicht, in die das erwählte Volk genommen sei, sich entsprechend Gottes Wahl zu verhalten. Nicht er,

---

[8] Richard L. Rubenstein, The Dean and the Chosen People, in: ders., *After Auschwitz. Radical Theology and Contemporary Judaism*, Indianapolis u. New York 1966, 47–58.
[9] Friedrich-Wilhelm Marquardt, *Von Elend und Heimsuchung der Theologie. Prolegomena zur Dogmatik*, München 1988, 99f.
[10] Rubenstein, *After Auschwitz*, 51. Deutsche Übersetzung nach Marquardt, *Von Elend und Heimsuchung*, 100.

10.2 Der Fall Heinrich Grüber

Grüber, fordere dies, sondern Gott in der Bibel, und er glaube dies, fügte er in beträchtlicher Erregung hinzu."[11]

Rubenstein gab zu bedenken, ob diese heilsgeschichtliche Auffassung vom in der Geschichte handelnden Gott der Bibel, die auch von der Mehrheit der religiösen Juden im Blick auf die bisherige Geschichte geteilt werde, nicht die Konsequenz in sich schlösse, „daß dann auch die Nazimördereien an den Juden gottgewollt seien, daß Gott tatsächlich das jüdische Volk umgebracht sehen wollte". Auf diese Frage hin sei Grüber „vom Sessel aufgesprungen, habe zur Bibel gegriffen, Psalm 44,22 aufgeschlagen und vorgelesen: ‚Um deinetwillen werden wir getötet den ganzen Tag'."[12] Rubenstein zitiert diesen Vers übrigens in der Sprache Grübers, d. h. auf deutsch.[13] Das Psalmzitat sei von Grüber mit den Worten kommentiert worden:

> „‚Wenn Gott meinen Tod will, gebe ich ihn ihm!' Nur in dieser Überzeugung habe er seinen Widerstand in der Nazizeit, seinen Aufenthalt im KZ beginnen und durchhalten können [...]: ‚Dein Wille geschehe, auch wenn du meinen Tod willst.' ‚In gewissem Sinne', folgerte Grüber, ‚war es ein Stück von Gottes Plan, daß die Juden starben'."[14]

Zu Grübers Erregung mag die Tatsache beigetragen haben, dass das Gespräch „unter fast apokalyptischen Bedingungen" stattgefunden hat.[15] Amerikanische Panzer rollten an Grübers Haus vorbei und regten ihn offenbar zu geschichtstheologischen Spekulationen im Blick auf die Ereignisse der unmittelbaren Gegenwart an:

> „In der Vergangenheit seien die Juden heimgesucht worden von Nebukadnezar und anderen Ruten des göttlichen Zorns. Hitler sei eine andere solche Rute gewesen. [...] Gewiß sei, was Hitler getan habe, unmoralisch gewesen, aber nun würden ja Hitlers Nachfolger ihrerseits von Gott gestraft. [...] ‚Das können Sie heute in Berlin sehen. Wir befinden uns jetzt in der gleichen Situation wie die Juden.' [...] ‚Gott hat uns für unsere schrecklichen Sünden geschlagen; meiner Gemeinde in Ostberlin habe ich gesagt, daß sie den Glauben nicht verlieren soll, daß Er uns wieder vereinigen wird."[16]

---

[11] Marquardt, *Von Elend und Heimsuchung*, 100. – Vgl. Rubenstein, *After Auschwitz*, 52.
[12] Marquardt, *Von Elend und Heimsuchung*, 100.
[13] Vgl. Rubenstein, *After Auschwitz*, 53: „Dr. Grüber arose from his chair and rather dramatically removed a Bible from his bookcase, opened it and read: ‚*Um deinetwillen werden wir getötet den ganzen Tag* ... for Thy sake are we slaughtered every day ...'" (Ps 44:22)."
[14] Rubenstein, *After Auschwitz*, 53f. Deutsche Übersetzung nach Marquardt, *Von Elend und Heimsuchung*, 100f. – Vgl. dazu auch Yehoshua Amir, Jüdisch-theologische Positionen nach Auschwitz, in: Günther Bernd Ginzel (Hg.), *Auschwitz als Herausforderung für Juden und Christen*, Heidelberg 1980, 439–455; 442.
[15] Richard L. Rubenstein, Der Tod Gottes, in: Michael Brocke u. Herbert Jochum (Hg.), *Wolkensäule und Feuerschein. Jüdische Theologie des Holocaust*, München 1982, 111–125; 116.
[16] Rubenstein, *After Auschwitz*, 54f. Deutsche Übersetzung nach Marquardt, *Von Elend und Heimsuchung*, 101.

Diese ungeheuerlichen Vergleiche Grübers lösten bei Rubenstein etwas aus, das er später als die „vielleicht wichtigste Glaubenskrise meines bisherigen Lebens" bezeichnete.[17] Im Buch *After Auschwitz* berichtet er: „Mir wurde kalt in diesem Augenblick [...]. Es lag eine enorme Ironie in der Überzeugung des Propstes, daß die Deutschen wie die Juden geworden seien."[18] Noch tiefer war Rubenstein aber schockiert von Grübers Zustimmung zu dem Satz, dass Gott Auschwitz zu verantworten habe:

> „Nach diesem Interview hatte ich einen Punkt erreicht, hinter den es kein Zurück mehr gab. Wenn ich an Gott als allmächtigen Verursacher des Dramas der Geschichte glauben sollte und an Israel als sein erwähltes Volk, dann mußte ich Grübers Schlußfolgerung akzeptieren: daß es Gottes Wille war, wenn sechs Millionen Juden Hitler zum Schlachten anvertraut waren."[19]

Vor die Entscheidung gestellt,

> „ob ich die Existenz eines Gottes bejahen sollte, der seinem schuldbeladenen Volk Auschwitz zufügt, oder ob ich die Überzeugung vertreten sollte [...], daß Auschwitz keineswegs eine Strafe sei und daß ein Gott, der eine solche Strafe auferlegen könnte oder würde, nicht existiert,"

entschied sich Rubenstein dafür, „lieber in einem sinn- und zwecklosen Kosmos zu leben," als an einen solchen Gott zu glauben.[20]

Angesichts der Tatsache, dass Grüber in dem Gespräch mit Rubenstein durchaus keine Extremposition vertrat, sondern lediglich wiedergab, was in weiten Kreisen der Bekennenden Kirche konsensfähig gewesen sein dürfte,[21] kann man fragen, ob Rubensteins Reaktion nicht ‚übertrieben' gewesen ist. Rubenstein selbst betont ja, dass Grüber durchaus „kein Antisemit" gewesen sei; er habe nur „die Logik der Bundestheologie" auf die Ereignisse des 20. Jahrhunderts angewandt.[22] Marquardt weist jedoch auf einen Aspekt der Gesprächssituation hin, über den sich Grüber offenbar nicht klar war: Es macht einen

---

[17] Rubenstein, Der Tod Gottes, in: Brocke u. Jochum (Hg.), *Wolkensäule und Feuerschein*, 116.
[18] Rubenstein, *After Auschwitz*, 55. Deutsche Übersetzung nach Marquardt, *Von Elend und Heimsuchung*, 101.
[19] Rubenstein, *After Auschwitz*, 46. Deutsche Übersetzung nach Marquardt, *Von Elend und Heimsuchung*, 101.
[20] Rubenstein, Der Tod Gottes, in: Brocke u. Jochum (Hg.), *Wolkensäule und Feuerschein*, 117f.
[21] Vgl. etwa: Bruderrat der Evangelischen Kirche in Deutschland, Wort zur Judenfrage vom 8. April 1948, in: Rolf Rendtorff u. Hans Hermann Henrix (Hg.), *Die Kirchen und das Judentum*. Bd. 1: *Dokumente von 1945 bis 1985*, Gütersloh u. Paderborn (3. Aufl.) 2001, 540–544; 542: „Daß Gott nicht mit sich spotten läßt, ist die stumme Predigt des jüdischen Schicksals, uns zur Warnung, den Juden zur Mahnung, ob sie sich nicht bekehren möchten zu dem, bei dem allein auch ihr Heil steht." – Zur Entstehung des Bruderratsworts vgl. Siegfried Hermle, *Evangelische Kirche und Judentum – Stationen nach 1945*, Göttingen 1990, 315–334 [„Ein Wort zur Judenfrage" – Die Erklärung des Bruderrates der EKD vom April 1948].
[22] Rubenstein, Der Tod Gottes, in: Brocke u. Jochum (Hg.), *Wolkensäule und Feuerschein*, 116.

Unterschied, wer in welcher Situation was sagt. An Grübers Satz von „Israels Erwählungsverpflichtung" mochte ja etwas Wahres dran sein.

> „Aber die theologisch richtige Einsicht, daß Erwählung Verpflichtung bedeutet, wurde zur Unwahrheit in der Weise, in der Grüber Gebrauch von ihr machte. Der Gedanke hat nämlich seine Wahrheit darin, daß einer betroffen wird von Gottes Berufung und daraufhin sich selbst Gottes Gesetz verpflichtet. Doch verändert er seinen Wahrheitsgehalt, wenn er als Forderung an andere gerichtet wird."[23]

Aussagen, mit denen Juden womöglich ihr eigenes Selbstverständnis als Bundesvolk artikulieren mögen, dürfen ihnen nicht von Christen zur Auflage gemacht werden.

Zwar versuchte Grüber in dem Gespräch, sich als „Mitbetroffenen" in die Solidarität mit Israel hineinzubegeben, indem er sogar von seiner eigenen Bereitschaft sprach, sein Leben hinzugeben. Aber er hätte doch die Unvergleichlichkeit der Situation bedenken müssen: Auch wenn er wegen seiner Bemühungen um die Rettung von Juden selber KZ-Haft und Folter hatte erleiden müssen, so war er dennoch nicht wie Millionen von Juden zur Vernichtung in Auschwitz ausersehen. Er blieb ihnen gegenüber „privilegiert", indem er das Martyrium wählen oder auch verweigern konnte, – ganz abgesehen davon, dass der Vergleich zwischen der Errichtung der Berliner Mauer und Auschwitz als Strafe Gottes auf eine Verharmlosung des Judenmords hinausläuft.

10.3 Karl Barths Ambivalenz gegenüber dem Judentum

Karl Barths theologische Positionierung gegenüber dem Judentum zählt zu den umstrittensten Themen der Barth-Rezeption. Den einen gilt Barth ohne Umschweife als Judenfeind; seine Verachtung des Judentums als Gesprächspartner habe auch dazu beigetragen, dass er – anders als der in dieser Hinsicht idealisierte Dietrich Bonhoeffer – in den entscheidenden Jahren von 1933 bis 1935 nicht gegen die judenfeindliche Politik des NS-Staates Stellung genommen habe.[24] Für diese Einschätzung beruft man sich gern auf Barths persönliches Schuldeingeständnis in seinem Brief vom 22. Mai 1967 an Eberhard Bethge, den Freund und Biographen Dietrich Bonhoeffers.[25] Anderen wie Barths letztem Assistenten Eberhard Busch, aber auch Bertold Klappert und Friedrich-Wilhelm

---

[23] Marquardt, *Von Elend und Heimsuchung*, 102.
[24] Vgl. Wolfgang Gerlach, *Als die Zeugen schwiegen. Bekennende Kirche und die Juden*, 2., bearbeitete u. ergänzte Auflage, Berlin 1993.
[25] Vgl. Karl Barth, Brief an Eberhard Bethge, Basel, 22. Mai 1967, in: ders., *Briefe 1961–1968*, hg. v. Jürgen Fangmeier u. Hinrich Stoevesandt, Zürich 1979, 403: „Ich empfinde es längst als eine Schuld meinerseits, daß ich sie [= die ‚Judenfrage'] im Kirchenkampf jedenfalls öffentlich (z. B. in den beiden von mir verfaßten Barmer Erklärungen von 1934) nicht ebenfalls als entscheidend geltend gemacht habe. Ein Text, in dem ich das getan hätte, wäre freilich

Marquardt galt und gilt Barth als ein bedeutender Wegbereiter für „Umkehr und Erneuerung" der Kirchen im Verhältnis zu den Juden nach der Schoa.[26] Im Übrigen waren und sind nicht nur sogenannte „Barthianer", sondern auch jüdische Gelehrte wie der Religionsphilosoph Michael Wyschogrod davon überzeugt, dass Barths Theologie gerade auch für Juden von Bedeutung sei.[27]

Friedrich-Wilhelm Marquardt hat in seiner Dissertation *Die Entdeckung des Judentums für die christliche Theologie* als „doppelten Gewinn" von Barths Israellehre herausgearbeitet, dass dieser „nicht nur das biblische Israel, sondern auch das Christus verneinende Judentum positiv würdigen wollte", und dass er dies „aus der christologischen Mitte seines Theologisierens heraus unternahm".[28] Marquardt hat seine Arbeit jedoch mit der kritischen Frage abgeschlossen, „ob Barth sich nicht einer christologischen Inkonsequenz schuldig mache, wenn er das nachbiblische Judentum zwar als Zeugen des gekreuzigten, aber nicht als Zeugen des auferstandenen Jesus Christus sehen wollte, und ob sich dadurch nicht unnötig antijüdische Untertöne in seiner Israellehre hielten".[29]

So lässt sich Barth – trotz aller vorwärtsweisenden Impulse, auf die wir noch zurückkommen werden, – dazu hinreißen, üble Klischees aus dem Arsenal des traditionellen theologischen Antijudaismus zu reproduzieren. Da heißt es schon in den *Prolegomena zur Kirchlichen Dogmatik*[30] von der Synagoge nach Christus, sie sei „leibhaftig das in Erstarrung stehengebliebene Alte Testament an sich und *in abstracto*" (KD I/2, 102) oder auch „jene mehr als tragische, unheimlich schmerzliche Gestalt mit den verbundenen Augen und dem zerbrochenen Speer, wie sie am Straßburger Münster dargestellt ist" (KD I/2, 111). Ähnlich heißt es dann in

---

1934 bei der damaligen Geistesverfassung auch der ‚Bekenner' weder in der reformierten noch in der allgemeinen Synode akzeptabel geworden. Aber das entschuldigt nicht, daß ich damals – weil anders interessiert – in dieser Sache nicht wenigstens in aller Form gekämpft habe."

[26] Vgl. Friedrich-Wilhelm Marquardt, *Die Entdeckung des Judentums für die christliche Theologie. Israel im Denken Karl Barths*, München 1967. – Vgl. Bertold Klappert, *Israel und die Kirche. Erwägungen zur Israellehre Karl Barths*, München 1980. – Vgl. Eberhard Busch, *Unter dem Bogen des einen Bundes. Karl Barth und die Juden 1933-1945*, Neukirchen-Vluyn 1996. – Vgl. ders., Barth und die Juden, in: Michael Beintker (Hg.), *Barth Handbuch*, Tübingen 2016, 148–153.

[27] Vgl. Michael Wyschogrod, Warum war und ist Karl Barths Theologie für einen jüdischen Theologen von Interesse?, in: *Evangelische Theologie* 34 (1974), 222–236. – Vgl. auch ders., Reformatorisches Denken und Judentum, in: ders., *Gott und Volk Israel. Dimensionen jüdischen Glaubens*, Stuttgart 2001, 75–79.

[28] Friedrich-Wilhelm Marquardt, *Die Gegenwart des Auferstandenen bei seinem Volk Israel. Ein dogmatisches Experiment*, München 1983, 7 (Vorwort).

[29] Marquardt, *Die Gegenwart des Auferstandenen*, 7 [Vorwort]. – Vgl. ders., *Die Entdeckung des Judentums*, 357.

[30] Vgl. Karl Barth, *Die Kirchliche Dogmatik*, Bd. I: *Die Lehre vom Wort Gottes*. Zweiter Halbband (KD I/2), Zollikon-Zürich 1938. Zitatnachweise aus der *Kirchlichen Dogmatik* finden sich im Folgenden im Text mit dem Kürzel KD nebst Band- und Seitenangabe.

der sog. „Israellehre" im Rahmen der *Lehre von Gott*,[31] die Synagoge biete eine „gespensterhafte[] Gestalt" (KD II/2, 230). Sie personifiziere „das Dasein einer halb ehrwürdigen, halb grausigen Reliquie, einer wunderlich konservierten Antiquität, der menschlichen Schrulle" (KD II/2, 289). Barth kann sie hier sogar die „Synagoge des Todes" nennen (KD II/2, 290).[32]

Diese und andere sprachliche Fehlgriffe sind aber nur Symptome für ein theologisches Problem, genauer: für Barths ambivalente Haltung gegenüber dem Judentum, in der sich vorwärtsweisende mit problematischen Aussagen mischen. Dies zeigt sich bereits in den *Prolegomena zur Kirchlichen Dogmatik*, wo Barth im Rahmen der *Lehre vom Wort Gottes* die „Heilige Schrift" als dessen zwischen Offenbarung und Verkündigung eingespannte zweite Gestalt behandelt. Dort kommt Barth auch auf die Frage zu sprechen, inwiefern die „Schrift als Gottes Wort" (KD I/2, 523) gelten könne, da es sich doch um „in menschlicher Sprache von Menschen geschriebene Worte" (KD I/2, 512) handelt. Barth betont, dass die heilige Schrift als „das Zeugnis des *Mose* und der *Propheten*, der *Evangelisten* und der *Apostel*" von der göttlichen Offenbarung (KD I/2, 532) jedenfalls für den Glauben der Kirche „Priorität vor allen anderen Schriften und Instanzen, auch vor denen der Kirche selber *hat*" (KD I/2, 557). Das ändere aber nichts daran, dass man die Bibel „auch als bloßes Menschenwort lesen und zu würdigen versuchen" kann. Man könne sich auch „an der Bibel *ärgern*". Ja, man werde sich „im Lichte des Anspruchs oder der Behauptung, daß die Bibel Gottes Wort sei," in Anbetracht der durchaus problematischen „Menschlichkeit" ihrer Sprache und Gestalt „an der Bibel sogar ärgern *müssen*" (KD I/2, 563).

In diesem Zusammenhang kommt Barth schließlich auch auf ein „Moment" zu sprechen, dessen „Gewicht" erst „in unseren Tagen in seinem ganzen Ernst" deutlich zu werden beginne: „Die Bibel als Zeugnis von Gottes Offenbarung ist in ihrer Menschlichkeit zugleich ein Erzeugnis des israelitischen oder sagen wir es gleich deutlicher: des *jüdischen* Geistes." Der Mensch, der in diesen Schriften zu Wort komme, sei „der *homo Iudaeus*"; und dies gelte, wohlgemerkt, nicht nur vom Alten Testament, sondern „von der ganzen, auch von der ganzen neutestamentlichen Bibel" (KD I/2, 566). Mit dieser Pointe mutet Barth christlichen Lesern zu, mit ihrem Glauben an die Bibel als Zeugnis von Gottes Offenbarung zugleich ihre jüdische Prägung zu akzeptieren – eine im Jahr 1938 angesichts der im Nazistaat üblich gewordenen Infragestellung der jüdischen Wurzeln der Kirche höchst provokante Sicht der Dinge.

Im Einzelnen bleiben Barths Ausführungen zu diesem Komplex jedoch ambivalent. Da finden sich steile dogmatische Thesen, die nicht nur damals, sondern auch noch heute eine Provokation für die gesamte evangelische Theologie

---

[31] Vgl. Karl Barth, *Die Kirchliche Dogmatik*, Bd. II: *Die Lehre von Gott*. Zweiter Halbband (KD II/2), Zollikon-Zürich 1942.
[32] Vgl. Marquardt, *Die Entdeckung des Judentums für die christliche Theologie*, 335. – Vgl. auch ders., *Von Elend und Heimsuchung der Theologie*, 91f.

darstellen: In der Bibel werde „den Menschen aller Völker durch Juden zugemutet, nicht nur sich auf jüdische Dinge einzulassen, sondern in einem gewissen, aber letztlich geradezu entscheidenden Sinn selbst Juden zu werden". Denn „*in der Existenz des jüdischen Volkes* in der Mitte aller anderen Völker" liege „*der* [...] von Gott *geführte einzige natürliche Gottesbeweis*" vor.[33] Daher verwerfe, wer „den Juden verwirft", zugleich Gott selbst (KD I/2, 566f.). Daraus folgt für die Bibelhermeneutik:

> „Indem die Bibel als das Zeugnis von Gottes Offenbarung in Jesus Christus ein jüdisches Buch ist, indem sie gar nicht gelesen, verstanden und erklärt werden kann, wenn wir uns nicht auf die Sprache, das Denken, die Geschichte der Juden in gänzlicher Offenheit einlassen wollen, wenn wir nicht bereit sind, mit den Juden Juden zu werden, damit fragt sie uns, wie wir uns zu dem in der Weltgeschichte geführten natürlichen Gottesbeweis durch die Existenz der Juden bis auf diesen Tag stellen [...]" (KD I/2, 567).

Die weitgehende Identifizierung der Kirche mit den Juden hat jedoch eine problematische Kehrseite, die darin zum Ausdruck kommt, dass Barth von Jesus Christus ohne Wenn und Aber als „Messias Israels" reden kann. In dieser Redeweise droht die Gefahr, dass die Identifizierung in eine Ersetzung Israels (bzw. des Judentums) durch die Kirche als das „wahre Israel" umschlägt. Und tatsächlich meint Barth, dass der Inhalt der biblischen Schriften „die Geschichte der göttlichen Erwählung, Berufung und Regierung Israels, die Geschichte und die Botschaft von dem Messias Israels, die Geschichte von der Begründung der Kirche als des wahren Israel" sei. Ja, die Bibel charakterisiere das „Volk Israel [...] auf ihrem Höhepunkt als das Volk, das mit seinem eigenen Messias zugleich den Heiland der Welt verworfen und gekreuzigt, das sich also der Offenbarung Gottes endgültig verweigert" habe (KD I/2, 566).

Abgesehen davon, dass Barth sich hier die klassische antijudaistische Lehre zueigen macht, wonach die Juden als Kollektiv für die Kreuzigung Jesu verantwortlich seien, stellt sich auch die Frage, wie es zu diesem Umschlag von der Erwählung zur Verwerfung kommt. Wohlgemerkt: Barth hütet sich auch hier davor, von einer Verwerfung Israels zu reden. Vielmehr ist in der Erwählung Gott das handelnde Subjekt, während in der Verwerfung das Volk Israel handelt, indem es sich der göttlichen Erwählung verweigert. Gleichwohl muss man sagen, dass hier „der dialektische Wagen [...] ungewöhnlich scharf in der Kurve" liegt, wie Barth selbst einmal im *Römerbrief*-Kommentar formuliert hat.[34] Das kommt in Formulierungen zum Ausdruck, die haarscharf an klassischen Formulierungen des theologischen Antijudaismus vorbeischrammen, wie:

---

[33] Zur Rede von den Juden als „Gottesbeweis" vgl. auch Michael Wyschogrod, *Gott und Volk Israel. Dimensionen jüdischen Glaubens*, Stuttgart 2001, 158: „Gott hat ein fleischliches Volk erwählt, dessen physisches Dasein in der Welt ein Zeichen der Existenz Gottes ist."

[34] Vgl. Karl Barth, *Der Römerbrief (Zweite Fassung) 1922*, hg. v. Cornelis van der Kooi u. Katja Tolstaja, Zürich 2010, 640.

10.3 Karl Barths Ambivalenz gegenüber dem Judentum

> „Israel ist eben bis auf diesen Tag noch vor unseren Augen das Gottes-Volk, das Gott [N.B.: Gott steht hier im Akkusativ!] verworfen hat. Israel führt uns als Volk bis auf diesen Tag vor Augen, daß Gott nur im *Gericht* Gnade übt und daß es sein freies Ermessen ist, wenn er im Gericht *Gnade* übt" (KD I/2, 567).

Der Akzent liegt durch das Achtergewicht des Satzes auf der göttlichen Gnade; aber welche Logik zwingt Barth eigentlich dazu, diese Gnade durch Verwerfungs- und Gerichtsaussagen zu konterkarieren?

Die ambivalente Haltung gegenüber dem Judentum wirkt sich erneut in Inkonsequenzen der „Israellehre" im Rahmen der Lehre von „Gottes Gnadenwahl" (KD II/2) als Teil der *Gotteslehre der Kirchlichen Dogmatik* aus.[35] Auch hier sind – trotz aller vorwärtsweisenden Aspekte – Relikte eines theologischen Antijudaismus in der Tradition der „Lehre der Verachtung" unüberhörbar. Marquardt hat in diesem Zusammenhang von „Paradoxien der Verwerfung" gesprochen,[36] die sich in problematischen Folgerungen zeigten, die hier aus der Erwählungslehre im Blick auf das Verhältnis von Kirche und Israel gezogen werden. Einerseits kommt Barth zur Erkenntnis, dass sich aufgrund der christologischen Zentrierung, in der Jesus Christus als „Spiegel der Erwählung" (*speculum electionis*; KD II/2, 118) erscheint, jede Rede von der Verwerfung eines anderen Menschen verbieten müsste, da ja Jesus Christus am Kreuz die Verwerfung stellvertretend für sich selbst gewählt habe (vgl. KD II/2, 177). Andererseits lässt Barth die Erwählung sich dann doch in doppelter Weise in der Gemeinde aus Israel und der Kirche „spiegeln", so dass die Kirche als „Darstellung des göttlichen *Erbarmens*" gegenüber Israel als „Darstellung des göttlichen *Gerichts*" dienen muss (KD II/2, 215).

Zwar ist Barths Rede von Israel als Darstellung des Gerichts nicht als Gottes endgültiges Urteil zu verstehen; vielmehr legt Israel als „Zeuge des Zornes" zugleich Zeugnis ab für die Treue Gottes, der sein erwähltes Volk nicht verwirft, sondern seinen Bund mit Israel immer wieder neu begründet: „Wirkliche Zeugen des Zornes sind indirekt notwendig auch Zeugen des Erbarmens Gottes" (KD II/2, 250). Die christliche Lehre von der „Treue Gottes" läuft also darauf hinaus, dass sich Gott „*gegen das ihm widersprechende Israel*" durchsetzt.[37] Aber dies ist doch ein Verständnis von Gottes Treue, das – so Marquardt – „nach Auschwitz" nicht wiederholt werden dürfte. Denn jüdisches Selbstverständnis habe das „Leiden Israels" nicht als Ausdruck der Verwerfung, sondern als Zeichen der „Treue der Erwählten" interpretiert.[38] Jüdisches Leiden sei nicht Ausdruck des Fluches, sondern der getreuen Nachfolge. Auschwitz dürfe keinesfalls als „Strafe der Sünde" gedeutet werden; es sei vielmehr die „von der Christenheit mitzuverant-

---

[35] Vgl. Karl Barth, *Die Kirchliche Dogmatik*, Bd. II: *Die Lehre von Gott*. Zweiter Halbband (KD II/2), Zollikon-Zürich 1942, 215–336 [§ 34: Die Erwählung der Gemeinde].
[36] Vgl. Marquardt, *Die Entdeckung des Judentums*, 295–320.
[37] Marquardt, *Die Entdeckung des Judentums*, 269.
[38] Marquardt, *Die Entdeckung des Judentums*, 297.

wortende Tötung der ihrem Judentum im Martyrium und Zeugnis treuen Juden".[39] Umgekehrt müsse gerade im Licht der Auferstehung auch Israel als Zeuge der Güte Gottes verstanden werden. Hält Gott an Israel fest, dann sind die Juden gerade darin „Zeugen der Auferstehung".[40]

Zwar gelangt Barth, indem er das Leben des auserwählten Volkes als „Leben aus den Toten" interpretiert (KD II/2, 312), auch zu der Aussage, dass innerhalb des Bogens des einen Bundes Israel in der Kirche „aufleben" werde (KD II/2, 226f.). Und dieses „Aufleben" ist nicht als „gegen Israel gerichtete Forderung" zu verstehen, sondern als Aktualisierung des Israel von Hause aus zugesprochenen „Auferstehungslebens": „Israel ‚muß' nicht aufleben, sondern es *darf* aufleben: auch jetzt, und – *diesmal* in der Kirche!"[41] Dennoch bleibt dies ein judenmissionarischer Gedanke, dem Israel im Vergleich zur Kirche als defizitär gilt. Demgegenüber hätte es biblischer Eschatologie entsprochen, von einem „Herzuströmen der Heiden, hinauf nach Jerusalem und zum Zion", zu reden.[42]

Der alte Barth hat Marquardts Arbeit über die *Entdeckung des Judentums für die christliche Theologie* noch zur Kenntnis genommen und ihr zugestimmt: „Sie haben meine ‚Israellehre' künstlich und fein entdeckt und dargestellt." Aber auch Marquardts Kritik an seiner „Israellehre" konnte Barth akzeptieren: „Zu der [...] Kritik hatten Sie allen Anlaß. An dem von Ihnen berührten Punkt besteht bei mir tatsächlich eine Lücke."[43]

10.4 Karl Barths Antisemitismustheorie

Der Abschnitt über die Bibel als jüdisches Buch in den *Prolegomena zur Kirchlichen Dogmatik* (KD I/2) enthält auch eine theologische „Erklärung" des Antisemitismus, die man als Barths Antisemitismustheorie bezeichnen kann. Einerseits grenzt sich Barth deutlich von der liberalen Kritik am Antisemitismus ab, die er als ohnmächtig empfindet, andererseits verstrickt er sich seinerseits in Ambivalenzen, die als Relikte der „Lehre der Verachtung" gelten müssen.

Barth insistiert darauf, dass „der Antisemitismus in seiner ganzen Torheit und Bosheit" nicht auf bloßer „Laune und Willkür" beruhe, so dass er „durch ein bißchen Ermahnung zur Humanität" wirksam bekämpft werden könne, „wie seine liberalen Kritiker meinen". Vielmehr sehe und meine der Antisemitismus durchaus „etwas ganz Reales, das der ganze Liberalismus tatsächlich nicht gese-

---

[39] Marquardt, *Die Entdeckung des Judentums*, 304.
[40] Marquardt, *Die Entdeckung des Judentums*, 353.
[41] Marquardt, *Die Entdeckung des Judentums*, 124f.
[42] Marquardt, *Die Entdeckung des Judentums*, 127.
[43] Karl Barth, Brief an Friedrich-Wilhelm Marquardt, 5. September 1967, in: ders., *Briefe 1961-1968*, 420f.

10.4 Karl Barths Antisemitismustheorie

hen hat". Und dieses Reale sei eben der „*natürliche Gottesbeweis*", den die „*Existenz des jüdischen Volkes* in der Mitte aller anderen Völker" bedeute (KD I/2, 566f.).

Anders als die liberale Kritik des Antisemitismus, die sich mit dem Hinweis darauf begnügt, dass die Juden doch *auch* Menschen sind und als solche toleriert werden sollten, betont Barth die Differenz zwischen Juden und Nicht-Juden, die auf der Partikularität des göttlichen Erwählungshandelns beruhe. Die Universalität der Humanität ist in theologischer Perspektive nicht jenseits der Besonderheit des Judentums, sondern nur durch diese hindurch erschwinglich. So bedeutet die Tatsache, dass die Bibel ein „jüdisches Buch" ist, nach Barth in der Tat eine „Zumutung" (KD I/2, 566), sofern sie die Nichtjuden herausfordert, die Bibel nicht nur als ein Stück Weltliteratur, sondern als Gottes Wort für die ganze Menschheit anzuerkennen. Es geht Barth hier darum, die Alterität des Fremden zu akzeptieren; doch droht die Argumentation in Abwehr des Fremden umzukippen, wenn es wenig später heißt: „Darum regt sich etwas von Befremden in jedem Nichtjuden gegenüber ausnahmslos jedem, auch dem besten, dem feinsten, dem edelsten Juden" (KD I/2, 567).

In äußerster Zuspitzung fragt Barth schließlich: „[...] wie kann der Mensch, wenn die liberale Lösung, die keine ist, ausfällt, nicht Antisemit sein?" Und er gibt die Antwort: „Es bedarf gerade von dieser Seite gesehen wirklich des Wunders des Wortes und des Glaubens dazu, daß der Anstoß falle, die Perversion überwunden, der Antisemit in uns Allen erledigt, das Menschenwort, das Judenwort der Bibel als Gotteswort gehört, zu Herzen genommen werde" (KD I/2, 568). Der Antisemitismus erscheint hier letztlich als der Versuch des gottlosen Menschen, im Kampf gegen das jüdische Volk zugleich die Existenz Gottes zu bestreiten. Antisemitismus ist insofern Ausdruck der Sünde, die letztlich nur durch das Wunder des Glaubens überwunden werden kann.

Wieder aufgenommen hat Barth seine theologische Antisemitismustheorie nach dem Krieg in einem Vortrag unter dem Titel „Die Judenfrage und ihre christliche Beantwortung".[44] Erneut insistiert Barth hier auf der Besonderheit der Juden, die gerade als „ein Volk [...] ganz anders als alle anderen Völker" seien, „unbegreiflich genug", begreiflich letztlich nur aufgrund von „Gottes Erwählung" (146). Der Antisemitismus erscheint unter dieser Voraussetzung als die perverse Reaktion der nichtjüdischen Menschheit, die nicht wahrhaben will, dass nach Joh 4,22 „[d]as Heil" nun einmal „von den Juden" kommt (148), auf die Besonderheit der Juden: „Der Jude bezahlt dafür, daß er der Erwählte Gottes ist" (147).

Die christliche Antwort auf den Antisemitismus könne sich daher nicht „im Gebot der Nächstenliebe", in der Befürwortung der Staatsgründung Israels in

---

[44] Vgl. Karl Barth, Die Judenfrage und ihre christliche Beantwortung (1949), in: ders., *„Der Götze wackelt". Zeitkritische Aufsätze, Reden und Briefe von 1930 bis 1960*, hg. v. Karl Kupisch, Berlin 1961, 144–149. Zitatnachweise im Text beziehen sich im Folgenden auf diese Ausgabe.

Palästina und in „kameradschaftliche[r] Zusammenarbeit zwischen Christen und Juden" erschöpfen (144). Denn: „Die Judenfrage reißt einen Abgrund auf, der tiefer ist, als daß er durch ein bißchen humane Vernunft und Moral überbrückt werden könnte". Die christliche Antwort auf den Antisemitismus müsse vielmehr von der Erkenntnis ausgehen, dass „wir Christen [...] den Juden viel tiefer verbunden und verpflichtet (sind), als daß wir sie mit ein paar Beteuerungen unseres guten Willens und mit einer Ablehnung des Antisemitismus auf dieser Basis abspeisen können". Daher könne die christliche Antwort auf den Antisemitismus nur in einer unverbrüchlichen „Solidarität" mit den Juden bestehen, die „ohne allen Zweifel bis auf diesen Tag Gottes erwähltes Volk" seien. Denn die „Christen aus den Heidenvölkern" müssten sich als „die mit ihnen Erwählten" verstehen, da ja die christliche Gemeinde nicht anders existiere als die Juden: „wunderbar erhalten durch alle Zeiten, ein Volk von Fremdlingen auch sie" (149).

In ähnlicher Weise hat Barth seine theologische Antisemitismustheorie schließlich wieder im dritten Teilband seiner *Schöpfungslehre* aufgegriffen,[45] wo er im Rahmen einer Erörterung des „göttlichen Regieren[s]" auf die „Geschichte der Juden" zu sprechen kommt. In diesem Zusammenhang fragt er: „Was soll eigentlich der ‚Antisemitismus' [...], diese seltsame Krankheit, die so ziemlich jeder Nicht-Jude in irgend einer Form in sich zu tragen scheint, [...] schlimmer als je in unseren Tagen [...]?" (KD III/3, 249). Und Barth gibt hier die Antwort, der Antisemitismus sei „dann, aber auch nur dann erklärlich (das heißt als der Unsinn, der er ist, sinnvoll), wenn die Juden [...] bis auf diesen Tag die *Erwählten Gottes* sind [...]". Denn:

> „Durch die Existenz dieses Volkes sich sagen zu lassen, daß *der Erwählte ein Anderer ist*, nicht der Deutsche, nicht der Franzose, nicht der Schweizer, sondern dieser *Jude!* [...] Wer wollte sich denn das sagen lassen oder gar selber sagen? [...] Gottes Erwählung – das sagt uns die Geschichte der Juden – ist die Erwählung eines *Anderen*. Und unsere Erwählung könnte nur die Erwählung in und mit diesem *Anderen* sein" (KD III/3, 255).

Der Antisemitismus wäre demnach tatsächlich nur „*theologisch* zu erklären und damit dann auch radikal aus dem Wege zu räumen" (KD III/3, 250). Damit wird noch einmal liberalen Denkmustern widersprochen, die im Antisemitismus lediglich ein Problem mangelnder Aufklärung sehen. Barths Skepsis gegenüber dem humanistischen Umgang mit dem Problem des Antisemitismus wäre aber missverstanden, wenn sie (wie es leider häufig geschieht) auf autoritäres Denken zurückgeführt würde. Vielmehr beruht Barths Skepsis auf der Erkenntnis der Ohnmacht der Vernunft angesichts der Irrationalität des Antisemitismus. Man kann Antisemitismus nur „als eine *Krankheit* verstehen" (KD III/3, 249). Argu-

---

[45] Vgl. Karl Barth, *Die Kirchliche Dogmatik*, Bd. III: *Die Lehre von der Schöpfung*. Dritter Teilband (KD III/3), Zollikon-Zürich 1950, 238–256.

mente der aufgeklärten Vernunft sind aus Barths Sicht nicht falsch, aber ungenügend. Sie bedürfen ihrerseits der theologischen Kritik.

10.5 Exkurs: Die sozialwissenschaftliche Antisemitismustheorie der *Dialektik der Aufklärung* zum Vergleich

Barths Antisemitismustheorie kann – jenseits ihrer unbestreitbaren Ambivalenzen – aufgrund der darin zum Ausdruck kommenden Skepsis gegenüber dem liberalen Humanismus als ein theologisches Gegenstück zu der sozialpsychologischen Antisemitismustheorie gelten, die von den kritischen Theoretikern Max Horkheimer und Theodor W. Adorno in dem Kapitel „Elemente des Antisemitismus" der *Dialektik der Aufklärung* vorgelegt worden ist.[46]

Horkheimer und Adorno haben im Jahr 1944 im kalifornischen Exil die liberale These wie folgt charakterisiert:

> „Die Juden, frei von nationalen oder Rassemerkmalen, bildeten eine Gruppe durch religiöse Meinung und Tradition, durch nichts sonst. Jüdische Kennzeichen bezögen sich auf Ostjuden, jedenfalls bloß auf noch nicht ganz Assimilierte."

Diese These, so Horkheimer und Adorno, sei – ebenso wie ihre faschistische Gegenthese von den Juden als „negative[m] Prinzip" – „wahr und falsch zugleich" (177). „Wahr" sei die liberale These „als Idee" – man könnte auch sagen: als Utopie – von der „Einheit der Menschheit". Falsch sei die liberale These aber, sofern sie diese Utopie „als prinzipiell bereits verwirklicht" ansetze; damit diene sie „zur Apologie des Bestehenden" (177f.). Ihre Ohnmacht ziehe den Feind der Ohnmacht an; soll heißen: Antisemiten werden in der Realität der bestehenden Gesellschaft immer Anhaltspunkte für ihre Behauptung finden, dass Juden sich weder assimilieren können noch wollen. Eben gegen diese Wahrnehmung der Andersheit von Juden hat die liberale These von der Einheit der Menschheit kein schlagkräftiges Argument, weil sie die Differenz nicht wahrhaben will: „Was anders wäre, wird gleichgemacht" (18).

Der Politikwissenschaftler Helmut König hat die Ohnmacht der liberalen These in einem erhellenden Kommentar erläutert: Die „liberale Gesellschaftstheorie" beruhe „auf dem Versprechen von Einheit und Gleichheit, auf der Abschaffung natürlicher Hierarchien und Privilegien, der Unterscheidung in oben und unten, bevorrechtigte und benachteiligte Schichten und Stände". Doch die

---

[46] Vgl. Max Horkheimer u. Theodor W. Adorno, *Dialektik der Aufklärung* (1944), Frankfurt a. M. 1986, 177. Zitatnachweise im Text beziehen sich im Folgenden auf diese Ausgabe der *Dialektik der Aufklärung*.

Juden widerlegten durch ihre bloße Existenz die behauptete Einheit und Gleichheit der Gesellschaft. „Unfähig oder unwillig zur Assimilation" hielten sie an einer „Ordnung des Lebens" fest, die nicht zum liberalen Bild der Gesellschaft passt.

> „Bei aller Offenheit und Bereitschaft zur Anerkennung des Fremden erwartet der Liberalismus insgeheim doch, dass der Fremde nach und nach im Prozess der Assimilation seine Fremdheit aufgibt, sich anpasst und unterwirft. Eben dazu sind die Juden offenbar nicht bereit."

Sie bleiben „die unangepassten Fremden, [...] sie lassen nicht von ihrer Religion, [...] sie ordnen sich nicht ein und unter".[47] Es gelte aber zu erkennen, dass die angebliche Verstockung der Juden, die an ihren Besonderheiten hartnäckig festhalten, in Wirklichkeit auf eine Verhärtung der aufgeklärten bürgerlichen Gesellschaft gegenüber der Andersheit der Unangepassten hindeutet: „So wie angeblich die Juden sind: verstockt, partikular, naturhaft, so ist in Wahrheit der Zustand der Allgemeinheit, die meint, sich von diesen Qualitäten um Welten zu unterscheiden."[48] Die „Harmonie der Gesellschaft, an die auch die liberalen Juden geglaubt haben", laufe schließlich „auf die gewaltsame Harmonie der ‚Volksgemeinschaft'" hinaus, „die sich auf die Gemeinschaft der Arier beschränkt und keinerlei Abweichung und Differenz erlaubt".[49]

So zeige sich bei näherer Betrachtung, „dass der totalitäre Antisemitismus im Grunde nur die Konsequenz des Liberalismus ist". Die liberale Harmonie der Gesellschaft beruhe „nicht auf Freiheit, sondern auf Herrschaft, Verfolgung und Ausgrenzung". Schon „[d]ie Behauptung der Aufklärung, dass doch auch der Jude ein Mensch ist," sei „in Wahrheit immer mit der Anforderung verbunden" gewesen, „dass das nur dann der Fall ist, wenn er seine jüdischen Besonderheiten negiert und aufgibt". Im Antisemitismus offenbare sich „das Wesen dieser liberalen harmonischen Ordnung: Es ist die Gewalt",[50] die das Abweichende ausschließt.

Gemeinsam ist der theologischen Antisemitismustheorie Karl Barths und der sozialwissenschaftlichen Antisemitismustheorie Horkheimers und Adornos die Kritik der liberalen These von der undifferenzierten Einheit und Gleichheit der Menschheit, die mit der Erfahrung von Differenz, mit der Andersheit der Anderen, nicht angemessen umgehen kann.

---

[47] Helmut König, *Elemente des Antisemitismus. Kommentare und Interpretationen zu einem Kapitel der* Dialektik der Aufklärung *von Max Horkheimer und Theodor W. Adorno*, Weilerswist 2016, 63.
[48] König, *Elemente des Antisemitismus*, 65.
[49] König, *Elemente des Antisemitismus*, 66.
[50] König, *Elemente des Antisemitismus*, 67.

11 Alternativen zur traditionellen „Lehre der Verachtung"

So sehr das bisher gezeichnete Bild einer durchgehenden Judenfeindschaft innerhalb der christlichen Theologie die herrschende Meinung während einer 2000jährigen Geschichte repräsentieren dürfte, so wichtig ist der Hinweis darauf, dass es auch abweichende Auffassungen gegeben hat. Es ist nicht so, dass wir es in christlicher Theologie mit einer Nacht zu tun hätten, in der alle Katzen grau sind. Vielmehr gibt es Licht und Schatten. Es hat auch Ausnahmen von der Regel der „Lehre der Verachtung" gegeben. Weil es aber doch nur Ausnahmen waren, müssen wenige Beispiele genügen.

11.1 Karl Barth als Pionier der Entdeckung der theologischen Bedeutung des Judentums

Zunächst ist hier erneut Karl Barth zu nennen. Denn dieser kann – trotz aller Ambivalenzen in seiner theologischen Beurteilung des Judentums – als ein Pionier einer Umkehrbewegung im christlich-jüdischen Verhältnis nach der Schoa gelten.[1] Es hat nach der Analyse Friedrich-Wilhelm Marquardts allerdings einiger „Wendungen im Verständnis Israels" bedurft,[2] bis es bei Barth zur „Entdeckung" der Bedeutung des Judentums für die christliche Theologie gekommen ist. In den frühen Auslegungen des *Römerbriefs* von 1919 und 1922 etwa gebraucht Barth Kirche und Israel noch durchgehend synonym. Erst mit dem Beginn des evangelischen Kirchenkampfes in Deutschland wird für ihn die „Unterscheidung von Israel und Kirche" theologisch bedeutsam.[3]

Die entscheidende Wendung und zugleich einen „Höhepunkt Barthscher Israel-Erkenntnis überhaupt" sieht Marquardt in einer Predigt über Röm 15,5–13

---

[1] Vgl. Friedrich-Wilhelm Marquardt, *Die Entdeckung des Judentums für die christliche Theologie. Israel im Denken Karl Barths*, München 1967. – Vgl. auch Andreas Pangritz, Die „eine große ökumenische Frage": Karl Barths Entdeckung der theologischen Bedeutung des Judentums, in: Martin Bock u. Wolfgang Hüllstrung (Hg.), *Karl Barth und der interreligiöse Dialog heute. Vorträge im Karl-Barth-Jahr 2019 an der Melanchthon-Akademie Köln*, Düsseldorf 2020, 20–29.
[2] Marquardt, *Die Entdeckung des Judentums*, 49–98.
[3] Marquardt, *Die Entdeckung des Judentums*, 82.

im Universitätsgottesdienst in der Bonner Schlosskirche am 10. Dezember 1933.[4] Es handelt sich um eine Adventspredigt, ein Vierteljahr, nachdem die Generalsynode der Evangelischen Kirche der altpreußischen Union einen „Arierparagraphen" nach staatlichem Modell beschlossen hatte, und vier Wochen, nachdem die „Deutschen Christen" sich auf der Berliner Sportpalastkundgebung öffentlich vom Alten Testament distanziert hatten. Vor diesem Hintergrund wird die sog. „Judenfrage" für Barth zur „Glaubensfrage".[5]

Es geht in dem Predigttext, wie Barth ihn versteht, um die gegenseitige „Aufnahme" von Juden und Heiden in der Gemeinde Jesu Christi: „Darum nehmet euch untereinander auf, gleichwie uns Christus hat aufgenommen zu Gottes Lobe" (Röm 15,7).[6] Der Vorrang der Juden bleibt dabei gewahrt, denn um der „Treue Gottes" willen sei Christus zuerst „Diener der Beschneidung" geworden; die Nichtjuden seien zu diesem Gottesvolk aufgrund der „Barmherzigkeit Gottes" hinzugekommen (Röm 15,7–9), wie Barth formuliert: „Wer heute [...] Glied der Kirche sein will, muß sich ‚mitnehmen' lassen in den besonderen Regierungs-‚Bezirk' des Sohnes Gottes hinüber, d. h. in das Gottesvolk, d. h. nach Israel."[7]

Damit ist aber zugleich gesagt: „Der Jude erinnert uns mit seiner Existenz daran, daß wir keine Juden sind," dass es also

> „etwas Besonderes, Neues und Wunderbares ist, wenn wir nun [...] ‚nicht mehr Gäste und Fremdlinge, sondern Mitbürger der Heiligen und Gottes Hausgenossen' sind (Eph 2,19). Wir sind das nicht von Hause aus. Der Jude ist in seiner so rätselhaft fremdartigen und ebenso rätselhaft unzerstörbaren Existenz unter allen anderen Völkern der lebendige Beweis dafür, daß Gott frei ist zu erwählen, wen er will, daß er uns keineswegs schuldig ist, uns auch zu erwählen, daß es Gnade ist, wenn er uns auch erwählt."[8]

Neu gegenüber der theologischen Tradition ist diese „Lokalisierung der Israel-Theologie in der Lehre von der Gnadenwahl", so Marquardt, nicht zuletzt dadurch, dass „die Erweiterung des Bundes auf die Heiden hier nicht die Folge der Verwerfung Israels" ist, wie die Kirche jahrhundertelang gelehrt hatte, „sondern Folge der Bitte Jesu um Vergebung für Israel" und damit der Erinnerung an die Treue Gottes zu seinem Volk.[9]

Für die weitere Entwicklung von Barths „Israellehre" nach seiner Vertreibung aus Bonn und seiner Rückkehr in die Schweiz im Jahr 1935 ist zunächst zu

---

[4] Marquardt, *Die Entdeckung des Judentums*, 89. – Vgl. Karl Barth, Predigt über Röm 15,5–13 (1933); Universitätsgottesdienst in der Schloßkirche Bonn, in: ders., *Predigten 1921–1935*, hg. v. Holger Finze-Michaelsen, Zürich 1998, 296–305.
[5] Marquardt, *Die Entdeckung des Judentums*, 83.
[6] Barth, Predigt über Röm 15,5–13 (1933), in: ders., *Predigten 1921–1935*, 296f.
[7] Marquardt, *Die Entdeckung des Judentums*, 89.
[8] Barth, Predigt über Röm 15,5–13 (1933), in: ders., *Predigten 1921–1935*, 300.
[9] Marquardt, *Die Entdeckung des Judentums*, 94 u. 96.

bedenken, dass im Hintergrund der theologischen Reflexion über das christlich-jüdische Verhältnis die praktische Solidaritätsarbeit für in Nazi-Deutschland verfolgte Juden und Judenchristen stand. Im Blick auf dieses Engagement hat Eberhard Busch in seiner Studie *Unter dem Bogen des einen Bundes* umfangreiches Material vorgelegt.[10] So beteiligte Barth sich von Basel aus im Rahmen des „Schweizerischen Hilfswerks für die Bekennende Kirche in Deutschland" seit 1937 an der Fluchthilfe für in Deutschland bedrohte Judenchristen und Juden. Gemeinsam mit dem Alttestamentler Wilhelm Vischer insistierte er im Oktober 1938 darauf, dass die Aussage des johanneischen Jesus „Das Heil kommt von den Juden" (Joh 4,22) präsentisch zu verstehen sei, um so die Solidarität mit den Juden theologisch in der Dankbarkeit für das den Christen aus der jüdischen Quelle zuströmende Heil zu begründen.[11]

In dem Vortrag „Die Kirche und die politische Frage von heute" hat Barth – wenige Wochen nach der sog. „Reichskristallnacht" vom 9. auf den 10. November 1938 – formuliert: „Antisemitismus ist Sünde gegen den Heiligen Geist." Dies war nicht nur als sozial-ethisches Statement gemeint, obwohl es schon als solches damals in der evangelischen Kirche keineswegs Konsens war. Barth meinte dies angesichts des Heilsversprechens des Nationalsozialismus theologisch-prinzipiell:

> „Wer ein prinzipieller Judenfeind ist, der gibt sich als solcher, und wenn er im übrigen ein Engel des Lichtes wäre, als prinzipieller Feind Jesu Christi zu erkennen. Antisemitismus ist Sünde gegen den Heiligen Geist. Denn Antisemitismus heißt Verwerfung der Gnade Gottes."[12]

Als die Leitung des „Hilfswerks" am 25. November 1942 aufgrund eines Referats des Züricher Rabbiners Zwi Taubes „Über die gegenwärtige Lage der Juden, besonders im Osten" erfuhr, „daß die bekannten Judendeportationen nach dem Osten in einer Massenvernichtung endeten",[13] insistierte Barth darauf, dass man „diese schrecklichen Dinge" nicht einfach „zu Protokoll nehmen und zur Tagesordnung übergehen" könne. Vielmehr müsse die „politisch-militärische" Auseinandersetzung der Alliierten mit Nazi-Deutschland auch vonseiten der Schweiz unterstützt werden.[14] Im Juni 1944 setzte sich Barth auf Bitten von Taubes angesichts der Deportation von Juden aus Ungarn in die Vernichtungslager

---

[10] Vgl. Eberhard Busch, *Unter dem Bogen des einen Bundes. Karl Barth und die Juden 1933–1945*, Neukirchen-Vluyn 1996.
[11] Vgl. [Wilhelm Vischer,] Das Heil kommt von den Juden (Memorandum [Oktober 1938]), in: Schweizerisches Evangelisches Hilfswerk für die Bekennende Kirche in Deutschland (Hg.), *Juden – Christen – Judenchristen. Ein Ruf an die Christenheit*, Zollikon 1939, 39–47; zit. bei Busch, *Unter dem Bogen des einen Bundes*, 323f.
[12] Karl Barth, Die Kirche und die politische Frage von heute, in: ders., *Eine Schweizer Stimme. Politische Aufsätze und Briefe 1938–1945*, Zollikon-Zürich 1945, 69–107; 89.
[13] Vgl. Busch, *Unter dem Bogen*, 493.
[14] Busch, *Unter dem Bogen*, 495.

im Osten bei Bundesrat Nobs dafür ein, dass ungarischen Juden schweizerische Pässe ausgehändigt wurden und mit den deutschen Behörden durch Vermittlung des Roten Kreuzes erfolgreich über deren Freikauf verhandelt wurde.[15]

Theologisch versuchte Barth die „grundlose und wehrlose Schlachtung und Opferung des Judenvolkes" als Spiegelung jenes „um aller Anderen willen gestraften und gepeinigten Knechts Gottes aus dem Jesaja-Buch" zu deuten; ja er fragte, ob es „nicht unser Herr Jesus Christus selber" sei, „der im Schicksal jener unzähligen erschossenen oder lebendig begrabenen, im überfüllten Viehwagen erstickten oder schließlich durch Giftgas getöteten Juden [...] sichtbar wird".[16] Dazu bemerkt Eberhard Busch mit Recht, dass solche Aussagen sich in einem „Grenzbereich" bewegten, „in dem die Theologie ins Stottern geraten muß".[17]

Die Solidaritätsarbeit für vom Nazi-Regime verfolgte Juden bildet auch den „Sitz im Leben" des § 34 („Die Erwählung der Gemeinde") der *Kirchlichen Dogmatik*, der sog. „Israellehre" Karl Barths, die im Rahmen des zweiten Halbbands der *Lehre von Gott* im Jahr 1942 veröffentlicht wurde.[18] Und umgekehrt hat Barths Israellehre auch die illegale Hilfe für verfolgte Juden in Nazi-Deutschland ermutigt.[19] Nachdem im vorigen Kapitel auf Relikte der „Lehre der Verachtung" in Barths Lehre von der „Erwählung der Gemeinde" hingewiesen worden ist, sollen hier ihre vorwärtsweisenden Impulse gewürdigt werden, die eine erneuerte Israeltheologie in der Zeit nach der Schoa vorbereitet haben.

Mit seiner Reflexion über die „Erwählung der Gemeinde" in ihrer Doppelgestalt als „Israel und die Kirche", die in einer großen Paraphrase der Kapitel 9–11 des Römerbriefs abgehandelt wird, hat Barth Pionierarbeit im Blick auf die Entdeckung des Judentums als Thema christlicher Theologie geleistet. Israel und die Kirche werden hier betrachtet unter dem „Bogen des *einen* Bundes" (KD II/2, 220), von dem beide Gestalten der Gemeinde zusammengeschlossen werden. Es handelt sich geradezu um eine theologische Revolution: Das christlich-jüdische Verhältnis wird hier ins Zentrum der Gotteslehre gerückt, genauer: in die Lehre von Gottes erwählendem Handeln, seiner „Gnadenwahl" – eine theologische Entscheidung, die bis heute kaum eingeholt ist.

In strenger christologischer Konzentration leitet Barth die Erwählung der Gemeinde von der Erwählung Jesu Christi (§ 33) ab. Jesus Christus wird dabei „nicht nur als der erwählte Mensch, sondern schon vorher als der erwählende Gott" gesehen. Die Neuerung besteht darin, dass in Barths Konzeption Jesus

---

[15] Vgl. Busch, *Unter dem Bogen*, 517.
[16] Karl Barth, Verheißung und Verantwortung der christlichen Gemeinde im heutigen Zeitgeschehen (1944), in: ders., *Eine Schweizer Stimme: 1938-1945*, Zollikon-Zürich 1945, 301–321; 318f.
[17] Busch, *Unter dem Bogen*, 519.
[18] Karl Barth, *Die Kirchliche Dogmatik*, Bd. II: *Die Lehre von Gott*. Zweiter Halbband (KD II/2), Zollikon-Zürich 1942, 215–336 [§ 34: Die Erwählung der Gemeinde].
[19] Vgl. Gertrud Staewen, Bilder aus der Arbeit der illegalen Judenhilfe, in: *Unterwegs* 1 (1947), H. 3, 20–27.

11.1 Karl Barth als Pionier der Entdeckung des Judentums 175

Christus als der erwählende Erwählte am Kreuz selbst die „Verwerfung" auf sich nimmt. Mehr noch: Indem er dies stellvertretend für die sündige Menschheit tut, können weder die Juden – wie weithin in der kirchlich-theologischen Tradition – noch irgendwelche anderen Menschen als von Gott „verworfen" gelten. Vielmehr gilt: „*Gott will verlieren, damit der Mensch gewinne*. Sicheres Heil für den Menschen, sichere Gefahr für Gott selber!" (KD II/2, 177) Erwählt ist aber die Menschheit in der Doppelgestalt der Gemeinde als Israel und die Kirche, genauer: „das Volk Israel" als die „natürliche Umgebung" Jesu Christi, die Kirche als seine „geschichtliche Umgebung" (KD II/2, 216).[20] Und über die Gemeinde in ihrer Doppelgestalt wölbt sich der „Bogen des *einen* Bundes".

In der Nachkriegszeit hat Barth weitere Neuakzentuierungen seiner früheren Israelerkenntnis vorgenommen. So ist er in der *Schöpfungslehre* der *Kirchlichen Dogmatik* im Rahmen seiner Reflexionen über das „göttliche Regieren" auch auf „Die Geschichte der Juden" in theologischer Perspektive zu sprechen gekommen.[21] In diesem Zusammenhang begrüßt er die Staatsgründung Israels im Jahre 1948, indem er formuliert: „Da *sind* sie wieder, da sind sie *noch* [...]" (KD III/3, 240). Und daran schließt sich die rhetorische Frage: „Ist vielleicht der nun so überraschend aus der Sprache der Bibel und der Kirche [...] plötzlich wieder in die Zeitung übergegangene *Name* jenes neuen Staates [= Israel] keine Anmaßung, sondern der Ausdruck eines Sachverhaltes?" (KD III/3, 241) Angesichts der Tatsache, dass Barth in der *Kirchlichen Dogmatik* sonst äußerst zurückhaltend im Blick auf zeitgeschichtliche Kommentare ist, kommt dieser Äußerung besonderes Gewicht zu.

Nachdem der Ökumenische Rat der Kirchen auf seiner Gründungsversammlung in Amsterdam im August 1948 im Rückblick auf die Judenmorde der NS-Zeit erklärt hatte, dass „Antisemitismus [...] Sünde gegen Gott und Menschen" sei,[22] erarbeitete Barth für die zweite Vollversammlung des Ökumenischen Rats der Kirchen in Evanston (USA) 1954 einen Textvorschlag über die „Hoffnung Israels", der mit dem Satz schließt: „*Das Problem der Einheit der Kirche mit Israel ist das erste Problem der ökumenischen Einigung.*"[23] Dieser Text, mit dem der ökumenischen Bewegung zugemutet wurde, bei ihrer ökumenischen „Einigung" die in der göttlichen Gnadenwahl begründete „Einheit" der Kirche mit Israel „unter dem Bogen des *einen* Bundes" mitzubedenken, fand auf der Vollversammlung jedoch keine Mehrheit.

---

[20] Vgl. Marquardt, *Die Entdeckung des Judentums*, 145.
[21] Vgl. Karl Barth, *Die Kirchliche Dogmatik*, Bd. III: *Die Lehre von der Schöpfung*. Dritter Teil (KD III/3), Zollikon-Zürich 1950, 238–256.
[22] Vollversammlung des Ökumenischen Rates der Kirchen, *Erklärung über „Das christliche Verhalten gegenüber den Juden"* von August/September 1948, in: Rolf Rendtorff u. Hans Hermann Henrix (Hg.), *Die Kirchen und das Judentum*. Bd. 1: *Dokumente von 1945 bis 1985*, Gütersloh u. Paderborn (3. Aufl.) 2001, 325–329; 327.
[23] Karl Barth, Die Hoffnung Israels; zit. nach: P[aul] D[émann], Israel in Evanston, in: *Freiburger Rundbrief. Zeitschrift für christlich-jüdische Begegnung* 8 (1955), 25–30; 26f.

Barth blieb trotz der Niederlage von Evanston seiner Auffassung treu. Schon im Rahmen des ersten Teils der *Versöhnungslehre* der *Kirchlichen Dogmatik* war er bei Erläuterung des Glaubenssatzes von der Einheit der Kirche – *Credo unam ecclesiam* – auf seine Rede von der Gemeinde in den zwei Gestalten von Israel und Kirche, über die sich „der Bogen des *einen* Bundes [...] spannt", zurückgekommen.[24] Die „entscheidende Frage" sei aber nicht, was die Synagoge ohne Christus sein könne, sondern: „was ist die Kirche, solange ihr ein fremdes und entgegengesetztes Israel gegenübersteht?" Um „Judenmission" könne es hier keinesfalls gehen, denn „was hat die Kirche, was die Synagoge (Röm 9,4–5) nicht auch hatte, lange vor ihr hatte [...]?" Die „sog. Judenfrage" sei in Wahrheit „*die Christenfrage*" (KD IV/1, 749). Barths Verständnis des christlich-jüdischen Verhältnisses als ökumenisches Problem schließt also die Absage an die Judenmission ein.

Dass es sich hier für Barth nicht um ein zufälliges Randthema handelte, sondern um ein Thema, mit dem das Zentrum der Dogmatik berührt ist, zeigt sich darin, dass er im dritten Teil der *Versöhnungslehre* der *Kirchlichen Dogmatik* darauf zurückkommt.[25] Dort heißt es:

> „[D]ie ökumenische Bewegung von heute leidet schwerer unter der Abwesenheit Israels, als unter der Roms und Moskaus! [...] Die immer wieder aufbrechende *Judenfrage* ist die durch keinen ihrer Dienste beantwortete und zu beantwortende *Christenfrage* und *Kirchenfrage*" (KD IV/3, 1007).

Vorausgesetzt ist auch hier eine „klare Ablehnung der christlichen Judenmission", weil ein sich „seines Judentums bewußter und also ernstzunehmender Jude [...] sich schon mit diesem Wort nur eben mißverstanden und beleidigt finden" müsse (KD IV/3, 1005).

Aus dem Jahr 1966 schließlich ist eine mündliche Äußerung Barths aus Anlass seines Besuchs in Rom überliefert: „Die ökumenische Bewegung wird deutlich vom Geiste des Herrn getrieben. Aber wir sollten nicht vergessen, daß es schließlich nur eine tatsächlich große ökumenische Frage gibt: unsere Beziehungen zum Judentum."[26] Die katholischen Theologen Hans Hermann Henrix und Johann Baptist Metz haben diese Mahnung als „Karl Barths ökumenisches Testament" gewürdigt.[27]

---

[24] Karl Barth, *Die Kirchliche Dogmatik*, Bd. IV: *Die Lehre von der Versöhnung*, Erster Teil (KD IV/1), Zollikon-Zürich 1953.

[25] Karl Barth, *Die Kirchliche Dogmatik*, Bd. IV: *Die Lehre von der Versöhnung*, Dritter Teil (KD IV/3), Zollikon-Zürich 1959.

[26] Karl Barth anlässlich seines Rombesuchs 1966 gegenüber Mitgliedern des vatikanischen Sekretariats für die Einheit der Christen; zit. nach: Hans Hermann Henrix, Ökumenische Theologie und Judentum. Gedanken zur Nichtexistenz, Notwendigkeit und Zukunft eines Dialogs, in: *Freiburger Rundbrief* 28 (1976), 16–27; 27.

[27] Vgl. Henrix, Ökumenische Theologie und Judentum, in: *Freiburger Rundbrief* 28 (1976), 27, Anm. 58. – Vgl. Johann Baptist Metz, Ökumene nach Auschwitz. Zum Verhältnis von Christen und Juden in Deutschland, in: Eugen Kogon, Johann Baptist Metz u. a., *Gott nach Auschwitz. Dimensionen des Massenmordes am jüdischen Volk*, Freiburg i. Br. 1979, 121–144; 144.

11.1 Karl Barth als Pionier der Entdeckung des Judentums

Wie bedeutsam dieses ökumenische Testament für Barth war, lässt sich seiner Stellungnahme zu den Beschlüssen des Zweiten Vatikanischen Konzils entnehmen. So hat er kritisch zurückgefragt, warum „das Grund-Schisma – der Gegensatz von Kirche und Synagoge" – nicht im Dekret über den Ökumenismus, wo es hingehört hätte, behandelt wird; offenbar wirkte es auf Barth deplatziert, dass „die Beziehung der Kirche zur ‚Nachkommenschaft Abrahams'" erst in der Deklaration über das Verhältnis der Kirche zu den nichtchristlichen Religionen (*Nostra Aetate*) zur Sprache gebracht wird.[28] Im Blick auf diese Erklärung fragte Barth: „Wie kommt die ‚Deklaration' dazu [...], im Blick auf *Israels* Geschichte und Gegenwart – in einem Atemzug mit Hinduismus, Buddhismus, Moslemismus – von einer ‚nicht-christlichen Religion' zu reden, wo es sich doch a) im Alten Testament keineswegs um eine ‚Religion', sondern um die Urgestalt der einen *Gottesoffenbarung* [,] b) in der Existenz des späteren und heutigen (gläubigen oder ungläubigen) Judentums um den einen einzigen natürlichen (weltgeschichtlichen) *Gottesbeweis* handelt?"[29]

Schließlich vermisste Barth in *Nostra Aetate* die Anerkennung einer kirchlichen Schuld gegenüber den Juden: „Wäre hier nicht [...] angesichts der judenfeindlichen Haltung der alten, der mittelalterlichen und weithin auch der modernen Kirche ein ausdrückliches *Schuldbekenntnis* am Platz gewesen?" Und Barth weitet die Perspektive des Schuldbekenntnisses abschließend auf das christlich-muslimische Verhältnis aus, indem er fragt, ob nicht „bei Erwähnung der Muslim[e] ein solches in Erinnerung an die fatale Rolle der Kirche in den sogenannten Kreuzzügen" am Platz gewesen wäre.[30] In diesen Äußerungen des alten Karl Barth deutet sich bereits so etwas wie eine „abrahamitische Ökumene" zwischen Juden, Christen und Muslimen an, von der heute gelegentlich die Rede ist.

Würde man Barths Rede vom christlich-jüdischen Verhältnis als der „einen tatsächlich großen ökumenischen Frage" ernstnehmen, müsste sich der Begriff von Ökumene ändern.[31] Die ökumenische Bewegung könnte ihr Verständnis von „Einheit in versöhnter Verschiedenheit" nicht mehr vom expliziten Christusbekenntnis abhängig machen. Es würde stattdessen um eine Gemeinschaft bleibend Verschiedener gehen, die nicht auf dem gemeinsamen Bekenntnis, sondern auf der Anerkennung der Alterität des Anderen beruhen würde. Aus Barths Sicht wäre freilich auch dies keine Ökumene ohne Christus, sondern eine Gemeinschaft, in der Christus gerade in der bleibenden Verschiedenheit der beiden Gottesgemeinden präsent wäre.

---

[28] Karl Barth, *Ad Limina Apostolorum*, Zürich 1967, 33.
[29] Barth, *Ad Limina Apostolorum*, 39f.
[30] Barth, *Ad Limina Apostolorum*, 39f.
[31] Vgl. dazu Andreas Pangritz, Jüdisches Leben in Deutschland als Anfrage an die innerchristliche Ökumene, in: *Materialdienst des Konfessionskundlichen Instituts Bensheim* 72 (2021), 3–10.

Für Barth konkretisiert sich das Bundesgeschehen zwischen Gott und seinem Volk in dem biblischen Namen *Immanuel* (= Gott mit uns).

> „Der Name Immanuel impliziert das ganze Verheißungspotential, das dann in der Bundesgeschichte als der Geschichte Gottes mit den Menschen vor Augen gestellt wird. Nicht zuletzt ist Immanuel deshalb der herauszuhebende Gottesname, weil er ausdrücklich auch Christus gilt [...] und in ihm seine ganze Fülle vor Augen stellt. [...] Es bleibt dabei zu beachten, dass das christologische Konzept zutiefst von der das ganze Alte Testament charakterisierenden Bundeswirklichkeit geprägt ist."[32]

Dabei ist es bezeichnend, dass Barth den Namen Immanuel, der in Jes 7,14 die messianische Erwartung repräsentiert und in Mt 1,23 auf Jesus von Nazaret übertragen wird, in den *Prolegomena zur Kirchlichen Dogmatik* noch als allgemeine Umschreibung der Urbeziehung zwischen Gott und Mensch liest (KD I/1, 169); in der späteren *Versöhnungslehre* präzisiert er jedoch, dass dieser hebräische Name in seiner partikularen israelitischen Kontur gelesen werden müsse:

> „Immanuel ist der Inbegriff der Erkenntnis, in der der Gott Israels sich in allen seinen Taten und Anordnungen offenbar macht: er ist der *Gott, der nicht ohne sein Volk, sondern als sein Gott und darum als seine Hoffnung mit ihm ist*, wirkt und handelt" (KD IV/1, 4).

Daher müsse gesagt werden:

> „Das Wort wurde – nicht ‚Fleisch', Mensch, erniedrigter und leidender Mensch in irgend einer Allgemeinheit, sondern *jüdisches* Fleisch. Die ganze kirchliche Inkarnations- und Versöhnungslehre wurde abstrakt, billig und bedeutungslos in dem Maß, als man das für eine beiläufige und zufällige Bestimmung zu halten begann" (KD IV/1, 181f.).

In diesem Rahmen findet sich dann auch in einer Auslegung der ersten These der Barmer Theologischen Erklärung über Jesus Christus als „das eine Wort Gottes" die Aussage:

> „Es sind aber *vorbehaltlos vergleichbar* [...] *Jesus Christus*, die Wahrheit seiner Geschichte, das Licht seines Lebens, der Logos seiner Tat *und* [...] die Herrlichkeit der nach dem Zeugnis der Propheten von Jahve gewollten, begründeten, beherrschten und bestimmten *Geschichte Israels* in ihrer Ganzheit und in ihrem Zusammenhang" (KD IV/3, 57).

Christologie wird mit solchen Aussagen ganz in die Befreiungsgeschichte des Volkes Israel eingebettet. „Vorbehaltlos vergleichbar" – damit deutet Barth an, dass die sog. christologische Konzentration seiner Theologie auch bundestheologisch aussagbar ist, als Konzentration auf die „Ganzheit" und den „Zusammenhang" der Geschichte Gottes mit dem Volk Israel. Die entscheidende Frage lautet

---

[32] Michael Weinrich, Bund, in: Beintker (Hg.), *Barth Handbuch*, Tübingen 2016, 313–320; 315f.

dann nicht mehr, ob Juden sich zu Jesus als dem Christus bekennen können, sondern ob die Christen bereit sind, sich zur Bundesgeschichte Gottes mit Israel zu bekennen, die in dem Namen „Immanuel" zum Ausdruck kommt.

11.2 Ausblick: Umkehr und Erneuerung im christlich-jüdischen Verhältnis nach der Schoa

Als ein weiterer Wegbereiter der Umkehr und Erneuerung im christlich-jüdischen Verhältnis nach der Schoa ist neben Karl Barth auch Dietrich Bonhoeffer noch einmal zu nennen – trotz der Ambivalenzen in seinem Essay „Die Kirche vor der Judenfrage" von 1933. Denn Bonhoeffer ist, wie bereits erwähnt, in seiner nur fragmentarisch überlieferten *Ethik* zu einer Formulierung gekommen, die deutlich über den traditionellen theologischen Antijudaismus hinausführt. So heißt es in dem Ethik-Manuskript „Erbe und Verfall" aus dem Jahr 1940: „Die abendländische Geschichte ist nach Gottes Willen mit dem Volk Israel unlöslich verbunden," und zwar, wie Bonhoeffer in einer Randnotiz aus dem Jahr 1941 ergänzt: „nicht nur genetisch [d. h. gemäß der historischen Herkunft], sondern in echter unaufhörlicher Begegnung. Der Jude hält die Christusfrage offen." Ein weiterer Zusatz könnte einen Hinweis auf den zeitgeschichtlichen Kontext der Notiz, die Massendeportationen von Juden aus Berliner Wohnungen seit der Nacht vom 16. auf den 17. Oktober 1941, enthalten: „Eine Verstoßung d. Juden aus dem Abendland muß die Verstoßung Christi nach sich ziehen; denn Jesus Christus war Jude."[33]

Mit seiner Rede von „echter unaufhörlicher Begegnung" zwischen Christen und Juden, insbesondere aber mit seinem Hinweis auf das Offenhalten der „Christusfrage", d. h. der Frage nach der Messianität Jesu, durch die Juden ist Bonhoeffer wegweisend für eine erneuerte Christologie nach Auschwitz geworden. Es ist zu beachten, dass Bonhoeffer hier – im Unterschied zur theologischen Tradition – den Juden keinen Vorwurf daraus macht, die „Christusfrage" offenzuhalten; vielmehr will er die Christen zur Dankbarkeit gegenüber den Juden ermuntern, da diese die offene Frage, die hinter der versteinerten Dogmatik steckt, wieder ans Licht bringen.

Da Bonhoeffer am 9. April 1945 von der NS-Justiz ermordet worden ist, konnte er keinen direkten Einfluss auf die Erneuerung des christlich-jüdischen Verhältnisses nach der Schoa nehmen. Doch es dürfte kein Zufall sein, dass sein Freund und Biograph Eberhard Bethge (1909–2000) zu einem der wichtigsten

---

[33] Dietrich Bonhoeffer, *Ethik*, hg. v. Ilse Tödt u. a. (DBW 6), München 1992, 95. – Vgl. dazu Andreas Pangritz, „Freie Gnadenwahl". Eine Marginalie zu Bonhoeffers *Ethik*, in: ders., *Vergegnungen, Umbrüche und Aufbrüche. Beiträge zur Theologie des christlich-jüdischen Verhältnisses*, Leipzig 2015, 115–121.

Wegbereiter des rheinischen Synodalbeschlusses *Zur Erneuerung des Verhältnisses von Christen und Juden* vom 11. Januar 1980 geworden ist.³⁴ Dies führte bei Bethge auch zu einer Infragestellung christologischer Exklusivaussagen, die in der theologischen Tradition lange Zeit für selbstverständlich gehalten worden waren.³⁵ Darin war er sich mit Friedrich-Wilhelm Marquardt einig, der aus Bonhoeffers Satz über die offen gehaltene Christusfrage die dogmatische Konsequenz gezogen hat, indem er formulierte: „Wir werden den christlichen Antijudaismus erst hinter uns haben, wenn es uns theologisch gelingt, mit dem jüdischen Nein zu Jesus Christus etwas Positives anzufangen."³⁶

In der Zeit nach dem Zweiten Weltkrieg hat neben Karl Barth auch der 1933 ins US-amerikanische Exil vertriebene Paul Tillich (1886–1965) ein theologisches Verständnis des Judentums entwickelt, das geeignet sein könnte, die traditionelle „Lehre der Verachtung" zu überwinden. Einschlägig sind hier vier Gastvorträge über die „Judenfrage" als christliches und deutsches Problem, die Tillich im Jahr 1953 an der Deutschen Hochschule für Politik, dem heutigen Otto-Suhr-Institut der Freien Universität Berlin, gehalten hat.³⁷ Tillich zufolge ist es für das künftige Verhältnis von Christentum und Judentum entscheidend, „daß das Christentum das Alte Testament als einen integrierenden Bestandteil der christlichen Bibel und die Religion des Alten Testaments als einen integrierenden Bestandteil der christlichen Existenz bejaht" (168). Auch müsse das Christentum endlich zur „Bekämpfung seines eigenen Antijudaismus" bereit sein und zugleich „das Judentum als Repräsentanten der prophetischen Kritik an sich selbst verstehen". Es müsse anerkennen, „daß das Judentum notwendig ist, solange es Heidentum innerhalb und außerhalb des Christentums gibt" (169). Und angesichts der bleibenden Differenz zwischen Judentum und Christentum schärft Tillich in einem predigtartigen Schluss seinen christlichen Hörerinnen und Hörern ein:

---

[34] Vgl. Andreas Pangritz, „Der Holocaust als Wendepunkt." Eberhard Bethges Beitrag zur Erneuerung des christlich-jüdischen Verhältnisses (2010), in: ders., *Vergegnungen, Umbrüche und Aufbrüche*, 145–165.

[35] Vgl. Eberhard Bethge, Christologisches Bekenntnis und Antijudaismus. Zum Defizit von Barmen I (1983), in: ders., *Bekennen und Widerstehen. Aufsätze, Reden, Gespräche*, München 1984, 113–140. – Vgl. auch ders., Christologie und das Erste Gebot. Vortrag zur Oxforder Holocaust-Konferenz, Juni 1988, in: ders., *Erstes Gebot und Zeitgeschichte. Aufsätze und Reden 1980–1990*, München 1991, 69–82.

[36] Friedrich-Wilhelm Marquardt, „Feinde um unsretwillen". Das jüdische Nein und die christliche Theologie (1977), in: ders., *Verwegenheiten. Theologische Stücke aus Berlin*, München 1981, 311–336; 311.

[37] Vgl. Paul Tillich, Die Judenfrage – ein christliches und ein deutsches Problem. Vier Vorträge, gehalten an der Deutschen Hochschule für Politik (1953), in: ders., *Gesammelte Werke*, Bd. III: *Das religiöse Fundament des moralischen Handelns. Schriften zur Ethik und zum Menschenbild*, Stuttgart 1965, 128–170. Zitatnachweise im Text beziehen sich im Folgenden auf diese Ausgabe.

11.2 Ausblick: Umkehr und Erneuerung

> „Das einzige Argument, was Ihr gegen das jüdische Argument habt, ist zu zeigen, daß durch das Kommen des Christus wirklich eine neue Realität erschienen ist, fragmentarisch zwar und vieldeutig und doch fähig, Konflikte der menschlichen Existenz zu überwinden" (170).

Soweit ich sehe, hat die deutschsprachige Theologie Tillichs Berliner Vorträge über die „Judenfrage" kaum rezipiert – zu ihrem eigenen Schaden. Zu den Gründen für diese Ignoranz dürfte zählen, dass Tillich seine Vorträge nicht in einem theologischen, sondern in einem politikwissenschaftlichen Kontext vorgetragen hat. Aber es liegt zugleich der Verdacht nahe, dass die Analysen eines aus Nazi-Deutschland vertriebenen Gelehrten, der sich nicht scheute, von einer kollektiven Schuld der Deutschen „im Sinne von mangelnder Ausübung von Verantwortlichkeit" zu reden (131), im Deutschland der Nachkriegszeit nicht wirklich willkommen waren.

Einer der wenigen von der antijudaistischen Tradition der Theologie im Nachkriegsdeutschland abweichenden Theologen war Hans Joachim Iwand (1899–1960), ein Barth nahestehender lutherischer Theologe der Bekennenden Kirche, der nach dem Krieg zunächst in Göttingen und seit 1952 in Bonn Systematische Theologie lehrte. Iwand hat schon im Jahr 1946 in einer Predigtmeditation zum Epheserbrief auf der bleibenden Verbundenheit der Christenheit mit den Juden als den zuerst Erwählten insistiert; die Christen seien *„Bürger mit den Heiligen und Gottes Hausgenossen"*,[38] „Mitbürger des neuen Jerusalem". Zusammengefasst hat Iwand diese Erkenntnis von der Hinzuerwählung der Christen in dem Appell: „Vergesst das *mit* nicht!"[39]

In einem Brief an den Prager Kollegen Josef Lukl Hromádka vom 8. Juni 1959 erinnerte Iwand an Barths Satz, „daß Antisemitismus heute die Sünde gegen den Heiligen Geist sei".[40] Und er formulierte im Rückblick: „Angesichts des aufkommenden Nationalsozialismus und seiner ersten Taten habe ich zu zweifeln begonnen an der Redlichkeit meines Standes [...]."[41] Iwand dachte dabei in erster Linie an das „Feld[] der Nachfolge, des Ethos, der praktischen Bewährung [...]", wobei es ihm vor allem um die mangelnde Solidarität mit den Juden ging:

---

[38] Hans Joachim Iwand, Pfingsten. Eph 2,19–22 (1946), in: ders., *Predigt-Meditationen*, Bd. I, Göttingen (4. Aufl.) 1984, 20–23; 22. – Vgl. dazu auch Bertold Klappert, Israel und die Völkerwelt. Stadien der Israeltheologie Hans Joachim Iwands (1991), in: ders., *Miterben der Verheißung. Beiträge zum jüdisch-christlichen Dialog*, Neukirchen-Vluyn 2000, 241–258.

[39] Iwand, Pfingsten, in: ders., *Predigt-Meditationen*, Bd. I, 23. Dieses „mit" wird auch in Eph 3,6 betont, wo es heißt, „dass die Heiden Miterben sind, Miteinverleibte und Mitgenossen der Verheißung in Christus Jesus durch das Evangelium".

[40] Hans Joachim Iwand, Antwort. Ein Brief an J. L. Hromádka (1959), in: ders., *Frieden mit dem Osten. Texte 1933–1959*, hg. v. Gerard C. den Hertog u. a., München 1988, 199–217; 206. – Vgl. dazu auch Andreas Pangritz, Die „bleibende Erwählung der Juden" und das „Bekenntnis zu Jesus Christus", in: ders., *Vergegnungen, Umbrüche und Aufbrüche*, 257–271.

[41] Iwand, Antwort, in: ders., *Frieden mit dem Osten*, 207.

> „Wir haben nicht klar genug gesehen, was erst langsam in uns allen – mit wenigen Ausnahmen, die es vorher wußten – gedämmert hat, daß der Angriff auf die Juden *Ihm* galt, Jesus Christus selbst. Wir haben theologisch zwar an der Menschheit Jesu Christi festgehalten, aber daß dieser Mensch ein Jude war, das haben wir dogmatisch oder im Sinne eines allgemeinen Humanismus ethisierend für irrelevant erachtet. Wir haben den inneren Zusammenhang zwischen dem alten und dem neuen Bund weniger klar und scharf gesichtet als es der Gegner tat, der die schwächste Stelle in unserem modernen Christentum erspäht hatte. In diesem Falle lag die Decke eher vor den Augen der Kirche als über der Synagoge. [...] Wer wird diese Schuld einmal von uns und unseren Vätern – denn dort begann es – nehmen?"[42]

Hier ist auch Helmut Gollwitzer (1908–1993) zu nennen, in den frühen dreißiger Jahren Barths Assistent in Bonn, der nach langjähriger Kriegsgefangenschaft in der Sowjetunion seit 1951 neben Iwand Systematische Theologie in Bonn lehrte und im Jahr 1957 an die Freie Universität (FU) nach Berlin wechselte. Von Gollwitzer ist zunächst ein Festvortrag zu erwähnen, den dieser im Jahr 1958 zum zehnjährigen Jubiläum der Staatsgründung Israels im Auditorium maximum der FU Berlin gehalten hat. Das Volk Israel ist für Gollwitzer (wie schon für Barth und für Tillich) „das theologische Volk *kat' exochen*". Daher müsse, „wer sich mit Israel beschäftigt, [...] *nolens volens* zum Theologen werden". Anders könne niemand die Bedeutung erfassen, die darin liegt, „daß nun das auserwählte Volk und das verheißene Land sich wiedergefunden haben".[43] Im Jahr 1961 gehörte Gollwitzer zu den Initiatoren und Mitbegründern der „Arbeitsgemeinschaft Juden und Christen beim Deutschen Evangelischen Kirchentag", die bis heute als eines der wichtigsten Foren des Dialogs von Christen und Juden im deutschsprachigen Kontext gelten kann.[44]

Es ist vielleicht kein Zufall, dass es zwei weitere Schüler Karl Barths waren, die bislang die weitestgehenden Konsequenzen in der Richtung einer grundlegenden Umkehr und Erneuerung evangelischer Theologie im Verhältnis zum Judentum nach der Schoa in Gestalt von dogmatischen Gesamtentwürfen gezogen haben: im US-amerikanischen Kontext Paul M. van Buren und im deutschen Kontext Friedrich-Wilhelm Marquardt.[45]

---

[42] Iwand, Antwort, in: ders., *Frieden mit dem Osten*, 205f.
[43] Helmut Gollwitzer, Israel und wir (1958), in: ders., *Auch das Denken darf dienen. Aufsätze zu Theologie und Geistesgeschichte*, hg. v. Friedrich-Wilhelm Marquardt, München 1988, Bd. 2, 82–102; 96f. – Vgl. dazu auch Andreas Pangritz, „Die Quelle als Kritik des Stroms". Helmut Gollwitzers Theologie des christlich-jüdischen Verhältnisses, in: ders., *Vergegnungen, Umbrüche und Aufbrüche*, 125–144.
[44] Zu Helmut Gollwitzer vgl. auch Andreas Pangritz, „*Der ganz andere Gott will eine ganz andere Gesellschaft." Das Lebenswerk Helmut Gollwitzers (1908–1993)*, Stuttgart 2016. – Zur „Arbeitsgemeinschaft Juden und Christen" vgl. Gabriele Kammerer, *In die Haare, in die Arme. 40 Jahre Arbeitsgemeinschaft „Juden und Christen" beim Deutschen Evangelischen Kirchentag*, Gütersloh 2001.
[45] Vgl. zu beiden Theologen: Barbara U. Meyer, *Christologie im Schatten der Shoah – im Lichte Israels. Studien zu Paul van Buren und Friedrich-Wilhelm Marquardt*, Zürich 2004.

11.2 Ausblick: Umkehr und Erneuerung

Der episkopale Theologe Paul M. van Buren (1924–1998) hat in den achtziger Jahren des 20. Jahrhunderts *Eine Theologie des christlich-jüdischen Diskurses* in drei Bänden vorgelegt, von der nur der einleitende erste Band – *Discerning the Way* – auch in deutscher Übersetzung erschienen ist: *Darstellung der Aufgaben und Möglichkeiten*.[46] Die beiden anderen Bände – *A Christian Theology of the People Israel* und *Christ in Context* –, die eine christliche Lehre vom Volk Israel und eine Christologie ohne Antijudaismus umreißen,[47] sind unübersetzt geblieben und daher in Deutschland kaum rezipiert worden.[48]

Friedrich-Wilhelm Marquardt (1928–2002) zählte im Jahr 1961 gemeinsam mit Gollwitzer und anderen zu den Begründern der „Arbeitsgemeinschaft Juden und Christen beim Deutschen Evangelischen Kirchentag". Repräsentativ für Marquardts Arbeit an der Umkehr und Erneuerung der Theologie im Blick auf das Judentum steht seine siebenbändige Dogmatik, die in den Jahren 1988 bis 1997 erschienen ist.[49] Als Grundregel seines theologischen Redens vom Judentum formuliert Marquardt bereits im ersten Band, in den *Prolegomena*:

> „Theologisches Sprechen von Israel ist nur dann wahr, wenn es Israel weder verrät noch opfert, weder geistig liquidiert noch theologisch vernichtet, sondern ein Akt ist, in dem der Gedanke eilt, Israel zu helfen und ihm beizustehen gegen seine Bedrohung durch das Christentum."[50]

Marquardt hat sowohl Rosemary Ruethers Satz vom Antijudaismus als „der linken Hand der Christologie" als auch Peter von der Osten-Sackens damit begründete Formel von einer „Notwendigkeit theologischen Besitzverzichts" als „eine einzige Provokation des Dogmatikers" empfunden. Zwar wollte er nicht das „historische Recht" von Ruethers Satz bestreiten; als Dogmatiker wollte er ihn aber zu den Sätzen zählen, die grundsätzlich „einfach nicht wahr sein dürfen". Es könne „keine Christologie geben, die [...] auch nur mit dem kleinsten Finger auf Antijudaismus wiese". Denn „Jesus Christus ist weder geistig noch physisch ein

---

[46] Vgl. Paul M. van Buren, *Eine Theologie des christlich-jüdischen Diskurses. Darstellung der Aufgaben und Möglichkeiten,* München 1988 (orig. englisch: *A Theology of the Jewish-Christian Reality.* Part I: *Discerning the Way*, San Francisco 1980).

[47] Paul M. van Buren, *A Theology of the Jewish-Christian Reality.* Part II: *A Christian Theology of the People Israel*, San Francisco 1983; Part III: *Christ in Context*, San Francisco 1988.

[48] Vgl. jedoch Bertold Klappert, Mitverantwortung aus messianischer Hoffnung. Paul van Burens Theologie im christlich-jüdischen Kontext (1993), in: ders., *Miterben der Verheißung*, 259–277.

[49] Vgl. Friedrich-Wilhelm Marquardt, *Von Elend und Heimsuchung der Theologie. Prolegomena zur Dogmatik*, München 1988; ders., *Das christliche Bekenntnis zu Jesus, dem Juden. Eine Christologie*, 2 Bände, München 1990 u. 1991; ders., *Was dürfen wir hoffen, wenn wir hoffen dürften. Eine Eschatologie*, 3 Bände, Gütersloh 1993, 1994 u. 1996; ders., *Eia, wärn wir da – eine theologische Utopie*, Gütersloh 1997. – Vgl. dazu Andreas Pangritz, „Wendung nach Jerusalem". Zu Friedrich-Wilhelm Marquardts Arbeit an der Dogmatik, in: ders., *Vergegnungen, Umbrüche und Aufbrüche*, 167–186.

[50] Friedrich-Wilhelm Marquardt, *Von Elend und Heimsuchung der Theologie*, 110.

Bruderhasser und Menschenmörder". Damit will Marquardt offensichtlich sagen, dass eine antijudaistische Christologie ein Widerspruch in sich selbst wäre, – Marquardt redet von einem „antijüdischen Selbstmißverständnis".[51] Eine antijudaistische Lehre von Christus verdient nicht den Namen Christologie.

Entsprechend hat Marquardt einen christologischen Bekenntnissatz formuliert, der sich bemüht, den traditionellen Antijudaismus christlicher Theologie zu überwinden:

> „Die Kirche verwirft die falsche Lehre, als wäre das Heil nur einst von den Juden gekommen, und erkennt und bekennt, daß Gott auch heute in Israel zur Welt kommt. Sie weigert sich, das *Judesein Jesu* nur für einen historischen und damit überholbaren Zufall zu halten, und bekennt sich zu ihm als einem in den Lenden und Leibern der Väter und Mütter Israels gekommenen, von der jüdischen Mutter Mirjam geborenen, dem Gesetz unterworfenen und es tuenden, als jüdischen Aufständischen angeklagten, gefolterten, umgebrachten, begrabenen, von Gott in Revision dieses Urteils vom Tode erweckten und in ewige Gemeinschaft mit ihm erhobenen Juden, dessen Zukunft, Richtspruch, Begnadigung und jüdisch geprägter, d. h. in Gott nicht aufgehender, sondern ihm dienender Lebensgemeinschaft wir entgegensehen."[52]

Dazu hat Marquardt den bezeichnenden, an Bonhoeffers Diktum von der offenen Christusfrage erinnernden Kontrapunkt gesetzt:

> „Im jüdischen Volk und seinem Nein zu Jesus Christus begegnet der Kirche aber die weltliche Bedingung der Möglichkeit ihrer *Hoffnung*. Denn das jüdische Nein zu Jesus Christus ist der Widerspruch gegen jeden kirchlichen Wahn einer Heils- und Selbsterfülltheit. Es hält Gott selbst der Kirche gegenüber offen. [...] Das Judentum steht mit seiner Verneinung des Messias Jesus der Kirche gegenüber im Namen Gottes als Anwalt der noch nicht befreiten Völker."[53]

Aus dem Kontext der Evangelischen Kirche im Rheinland wäre schließlich noch Bertold Klappert (*1939) zu erwähnen, der von 1974 bis 2004 Systematische Theologie an der Kirchlichen Hochschule in Wuppertal gelehrt hat.[54] Klappert war seit 1978 Mitglied des Ausschusses „Christen und Juden" der Evangelischen Kirche im Rheinland und hat in dieser Funktion maßgeblich an der Vorbereitung des rheinischen Synodalbeschlusses *Zur Erneuerung des Verhältnisses von Christen und Juden* vom 11. Januar 1980 mitgewirkt.[55] Dabei hat sich Klappert insbesondere für den zentralen, an Karl Barth anknüpfenden, im Wortlaut jedoch um-

---

[51] Friedrich-Wilhelm Marquardt, *Die Gegenwart des Auferstandenen bei seinem Volk Israel*, München 1983, 8f. (Vorwort).
[52] Marquardt, *Von Elend und Heimsuchung der Theologie*, 426.
[53] Marquardt, *Von Elend und Heimsuchung der Theologie*, 426f.
[54] Vgl. Bertold Klappert, *Miterben der Verheißung. Beiträge zum jüdisch-christlichen Dialog*, Neukirchen-Vluyn 2000.
[55] Vgl. Evangelische Kirche im Rheinland, Synodalbeschluß „Zur Erneuerung des Verhältnisses von Christen und Juden" vom 11. Januar 1980, in: Rolf Rendtorff u. Hans Hermann Henrix (Hg.), *Die Kirchen und das Judentum*. Bd. 1: *Dokumente von 1945 bis 1985*, Gütersloh u. Paderborn

strittenen christologischen Bekenntnissatz des Synodalbeschlusses stark gemacht: „Wir bekennen uns zu Jesus Christus, dem Juden, der als Messias Israels der Retter der Welt ist und die Völker der Welt mit dem Volk Gottes verbindet."[56] In den letzten Jahren hat sich Klappert über das christlich-jüdische Verhältnis hinaus auch für die Einbeziehung des Islam in einen „Trialog" zwischen Juden, Christen und Muslimen engagiert.[57]

Der Ausblick soll nicht enden, ohne dass auch auf Beispiele einer theologischen Umkehr im Verhältnis zum Judentum auf römisch-katholischer Seite hingewiesen worden wäre. Maßgeblich ist hier die Erklärung *Nostra Aetate* (Über das Verhältnis der Kirche zu den nichtchristlichen Religionen) des Zweiten Vatikanischen Konzils aus dem Jahr 1965 geworden, in der die römisch-katholische Kirche eine Neubestimmung insbesondere ihres Verhältnisses zum Judentum vorgenommen hat.[58] Als theologische Erneuerer, die sich im Sinne dieser Konzilserklärung für eine Umkehr im Verhältnis der Kirche zum Judentum engagiert haben und engagieren, seien exemplarisch erwähnt: Franz Mußner (1916–2016), der zuletzt in Regensburg Neues Testament lehrte und mit seinem *Traktat über die Juden* als Bahnbrecher einer Erneuerung des christlich-jüdischen Verhältnisses gelten kann;[59] Johann Baptist Metz (1928–2019), der zuletzt in Münster Fundamentaltheologie lehrte und als Begründer einer neuen politischen Theologie gilt;[60] Clemens Thoma (1932–2011), der seit 1971 in Luzern Judaistik und Bibelwissenschaft lehrte und dort das Institut für Jüdisch-christliche Forschung gründete;[61] und Josef Wohlmuth (* 1938), der bis 2003 in Bonn Dogmatik lehrte.[62]

Kaum bekannt geworden sind bislang Beiträge zu einer Umkehr im christlich-jüdischen Verhältnis aus dem Bereich der orthodoxen Theologie.

(3. Aufl.) 2001, 593–596. – Vgl. dazu Bertold Klappert u. Helmut Starck (Hg.), *Umkehr und Erneuerung. Erläuterungen zum Synodalbeschluß der Rheinischen Landessynode 1980 „Zur Erneuerung des Verhältnisses von Christen und Juden"*, Neukirchen-Vluyn 1980.

[56] Evangelische Kirche im Rheinland, Synodalbeschluß „Zur Erneuerung des Verhältnisses von Christen und Juden", in: Rendtorff u. Henrix (Hg.), *Die Kirchen und das Judentum*. Bd. 1, 594. – Vgl. dazu Bertold Klappert, Jesus Christus zwischen Juden und Christen, in: ders. u. Starck (Hg.), *Umkehr und Erneuerung*, 138–166.

[57] Vgl. Bertold Klappert, *Der Name Gottes und die Zukunft Abrahams. Texte zum Dialog zwischen Judentum, Christentum und Islam*, Stuttgart 2019.

[58] Vgl. Zweites Vatikanisches Konzil, Erklärung über das Verhältnis der Kirche zu den nichtchristlichen Religionen „Nostra aetate" vom 28. Oktober 1965, in: Rendtorff u. Henrix (Hg.), *Die Kirchen und das Judentum*. Bd. 1, 39–44. – Vgl. dazu Reinhold Boschki u. Josef Wohlmuth (Hg.), *Nostra Aetate 4. Wendepunkt im Verhältnis von Kirche und Judentum - bleibende Herausforderung für die Theologie*, Paderborn 2015.

[59] Vgl. Franz Mußner, *Traktat über die Juden*, München 1979.

[60] Vgl. Johann-Baptist Metz u. Jürgen Manemann (Hg.), *Christologie nach Auschwitz. Stellungnahmen im Anschluß an Thesen von Tiemo Rainer Peters*, Münster 2001.

[61] Vgl. Clemens Thoma, *Christliche Theologie des Judentums*, Augsburg 1978; ders., *Das Messiasprojekt. Theologie jüdisch-christlicher Begegnung*, Augsburg 1994.

[62] Vgl. Josef Wohlmuth, *Mysterium der Verwandlung. Eine Eschatologie aus katholischer Perspektive im Gespräch mit jüdischem Denken der Gegenwart*, Paderborn 2005.

12 Fazit

Wir sind einen weiten Weg gegangen: Dieser Weg führte von der Frage, inwiefern theologische Wurzeln des Antisemitismus schon im Neuen Testament zu finden seien über die Herausbildung einer expliziten „Lehre der Verachtung" bei den Kirchenvätern der Alten Kirche über judenfeindliche Mythen wie die Ritualmordlegende und die Lügen von angeblicher Hostienschändung und Brunnenvergiftung durch Juden im Mittelalter zu Martin Luthers Judenhass im Zusammenhang seiner reformatorischen Theologie. Von dort aus wurde die Transformation der christlichen Judenfeindschaft zum modernen Antisemitismus insbesondere im Rahmen evangelischer Theologie nachgezeichnet, wobei der Weg über den Mythos vom „ewigen Juden" Ahasver, Johann Andreas Eisenmengers *Entdecktes Judentum*, Johann Jacob Schudts *Jüdische Merkwürdigkeiten* und die *Protokolle der Weisen von Zion* zu Alfred Rosenbergs *Mythus des 20. Jahrhunderts* führte. Zwischenstationen waren bei Friedrich Schleiermacher eingelegt worden, der mit seinem religionstheoretisch begründeten Antijudaismus und seiner Verachtung des Alten Testaments breite Wirkung entfalten sollte, sowie bei der deutschen Nationalbewegung von Ernst Moritz Arndt bis zu Adolf Stoecker, bei denen die Transformation des religiösen in einen nationalen Antisemitismus beobachtet werden konnte. Ihren Tiefpunkt erreichte die Entwicklung bei den „Deutschen Christen", die Luthers reformatorische Theologie im Nationalsozialismus und seinem mörderischen Rassenantisemitismus zum Ziel gekommen wähnten.

12.1 Von Luther zu Hitler?[1]

Die Schlüsselfunktion Martin Luthers bei der Analyse des Zusammenhangs von Theologie und Antisemitismus legt die Frage nahe, ob und inwiefern ein Weg „von Luther zu Hitler" führe. Diese Frage ist m. E. bis heute nicht befriedigend erörtert worden. Auch der Kirchenhistoriker Hans-Martin Kirn stellt fest, die „Frage nach den epochenübergreifenden Zusammenhängen zwischen spätmittelalterlich-reformatorischem Antijudaismus und (Proto-)Antisemitismus auf

---

[1] Zu diesem Abschnitt vgl. Andreas Pangritz, *Theologie und Antisemitismus. Das Beispiel Martin Luthers*, Frankfurt a. M. 2017, 35–42.

der einen und dem modernen eliminatorisch angelegten Rassenantisemitismus auf der anderen Seite" sei „noch nicht hinreichend geklärt".²

Der Kirchenhistoriker Harry Oelke bemerkt dazu:

> „Das stärkste Bindeglied zwischen der Lutherdeutung der NS-Zeit und der Nachkriegszeit markierte die These von einer direkten Linie, die kausalchronologisch von Luther über diverse historische Etappen bis zu Hitler führte. Sie ging zurück auf den amerikanischen Historiker William Montgomery McGovern und sein Buch ‚From Luther to Hitler', das 1941 in erster Auflage erschienen war [...]. Der Brite Peter F. Wiener [...] führte die These weiter und machte sie populär."³

In seinem Buch *Martin Luther. Hitler's Spiritual Ancestor* [Martin Luther. Hitlers geistiger Vorfahr] hat Peter F. Wiener behauptet, dass

> „die wahren Wurzeln des Nationalsozialismus auf den Reformator Martin Luther zurückgehen, der eher ein politischer Demagoge als ein religiöser Reformator gewesen zu sein scheint und dessen Lehren und Aussprüche die Grundlagen bilden, auf denen Deutschland später aufgebaut hat" (9).

Wiener war davon überzeugt, dass „*eine gerade Linie von Luther zu Hitler läuft*" (21).⁴ Die „deutsche ‚Kultur'" habe „ihre Wurzeln in Martin Luther", womit zugleich die Differenz zwischen deutscher „Kultur" und französischer „Zivilisation" bzw. eine „atmosphärische Differenz zwischen Frankreich und Deutschland" markiert sei (11). Historiker wie Ernst Troeltsch hätten längst bemerkt, dass die Reformation, jedenfalls die deutsche Reformation, nicht als „eine liberale und fortschrittliche Bewegung" gesehen werden dürfe, sondern als „eine fatale reaktionäre Periode im Gegensatz zur Größe der Renaissance" gelten müsse (19).⁵

Was Luthers Lehre betrifft, stellt Wiener das Prinzip *sola fide* als problematisch heraus: „Nach Luther kommt es letztlich nicht darauf an, was wir *tun* und wie wir handeln. Es kommt allein auf unseren Glauben an." Dies widerspreche jedoch dem, was man sonst unter „einem wahrhaft christlichen Leben" verstehe, dass wir uns nämlich „bemühen, keine Sünden zu begehen" (30). Dieser etwas schlichten Auffassung vom Christentum entsprechend wirft Wiener Luther vor allem eine inhumane ethische Lehre vor. Dies betrifft die politische Ethik, wie sie sich insbesondere in Luthers Haltung im Bauernkrieg gezeigt habe:

---

² Vgl. Hans-Martin Kirn, Luther und die Juden, in: Albrecht Beutel (Hg.), *Martin Luther. Ein Handbuch* (2005), Tübingen (2. Aufl.) 2010, 217–224; 224.

³ Harry Oelke, „Luther und die Juden" in der kirchengeschichtlichen Forschung nach 1945, in: Harry Oelke u. a. (Hg.), *Martin Luthers „Judenschriften". Die Rezeption im 19. und 20. Jahrhundert*, Göttingen 2016, 215–233; 218. – Vgl. William Montgomery McGovern, *From Luther to Hitler. The History of Fascist-Nazi Political Philosophy*, New York 1941. – Vgl. Peter F. Wiener, *Martin Luther. Hitler's Spiritual Ancestor*, 1945. Zitatnachweise im Text beziehen sich im Folgenden auf das Buch von Wiener (deutsche Übersetzung AP).

⁴ Vgl. Wiener, Martin Luther, ebd.: „[T]he line from Luther to Hitler runs straight."

⁵ Vgl. den Hinweis auf Ernst Troeltsch (*Die Soziallehren der christlichen Kirchen und Gruppen*, Tübingen 1912) bei Wiener, *Martin Luther*, 13.

12.1 Von Luther zu Hitler?

„Die vielleicht einzige und größte Chance in der deutschen Geschichte, eine Volksrevolution zu erleben [...], wurde von Martin Luther zerdrückt" (49). Es betrifft auch die Kriegsethik; vor allem aber betrifft es Luthers Haltung gegenüber den Juden. Dabei müsse man sich klar machen, dass es gerade „der spätere Luther" gewesen sei, der „so viel größeren Einfluss auf Deutschland" gehabt habe als „der junge rebellische Mönch" (43).

Ein „recht bekannter, [nach England] geflohener deutscher lutherischer Pastor" habe behauptet, dass „Luther, der Begründer der modernen Freiheit, der erste gewesen sei, der sich gegen den Antisemitismus gewandt habe" (58f.).[6] Dabei habe er sich einiger Zitate aus Luthers Schrift *Daß Jesus Christus ein geborner Jude sei* (1523) bedient, um zu begründen, dass es die dringendste Aufgabe sei, „das deutsche Volk zurück zu Luther zu führen". Dem widerspricht Wiener heftig: „Ich würde meinen, dass ein lutherischer Pfarrer Luther zumindest gelesen haben sollte [...]. Die längste Zeit seines Lebens war Luther ein Antisemit des schlimmsten Kalibers [...]. Wie alle seine Feinde so waren die Juden in Luthers Augen Teufel" (59).

Den Nachweis, dass Luther einer der schlimmsten Antisemiten gewesen sei, führt Wiener dann mit Zitaten aus Luthers Schrift *Von den Juden und ihren Lügen* (1543), die auch vom nationalsozialistischen *Stürmer* nicht übertroffen worden seien (60). Niemals in der Geschichte der zivilisierten Menschheit seien die Massen „so zu Verfolgung und Mord angestachelt worden wie durch diesen ‚christlichen Reformator'" (62). Und unter Zitierung des Rabbiners Reinhold Lewin, mit dem die moderne Forschung über Luthers Stellung zu den Juden beginnt, betont Wiener die fatalen historischen Konsequenzen von Luthers Antisemitismus: „Die Saat des Judenhasses [...] wirkt noch lange durch die Jahrhunderte fort; wer immer aus irgendwelchen Motiven gegen die Juden schreibt, glaubt das Recht zu besitzen, triumphierend auf Luther zu verweisen." Alle künftigen Beschlüsse gegen die Juden hätten ihren Ursprung bei Luther gehabt.[7] Es sei angesichts dieser Wirkungsgeschichte heuchlerisch, „aus Luther einen judenfreundlichen Christen zu machen" (64).

Stattdessen kommt Wiener zu dem Ergebnis, dass Luther „einen gewalttätigen Antisemitismus und die Auslöschung der Juden in einer Weise predigte und praktizierte, wie sie nicht einmal von Hitler überboten worden seien" (68).[8] Kurz:

---

[6] Es könnte sich bei diesem „refugee pastor" um Dietrich Bonhoeffers Freund Franz Hildebrandt gehandelt haben, der nicht zuletzt als Lutherforscher hervorgetreten war. – Vgl. Franz Hildebrandt, *Est. Das lutherische Prinzip*, Göttingen 1931.

[7] Reinhold Lewin, *Luthers Stellung zu den Juden. Ein Beitrag zur Geschichte der Juden in Deutschland während des Reformationszeitalters*, Berlin 1911. Neudruck Aalen 1973, 110.

[8] Als Vertreter der Tradition Luthers, die sein Erbe an Hitler weitervermittelt hätten, benennt Wiener „diesen notorischen Prediger Stoecker" und „viele andere ähnliche Prediger wie etwa Friedrich Naumann [...], der Stoecker an Popularität kaum nachstand" (*Martin Luther*, 69), aber auch „deutsche Philosophen, Lutheraner wie etwa Kant, Hegel, Fichte usw."

„Die lutherische Tradition in Deutschland hat Barbaren hervorgebracht und keine Christen in unserem Sinn" (79). Daher sieht Wiener sich mit „der großen und vielleicht unmöglichen Aufgabe" konfrontiert, „nicht eine deutsche Umerziehung [*re-education*] zu bewirken, sondern eine deutsche Reformation – die erste, die den Namen verdient" (83).

Der Historiker Heinz Schilling meint Wiener widersprechen zu müssen:

> „Wer Luther zum Vorfahren Hitlers erklärt, lenkt von entscheidenden kulturellen, politischen und gesellschaftlichen Entwicklungen ab, die zwischen Reformation und Nationalsozialismus liegen und für die andere als der Reformator die Verantwortung tragen."

Es sei zwar

> „verständlich, wenn auch quellenkritische Wissenschaftler die historisch gebotene Unterscheidung zwischen religiös bedingtem Antijudaismus Alteuropas und dem rassistischen Antisemitismus der Moderne beiseite schieben und resümieren: Luther habe statt ‚Güte und Milde [...] Hass und Vernichtung der Menschenwürde gepredigt.'"

Aber: „Luthers furchtbare Hassreden gegen die Juden mündeten nicht direkt und zwangsläufig in den nationalsozialistischen Holocaust ein."[9] Damit soll offenbar genug gesagt sein.

Dazu ist jedoch zunächst mit dem Historiker und Theologen Christopher J. Probst zu bemerken, dass die Betonung der „*Diskontinuitäten*" zwischen prämodernem Antijudaismus und modernem Antisemitismus in der historischen Literatur über die Schoa nicht dazu missbraucht werden sollte, die „geistigen Kontinuitäten, die tatsächlich beide Perioden durchziehen", zu leugnen.[10] Gewiss ist in Wieners Konstruktion einer geraden Linie von Luther zu Hitler manches verzerrt und überbelichtet. Die scharfe Polemik ist wohl nicht zuletzt der zeitgeschichtlichen Konstellation – am Ende des Zweiten Weltkriegs – geschuldet. Man sollte es sich jedoch nicht zu bequem machen mit der Zurückweisung der kritischen Frage, die hier an die Tradition der lutherischen Theologie in ihrer kulturprägenden Bedeutung für Deutschland gestellt wird.

So ist die These, es führe ein gerader Weg von Luther zu Hitler keineswegs nur von Propagandisten der alliierten Kriegsgegner Nazi-Deutschlands im Zwei-

---

(mit der Ausnahme von Nietzsche, selbstverständlich)" (ebd., 70), und dann natürlich Bismarck – „Dass Bismarck sich selbst nach dem Modell Luthers stilisierte, ist gut bekannt" (ebd., 71) – und Kaiser Wilhelm II. (ebd., 72).

[9] Heinz Schilling, *Martin Luther. Rebell in einer Zeit des Umbruchs*, München (2. Aufl.) 2013, 550f. (gegen Peter von der Osten-Sacken, *Martin Luther und die Juden. Neu untersucht anhand von Anton Margarithas „Der gantz Jüdisch glaub" [1530/31)]*, Stuttgart 2002, 292 u. 300).

[10] Vgl. Christopher J. Probst, *Demonizing the Jews. Luther and the Protestant Church in Nazi Germany*, Bloomington (Indiana), 2012, 174.

ten Weltkrieg vertreten worden. Vielmehr gab es auch prominente deutschsprachige Gegner Nazi-Deutschlands, die ihre Kritik an dem Verlauf der deutschen Geistesgeschichte mit der Kontinuitätslinie von Luther zu Hitler untermauerten, darunter Karl Barth und Thomas Mann. Mann zeichnete Luther in seiner Rede über „Germany and the Germans" vom 29. Mai 1945 in der Library of Congress in Washington, D.C., „als eine Figur der deutschen Geschichte, in der das Beste ‚durch Teufelslist zum Bösen ausschlug' […]."[11] Barth wiederum hatte bereits im Dezember 1939 in einem Brief nach Frankreich geschrieben:

> „Es leidet aber das deutsche Volk an der Erbschaft eines besonders tiefsinnigen und gerade darum besonders wilden, unweisen, lebensunkundigen Heidentums. Und es leidet an der Erbschaft des größten christlichen Deutschen: an dem Irrtum Martin Luthers hinsichtlich des Verhältnisses von Gesetz und Evangelium, von weltlicher und geistlicher Ordnung und Macht, durch den sein natürliches Heidentum nicht sowohl begrenzt und beschränkt als vielmehr ideologisch verklärt, bestätigt und bestärkt worden ist […]. Der Hitlerismus ist der gegenwärtige böse Traum des erst in der lutherischen Form christianisierten deutschen Heiden."[12]

Im Übrigen ist zu bedenken, dass Kontinuitäten über die Jahrhunderte hinweg nicht nur von Kritikern Luthers wie Thomas Mann, Karl Barth und Peter F. Wiener behauptet worden sind, sondern bis heute ebenso von Luther-Apologeten konstruiert werden. So entsprach die Linie von Luther zu Hitler, wie gezeigt, durchaus dem Selbstverständnis vieler evangelischer Theologen in Deutschland namentlich unter den „Deutschen Christen", aber auch in der (überwiegend lutherischen) sog. kirchlichen „Mitte" bis hinein in die „Bekennende Kirche", die in Hitler den würdigen Nachfolger Luthers, des „Propheten der Deutschen", sahen.[13]

In ganz anderer Weise wird eine Kontinuität von Luther bis in die Gegenwart heute von der Evangelischen Kirche in Deutschland behauptet, indem Luther für die gesamte moderne Freiheitsgeschichte in Anspruch genommen wird. So will der im Blick auf das Reformationsjubiläum 2017 publizierte Grundlagentext *Rechtfertigung und Freiheit* die überragende „Bedeutung der Reformation für die europäische Freiheitsgeschichte" herausstreichen und die „Kirche der Freiheit"

---

[11] Harry Oelke, „Luther und die Juden" in der kirchengeschichtlichen Forschung nach 1945, in: ders. u. a. (Hg.), *Martin Luthers „Judenschriften"*, 218f. – Vgl. Thomas Mann, Deutschland und die Deutschen, in ders., *Gesammelte Werke in dreizehn Bänden*, Frankfurt a. M. (2., durchgesehene Aufl.) 1974, Bd. XI: Reden und Aufsätze 3, 1126–1147; 1146.

[12] Karl Barth, Ein Brief nach Frankreich (Basel, im Dezember 1939), in: ders., *Eine Schweizer Stimme*, Zollikon-Zürich 1945, 108–117; 113.

[13] Vgl. Doris Bergen, Storm Troopers of Christ. The German Christian Movement and the Ecclesiastical Final Solution, in: Robert P. Ericksen u. Susannah Heschel (Hg.), *Betrayal. German Churches and the Holocaust*, Minneapolis 1999, 40–67; 47. – Vgl. auch Probst, *Demonizing the Jews*, 172 u. 175.

als „Verheißung des Projektes Moderne" propagieren.¹⁴ Wer aber solche Kontinuitäten behauptet, wird die Schattenseiten der Reformation nicht ausklammern dürfen. Mögen die Wege verschlungener sein als sie in Wieners Konstruktion erscheinen; die Frage nach dem Weg von Luther zu Hitler darf dennoch nicht tabuisiert werden.

Der Soziologe und Antisemitismusforscher Klaus Holz bringt die Sache auf den Punkt: Wer „auf die Frage, ob es einen ,direkten Weg von Luther zu Hitler' gebe, mit einem entschiedenen ,Gewiss nicht'" antworte, habe „gewiss recht"; denn „wo gäbe es auch direkte Wege in der Geschichte von Jahrhunderten?" Doch werde „die Anschlussfrage nicht gestellt: Wie war der indirekte Weg?" Diesen indirekten Weg umschreibt Holz wie folgt:

> „Nicht Luthers Antijudaismus hat die Deutschen in den Antisemitismus geführt, sondern das Selbstverständnis und der politische Gestaltungsanspruch des Protestantismus, die deutsche Religion zu sein. Mit dem Übergang von christlichen zu nationalistischen Leitideologien wurde das antijüdische Bild auf eine neue, säkulare Grundlage gestellt [...]."

Die „Transformation des christlichen Antijudaismus zum modernen, nationalistischen Antisemitismus" bleibe „in der gegenwärtigen Selbstkritik des Protestantismus randständig". Dadurch bekomme diese Selbstkritik „einen unbeabsichtigten apologetischen Zug".¹⁵ Aus dieser Analyse ergeben sich bleibende Aufgaben für die Zukunft.

12.2 Bleibende Aufgaben

Die Verurteilung des Antisemitismus kann heute weithin als Konsens christlicher Theologie gelten. Die Frage ist jedoch, ob sich diese Verurteilung auch in einer Bereitschaft zur Umkehr im Blick auf judenfeindliche Denkmuster in der Theologie und insbesondere auf die theologische Ausbildung auswirkt. In ihrem wegweisenden Beschluss *Zur Erneuerung des Verhältnisses von Christen und Juden* vom 11. Januar 1980 hat die Synode der Evangelischen Kirche im Rheinland die Kirchenleitung „beauftragt [...], dafür zu sorgen, daß das Thema Christen und Juden in der kirchlichen Aus-, Fort- und Weiterbildung angemessen berücksichtigt wird".¹⁶ Geschehen ist seither nicht viel. Nach über vierzig Jahren stehen wir in dieser Hinsicht immer noch am Anfang.

---

[14] Evangelische Kirche in Deutschland, *Rechtfertigung und Freiheit. 500 Jahre Reformation 2017. Ein Grundlagentext des Rates der Evangelischen Kirche in Deutschland*, Gütersloh 2014, 22f.
[15] Klaus Holz, Luthers Abweg, in: DIE ZEIT Nr. 49/2016, 24. November 2016.
[16] Evangelische Kirche im Rheinland, Synodalbeschluß „Zur Erneuerung des Verhältnisses von Christen und Juden" vom 11. Januar 1980, in: Rolf Rendtorff u. Hans Hermann Henrix (Hg.),

12.2 Bleibende Aufgaben

Immerhin hat sich die Synode der Evangelischen Kirche in Deutschland in ihrer Kundgebung *Martin Luther und die Juden* vom 11. November 2015, die in der Einleitung zu diesem Buch bereits erwähnt wurde, ausdrücklich von Luthers Judenfeindschaft distanziert. Es heißt dort u. a.:

> „Wir tragen dafür Verantwortung zu klären, wie wir mit den judenfeindlichen Aussagen der Reformationszeit und ihrer Wirkungs- und Rezeptionsgeschichte umgehen [...]. Der Auseinandersetzung mit der Haltung Martin Luthers gegenüber Juden kommt dabei exemplarische Bedeutung zu."

Die Synode erkennt, dass Luther „zentrale Einsichten seiner Theologie mit judenfeindlichen Denkmustern" verknüpfte. Daraus ergebe sich die „Herausforderung, zentrale theologische Lehren der Reformation neu zu bedenken und dabei nicht in abwertende Stereotype zu Lasten des Judentums zu verfallen". Dies betreffe „insbesondere die Unterscheidungen ‚Gesetz und Evangelium', ‚Verheißung und Erfüllung', ‚Glaube und Werke' und ‚alter und neuer Bund'".[17]

Man kann sagen, dass es sich bei dieser synodalen Kundgebung um einen Durchbruch nach jahrelangem Zögern handelt. Anders als in früheren Äußerungen wird nun ein enger Zusammenhang zwischen Luthers Theologie und seiner Judenfeindschaft eingeräumt, weshalb es nötig sei, auch zentrale Momente reformatorischer Theologie neu zu durchdenken. Aber ist es Zufall, dass bei der Aufzählung dieser Momente ausgerechnet die zentralen Stichworte „Christologie" und „Rechtfertigungslehre" fehlen? Deutlicher in dieser Hinsicht war die Erklärung *Zur Erneuerung des Verhältnisses von Juden und Christen* der Synode der Evangelischen Kirche von Berlin-Brandenburg vom April 1990, in der es hieß:

> „Als Kirche der Reformation haben wir in besonderer Weise zu klären, ob und wie Luthers Verurteilung der Juden mit seiner Christologie und seiner Rechtfertigungslehre zusammenhängt. Wir haben zu fragen, inwieweit die lutherisch-orthodoxe Lehre von Gesetz und Evangelium einer judenfeindlichen Grundhaltung Eingang in die lutherischen Kirchen verschafft hat."[18]

Neben Fortschritten gibt es auch Rückschläge.[19] So ist in der *Gemeinsamen Erklärung zur Rechtfertigungslehre,* die zwischen dem Vatikan und dem Lutherischen

---

Die Kirchen und das Judentum. Bd. 1: *Dokumente von 1945 bis 1985*, Gütersloh u. Paderborn (3. Aufl.) 2001, 593–596; 595.

[17] Evangelische Kirche in Deutschland, *Martin Luther und die Juden – Notwendige Erinnerung zum Reformationsjubiläum*. Kundgebung der 12. Synode der EKD vom 11. November 2015, in: *Begegnungen* 99 (H. 1/2016), 96f.

[18] Vgl. Synode der Evangelischen Kirche von Berlin-Brandenburg, *Erklärung „Zur Erneuerung des Verhältnisses von Juden und Christen"* vom 24. April 1990, in: Hans Hermann Henrix u. Wolfgang Kraus (Hg.), *Die Kirchen und das Judentum*, Bd. 2: *Dokumente von 1986 bis 2000*, Gütersloh u. Paderborn 2001, 592–603; 597.

[19] Zum Folgenden vgl. Andreas Pangritz, *Theologie und Antisemitismus. Das Beispiel Martin Luthers*, Frankfurt a. M. 2017, 491f.

Weltbund ausgehandelt und am Reformationstag 1999 in Augsburg feierlich verabschiedet worden ist,[20] die Gelegenheit verpasst worden, die judenfeindliche Kehrseite der lutherischen Lehre kritisch zu hinterfragen. Mehr noch: Im Interesse ökumenischer Verständigung hat die *Gemeinsame Erklärung* sich antijudaistische Stereotype lutherischer Lehre zueigen gemacht. So heißt es im Abschnitt „Gesetz und Evangelium", man bekenne gemeinsam: „Christus hat das Gesetz erfüllt und es durch seinen Tod und seine Auferstehung als Weg zum Heil überwunden."[21] Dass diese Formulierung eine antijudaistische Pointe enthält, wird deutlich, wenn man in den der *Gemeinsamen Erklärung* als Anhang beigegebenen „Quellen" liest: „Nach der paulinischen Lehre handelt es sich hier um den Weg des jüdischen Gesetzes als Heilsweg. Dieser ist in Christus erfüllt und überwunden."[22] Nicht nur wird hier Paulus in einer einseitigen „lutherischen" Perspektive gelesen, die längst nicht mehr dem Stand der Forschung entspricht; vielmehr wird auch übersehen, dass die Rede vom „Gesetz als Heilsweg" mitnichten jüdischem Selbstverständnis entspricht, sondern allenfalls als Reproduktion eines klassischen christlichen Vorurteils gelten kann.

Aufgrund solcher Beobachtungen hat Friedrich-Wilhelm Marquardt die *Gemeinsame Erklärung* für „kirchlich irrelevant" erklärt. Denn Lutheraner und Katholiken einigten sich in dieser Erklärung „konsequent am Judentum vorbei". Sie einigten sich „auf Kosten der Wahrheit des Alten Testaments und des Judentums", indem sie im Alten Testament nur „Sündhaftigkeit, menschlichen Ungehorsam" und „Gerechtigkeit" im Sinne der Rede vom „Gericht Gottes" hörten. Sie einigten sich „auf der Grundlage der antijüdischen protestantischen Unwahrheit vom jüdischen Gebrauch des Gesetzes ‚als Heilsweg'". Dass es in der paulinischen „Rechtfertigungsverkündigung" um die Frage gehe, „[w]ie Juden und Gojim einander recht werden", d. h. um eine „soziale Beziehungslehre, wie sie brennender nach Auschwitz nicht gewünscht werden kann", werde verkannt. Die erforderliche „Gegenwarts- und Zukunftshilfe" werde durch die *Gemeinsame Erklärung* nicht geboten.[23]

Eine Ökumene auf Kosten Dritter verdient ihren Namen nicht. Eine Ökumene, die den Namen verdient, wird auch zentrale Lehren reformatorischer

---

[20] Lutherischer Weltbund u. Päpstlicher Rat zur Förderung der Einheit der Christen, *Gemeinsame Erklärung zur Rechtfertigungslehre. Gemeinsame offizielle Feststellung. Anhang (Annex) zur Gemeinsamen offiziellen Feststellung*, Frankfurt a. M. / Paderborn (4. Aufl.) 2000. – Vgl. auch Friedrich Hauschildt, gemeinsam mit Udo Hahn u. Andreas Siemens (Hg.), *Die Gemeinsame Erklärung zur Rechtfertigungslehre. Dokumentation des Entstehungs- und Rezeptionsprozesses*, Göttingen 2009, 273–285.

[21] Lutherischer Weltbund u. Päpstlicher Rat zur Förderung der Einheit der Christen, *Gemeinsame Erklärung*, 20f. Auch in: Hauschildt u. a. (Hg.), *Die Gemeinsame Erklärung*, 282.

[22] Quellen zur Gemeinsamen Erklärung zur Rechtfertigungslehre, in: Lutherischer Weltbund u. Päpstlicher Rat zur Förderung der Einheit der Christen, *Gemeinsame Erklärung*, 34.

[23] Vgl. Friedrich-Wilhelm Marquardt, Vom Rechtfertigungsgeschehen zu einer Evangelischen Halacha (2001), in: Hans Martin Dober und Dagmar Mensink (Hg.), *Die Lehre von der Rechtfertigung des Gottlosen im kulturellen Kontext der Gegenwart*, Stuttgart 2002, 43–75; 43f.

Theologie wie die Behauptung, Christus sei das „Ende des Gesetzes", nicht unverändert stehen lassen können. In diesem Sinn wollte die Synode der EKD in ihrer Kundgebung *Martin Luther und die Juden* vom 11. November 2015 das Reformationsjubiläum im Jahr 2017 als „Anlass zu weiteren Schritten der Umkehr und Erneuerung" nutzen.[24] Leider ist von diesen weiteren Schritten seither noch nicht viel erkennbar geworden.

Fazit: Es genügt nicht, dem Antisemitismus in der Gesellschaft und dem theologischen Antijudaismus eine Absage zu erteilen. Mit einem bloßen „Nein" ist es angesichts der immer wieder neu auflebenden „Lehre der Verachtung" nicht getan. Der Kampf gegen die der christlichen Theologie inhärente Judenfeindschaft ist eine permanente Aufgabe. Wichtige Impulse kann die notwendige theologische Umkehr aus dem Gespräch mit dem Judentum erfahren. Die Arbeit, auf dieser Grundlage eine erneuerte und veränderte christliche Theologie zu entwickeln, die nicht judenfeindlich ist, steht jedoch erst am Anfang.

---

[24] Evangelische Kirche in Deutschland, *Martin Luther und die Juden – Notwendige Erinnerung zum Reformationsjubiläum*. Kundgebung der 12. Synode der EKD vom 11. November 2015, in: *Begegnungen* 99 (H. 1/2016), 96f. Mit der Formulierung dieses Satzes wollte die Synode Luthers erste These gegen den Ablass aufnehmen. – Vgl. Martin Luther, *Disputatio pro declaratione virtutis indulgentiarium* (1517): „Da unser Herr und Meister Jesus Christus spricht ‚Tut Buße' u.s.w. (Matth. 4,17), hat er gewollt, dass das ganze Leben der Gläubigen Buße sein soll" (vgl. WA 1, 233).

Literaturverzeichnis

1. Kirchliche und andere Dokumente (chronologisch)

Richtlinien der Glaubensbewegung „Deutsche Christen" (1933), in: Karl Kupisch (Hg.), *Quellen zur Geschichte des deutschen Protestantismus 1871-1945*, München u. Hamburg 1960, 254-256.

Erste Verordnung zur Durchführung des Gesetzes zur Wiederherstellung des Berufsbeamtentums (11. April 1933) vom 7. April 1933, in: documentArchiv.de [Hg.], <http://www.documentArchiv.de/ns/1933/berufsbeamtentum_vo01.html>, zuletzt aufgerufen am 10.08.2021.

Kirchengesetz betreffend die Rechtsverhältnisse der Geistlichen und Kirchenbeamten vom 6. September 1933 [Auszüge], in: Karl Kupisch (Hg.), *Quellen zur Geschichte des deutschen Protestantismus 1871-1945*, 267.

Der „Ansbacher Ratschlag" zu der Barmer „Theologischen Erklärung", in: Kurt Dietrich Schmidt (Hg.), *Die Bekenntnisse und grundsätzlichen Äußerungen zur Kirchenfrage. Bd. 2: Das Jahr 1934*, Göttingen 1935, 102-104.

Bruderrat der Evangelischen Kirche in Deutschland, *Wort zur Judenfrage* vom 8. April 1948, in: Rolf Rendtorff u. Hans Hermann Henrix (Hg.), *Die Kirchen und das Judentum. Bd. 1: Dokumente von 1945-1985*, Gütersloh u. Paderborn (3. Aufl.) 2001, 540-544.

Vollversammlung des Ökumenischen Rates der Kirchen, *Erklärung über „Das christliche Verhalten gegenüber den Juden"* von August/September 1948, in: Rendtorff u. Henrix (Hg.), *Die Kirchen und das Judentum. Bd. 1*, 325-329.

Synode der Evangelischen Kirche in Deutschland, *Wort zur Judenfrage* vom April 1950, in: Rendtorff u. Henrix (Hg.), *Die Kirchen und das Judentum. Bd. 1*, 548f.

Provinzialsynode der Evangelischen Kirche in Berlin-Brandenburg, *Erklärung gegen den Antisemitismus* vom Januar 1960, in: Rendtorff u. Henrix (Hg.), *Die Kirchen und das Judentum. Bd. 1*, 551f.

Zweites Vatikanisches Konzil, *Erklärung über das Verhältnis der Kirche zu den nichtchristlichen Religionen „Nostra aetate"* vom 28. Oktober 1965, in: Rendtorff u. Henrix (Hg.), *Die Kirchen und das Judentum. Bd. 1*, 39-44.

Evangelische Kirche im Rheinland, *Synodalbeschluß „Zur Erneuerung des Verhältnisses von Christen und Juden"* vom 11. Januar 1980, in: Rendtorff u. Henrix (Hg.), *Die Kirchen und das Judentum*. Bd. 1, 593-596.

Synode der Evangelischen Kirche von Berlin-Brandenburg, *Erklärung „Zur Erneuerung des Verhältnisses von Juden und Christen"* vom 24. April 1990, in: Hans Hermann Henrix u. Wolfgang Kraus (Hg.), *Die Kirchen und das Judentum. Bd. 2: Dokumente von 1986 bis 2000*, Gütersloh u. Paderborn 2001, 592-603.

Lutherischer Weltbund u. Päpstlicher Rat zur Förderung der Einheit der Christen, *Gemeinsame Erklärung zur Rechtfertigungslehre. Gemeinsame offizielle Feststellung. Anhang (Annex) zur Gemeinsamen offiziellen Feststellung*, Frankfurt a. M. / Paderborn (4. Aufl.) 2000.

Evangelische Kirche in Deutschland (EKD), Union Evangelischer Kirchen in der EKD (UEK) und Vereinigte Evangelisch-Lutherische Kirche Deutschlands (VELKD), *Antisemitismus - Wir haben etwas dagegen*, Hannover, September 2006; 2. Aufl. März 2007.

Die Stunde der Wahrheit. Ein Wort des Glaubens und der Hoffnung aus der Mitte des Leidens der Palästinenser (11.12.2009), Berlin 2009.

Evangelische Kirche in Deutschland, *Rechtfertigung und Freiheit. 500 Jahre Reformation 2017*. Ein Grundlagentext des Rates der Evangelischen Kirche in Deutschland, Gütersloh 2014.

Kardinal Reinhard Marx und Landesbischof Dr. Heinrich Bedford-Strohm, *Erklärung aus Anlass des 70. Jahrestages der Befreiung des Vernichtungslagers Auschwitz am 27. Januar 2015* <www.ekd.de/pm11_2015_erklaerung_70_jahrestag_befreiung_auschwitz.htm>, zuletzt aufgerufen am 28.02.2022.

Evangelische Kirche in Deutschland, *Martin Luther und die Juden – Notwendige Erinnerung zum Reformationsjubiläum*. Kundgebung der 12. Synode der EKD (Bremen, 11. November 2015), in: *Begegnungen. Zeitschrift für Kirche und Judentum* 99 (H. 1/2016), 96f.

Evangelische Kirche in Deutschland, *„... der Treue hält ewiglich." (Psalm 146,6) Eine Erklärung zu Christen und Juden als Zeugen der Treue Gottes*, Kundgebung der 12. Synode der EKD (Magdeburg, 9. November 2016). Im Internet unter: <www.ekd.de/synode2016/beschluesse/s16_05_6_kundgebung_erklaerung_zu_christen_und_juden.html>, zuletzt aufgerufen am 28.02.2022.

EKD, UEK u. VELKD, *Antisemitismus – und was wir dagegen tun können. Vorurteile, Ausgrenzungen, Projektionen*, Hannover, September 2017. Im Internet unter: <www.ekd.de/ekd_de/ds_doc/2017_Antisemitismus_WEB.pdf>, zuletzt aufgerufen am 28.02.2022.

Deutscher Bundestag, *Bericht des Unabhängigen Expertenkreises Antisemitismus*. 18. Wahlperiode, Drucksache 18/11970, Berlin, 07.04.2017.

Evangelische Akademien in Deutschland (Hg.), *Antisemitismus und Protestantismus. Impulse zur Selbstreflexion*, Berlin 2019.

2. Quellen (alphabetisch)

Paul Althaus, *Der Brief an die Römer* (NTD, Bd. 6), Göttingen (1932) 6. verbesserte Aufl. 1949.

Paul Althaus u. Werner Elert, Theologisches Gutachten über die Zulassung von Christen jüdischer Herkunft zu den Ämtern der Deutschen Evangelischen Kirche, in: Kurt Dietrich Schmidt (Hg.), *Die Bekenntnisse und grundsätzlichen Äußerungen zur Kirchenfrage des Jahres 1933*, Göttingen 1934, 182–186.

Anonymus, Politisch-theologische Aufgabe über die Behandlung der jüdischen Täuflinge (*Berlinisches Archiv der Zeit und ihres Geschmacks* 5, Teilbd. 1, Berlin 1799), in: Friedrich Schleiermacher, *Schriften aus der Berliner Zeit 1796–1799* (KGA I.2), hg. v. Günter Meckenstock, Berlin 1984, 373–380.

Anonymus [David Friedländer], *Sendschreiben an Seine Hochwürden, Herrn Oberkonsistorialrath und Probst Teller zu Berlin, von einigen Hausvätern jüdischer Religion* (Berlin, 1799), in: Friedrich Schleiermacher, *Schriften aus der Berliner Zeit 1796–1799* (KGA I.2), hg. v. Günter Meckenstock, Berlin 1984, 381–413.

Ernst Moritz Arndt, *Werke*, Teil 7: *Geist der Zeit* (2), hg. v. Wilhelm Steffens, Berlin u. Stuttgart o. J.

Ernst Moritz Arndt, *Noch ein Wort über die Franzosen und über uns*, o. O. [Leipzig] 1814.

Augustinus von Hippo, *Adversus Iudaeos*. Deutsche Übersetzung in: Bernhard Blumenkranz, *Die Judenpredigt Augustins*, Basel 1946, 89–110.

Augustinus von Hippo, *Enarrationes in Psalmos 61–70*, hg. v. Hildegund Müller, Berlin/Boston 2020 (Corpus Scriptorum Ecclesiasticorum Latinorum, Bd. 94/2).

2. Quellen

Karl Barth, *Der Römerbrief (Zweite Fassung) 1922*, hg. v. Cornelis van der Kooi u. Katja Tolstaja, Zürich 2010.
Karl Barth, Predigt über Röm 15,5–13 (1933); Universitätsgottesdienst in der Schloßkirche Bonn, in: ders., *Predigten 1921–1935*, hg. v. Holger Finze-Michaelsen, Zürich 1998, 296–305.
Karl Barth, *Die Kirchliche Dogmatik*, Bd. I: *Die Lehre vom Wort Gottes. Prolegomena zur Kirchlichen Dogmatik*, Zweiter Halbband (KD I/2), Zollikon-Zürich 1938.
Karl Barth, *Die Kirchliche Dogmatik*, Bd. II: *Die Lehre von Gott*. Zweiter Halbband (KD II/2), Zollikon-Zürich 1942.
Karl Barth, *Die Kirchliche Dogmatik*, Bd. III: *Die Lehre von der Schöpfung*. Dritter Teilband (KD III/3), Zollikon-Zürich 1950.
Karl Barth, *Die Kirchliche Dogmatik*, Bd. IV: *Die Lehre von der Versöhnung*, Erster Teil (KD IV/1), Zollikon-Zürich 1953.
Karl Barth, *Die Kirchliche Dogmatik*, Bd. IV: *Die Lehre von der Versöhnung*, Dritter Teil (KD IV/3), Zollikon-Zürich 1959.
Karl Barth, Die Kirche und die politische Frage von heute (1938), in: ders., *Eine Schweizer Stimme. Politische Aufsätze und Briefe 1938–1945*, Zollikon-Zürich 1945, 69–107.
Karl Barth, Ein Brief nach Frankreich (Basel, im Dezember 1939), in: ders., *Eine Schweizer Stimme: 1938–1945*, Zollikon-Zürich 1945, 108–117.
Karl Barth, *Eine Schweizer Stimme. Politische Aufsätze und Briefe 1938–1945*, Zollikon-Zürich 1945.
Karl Barth, Die Judenfrage und ihre christliche Beantwortung (1949), in: ders., *„Der Götze wackelt". Zeitkritische Aufsätze, Reden und Briefe von 1930 bis 1960*, hg. v. Karl Kupisch, Berlin 1961, 144–149.
Karl Barth, *Ad Limina Apostolorum*, Zürich 1967.
Walther Bienert, *Martin Luther und die Juden. Ein Quellenbuch mit zeitgenössischen Illustrationen, mit Einführungen und Erläuterungen*, Frankfurt a. M. 1982.
Dietrich Bonhoeffer, Die Kirche vor der Judenfrage, in: ders., *Berlin 1932–1933*, hg. v. Carsten Nicolaisen u. Ernst-Albert Scharffenorth, Gütersloh 1997 (DBW 12), 349–358.
Dietrich Bonhoeffer, *Ethik*, hg. v. Ilse Tödt u. a., München 1992 (DBW 6).
Rudolf Bultmann, Christus des Gesetzes Ende (1940), in: ders., *Glauben und Verstehen. Gesammelte Aufsätze*, Bd. 2, Tübingen 1952, 32–58.
Erasmus von Rotterdam, *Briefe*, verdeutscht u. hg. v. Walther Köhler, Leipzig 1938.
Johannes Chrysostomus, *Acht Reden gegen Juden*, eingeleitet und erläutert von Rudolf Brändle, übersetzt von Verena Jegher-Bucher, Stuttgart 1995.
Otto Dibelius, Wochenschau, *Berliner evangelisches Sonntagsblatt*, 12.02.1933, 1.
Otto Dibelius, Wochenschau, *Berliner evangelisches Sonntagsblatt*, 12.03.1933, 1.
Otto Dibelius, Wochenschau, *Berliner evangelisches Sonntagsblatt*, 09.04.1933, 1.
Otto Dibelius, *Ein Christ ist immer im Dienst. Erlebnisse und Erfahrungen in einer Zeitenwende*, Stuttgart 1961.
Johann Andreas Eisenmenger, *Entdecktes Judenthum, Oder Gründlicher Und Warhaffter Bericht, Welchergestalt Die Verstockte Juden die Hochheilige Drey-Einigkeit, GOtt Vater, Sohn und Heil. Geist, Erschrecklicher Weise lästern und verunehren, die Heil. Mutter Christi verschmähen, das Neue Testament, die Evangelisten und Aposteln, die Christliche Religion spöttisch durchziehen, und Die gantze Christenheit auff das äusserste verachten und verfluchen [...]*, Königsberg 1711. Digitalisat: <https://www.digitale-bibliothek-mv.de/viewer/image/PPN607481293/4/> (zuletzt aufgerufen: 10.03.2022).
Constantin Frantz, *Ahasverus oder die Judenfrage*. Neudruck der Ausgabe Berlin 1844 [...], hg. v. Hans Elmar Onnau, Siegburg 1994.

Helmut Gollwitzer, Predigt über Lukas 3,3–14 am 16. November 1938, in: ders., *Dennoch bleibe ich stets an dir ... Predigten aus dem Kirchenkampf 1937-1940*, hg. v. Joachim Hoppe (Ausgew. Werke, Bd. 1), München 1988, 52–61.

Helmut Gollwitzer, Israel und wir (1958), in: ders., *Auch das Denken darf dienen. Aufsätze zu Theologie und Geistesgeschichte*, hg. v. Friedrich-Wilhelm Marquardt, München 1988, Bd. 2, 82–102.

Walter Grundmann, *Gott und Nation. Ein evangelisches Wort zum Wollen des Nationalsozialismus und zu Rosenbergs Sinndeutung*, Berlin 1933.

Walter Grundmann, *Totale Kirche im totalen Staat*, Dresden 1934.

Emanuel Hirsch, *Das kirchliche Wollen der Deutschen Christen*, Berlin 1933.

Hans Joachim Iwand, Pfingsten. Eph 2,19–22 (1946), in: ders., *Predigt-Meditationen*, Bd. I, Göttingen (4. Aufl.) 1984, 20–23.

Hans Joachim Iwand, Antwort. Ein Brief an J. L. Hromádka (1959), in: ders., *Frieden mit dem Osten. Texte 1933-1959*, hg. v. Gerard C. den Hertog u. a., München 1988, 199–217.

Gerhard Kittel, *Die Judenfrage* (1933), 3., erweiterte Aufl. Stuttgart 1934.

[Reinhold Krause], *Rede des Gauobmannes der Glaubensbewegung „Deutsche Christen" in Groß-Berlin Dr. Krause, gehalten im Sportpalast am 13. November 1933* (nach doppeltem stenographischen Bericht), Berlin-Pankow 1933 (Schriftenreihe der Glaubensbewegung Deutsche Volkskirche, 1).

Walter Künneth, *Antwort auf den Mythus. Die Entscheidung zwischen dem nordischen Mythus und dem biblischen Christus*, Berlin 1935.

Karl Kupisch (Hg.), *Quellen zur Geschichte des deutschen Protestantismus 1871-1945*, München u. Hamburg 1960.

Kurtze Beschreibung und Erzaehlung von einem Juden, mit Namen Ahaßverus [...], Bautzen 1602. Faksimile-Abdruck in: Körte und Stockhammer (Hg.), *Ahasvers Spur. Dichtungen und Dokumente vom „Ewigen Juden"*, Leipzig 1995, 9–13.

Martin Luther, *Dictata super Psalterium*, in: ders., *Werke*, Bd. 55/2, Weimar 1963.

Martin Luther, *Disputatio pro declaratione virtutis indulgentiarum* (1517), in: ders., *Werke*, Bd. 1, Weimar 1883, (229)233–238.

Martin Luther, *Von der Freiheit eines Christenmenschen*, in: ders., *Werke*, Bd. 7, Weimar 1897, (12)20–38.

Martin Luther, *Daß Jesus Christus ein geborner Jude sei*, in: ders., *Werke*, Bd. 11, Weimar 1900, (307)314–336.

Martin Luther, *Vier tröstliche Psalmen an die Königin zu Ungarn*, in: ders., *Werke*, Bd. 19, Weimar 1897, (542)552–615.

Martin Luther, *Genesisvorlesung* (= *Vorlesungen über 1. Mose, 1535-1545*), in: ders., *Werke*, Bd. 42–44, Weimar 1911, 1912 u. 1915.

Martin Luther, Predigt am 4. Sonntag nach Epiphanias, in Eisleben gehalten, 31. Januar 1546, in: ders., *Werke*, Bd. 51, Weimar 1914, 148–163.

Martin Luther, Predigt auf das Fest der Opferung Christi im Tempel, in Eisleben gehalten, 2. Februar 1546, in: ders., *Werke*, Bd. 51, 163–173.

Martin Luther, Eine Vermahnung wider die Juden, in: ders., *Werke*, Bd. 51, 195f.

Martin Luther, *Von den Juden und ihren Lügen*, in: ders., *Werke*, Bd. 53, Weimar 1920, (412)417–552.

Martin Luther, *Vom Schem Hamphoras und vom Geschlecht Christi*, in: ders., *Werke*, Bd. 53, (573)579–648.

Martin Luther, Brief an Nikolaus Gerbel in Straßburg, Wartburg, 1. November 1521, in: ders., *Werke. Briefwechsel*, Bd. 2, Weimar 1931, 396–398.

2. Quellen

Martin Luther, Brief an Josel von Rosheim vom 11. Juni 1537, in: ders., *Werke. Briefwechsel*, Bd. 8: *1537 - 1539*, Weimar 1938, 89–91.

Martin Luther, Brief an Katharina von Bora, Eisleben, 1. Februar 1546, in: ders., *Werke. Briefwechsel*, Bd. 11: *1. Januar 1545 - 3. März 1546*, Weimar 1948, 275f.

Martin Luther, Brief an Katharina von Bora, Eisleben, 7. Februar 1546, in: ders., *Werke. Briefwechsel*, Bd. 11, 287.

Martin Luther, *Werke*. Abt. 2: Tischreden, Bd. 2: *Tischreden aus den dreißiger Jahren*, Weimar 1913.

Martin Luther, *Werke*. Abt. 2: Tischreden, Bd. 5: *Tischreden aus Jahren 1540-1544*, Weimar 1913.

Martin Luther, *Von den Jüden und jren Lügen [...]. Item / Von den teglichen Gotteslesterungen der Jüden wider vnsern HERRN Jhesum Christum / wider vnsere liebe Obrigkeit / vnd wider alle Christen. Alles jetzt auff ein newes fromen rechten christen zum vnterricht / lehr / vnd besserung in Druck verfertiget vnd mitgeteilet / Durch Nicolaum Selneccerum D. Pfarrern zu Leipzig. Matth. Wir haben euch gepfiffen / vnd jr woltet nicht tantzen / Wir haben euch geklaget / vnd jr woltet nicht weinen*, Leipzig (Berwald) 1577.

Martin Luther, *Auslegung des ersten Buches Mose*, hg. v. Georg Walch, Zweiter Teil (= Dr. Martin Luthers Sämmtliche Schriften, Bd. 2), Groß Oesingen 1881.

Martin Luther, *Von den Juden und ihren Lügen*. Neu bearbeitet und kommentiert von Matthias Morgenstern, mit einem Geleitwort von Heinrich Bedford-Strohm, Berlin 2016.

Thomas Mann, Deutschland und die Deutschen, in ders., *Gesammelte Werke in dreizehn Bänden*, Frankfurt a. M. (2., durchgesehene Aufl.) 1974, Bd. XI: *Reden und Aufsätze 3*, 1126–1147.

Meliton von Sardes [Melito Sardianus], *Vom Passa. Die älteste christliche Osterpredigt*. Übersetzt, eingeleitet und kommentiert von Josef Blank, Freiburg i. Br. 1963 (Sophia. Quellen östlicher Theologie, 3), 99–131.

Melito of Sardis, *On Pascha and Fragments*. Texts and translations edited by Stuart George Hall, Oxford 1979 (Oxford early Christian texts).

[Andreas Osiander], *Ob es war und glaublich sey, daß die Juden der christen kinder heymlich erwürgen und ir blut gebrauchen*, in: Andreas Osiander, *Gesamtausgabe*, Bd. 7: *Schriften und Briefe 1539 bis März 1543*, hg. v. Gerhard Müller u. Gottfried Seebaß, Gütersloh 1988, 216–248.

[Die Protokolle der Weisen von Zion], in: Jeffrey L. Sammons (Hg.), *Die Protokolle der Weisen von Zion. Die Grundlage des modernen Antisemitismus - eine Fälschung. Text und Kommentar*, Göttingen (1998) 6. Aufl. 2011, 27–113.

August Rohling, *Der Talmudjude. Zur Beherzigung für Juden und Christen aller Stände dargestellt*, Münster 1871.

Alfred Rosenberg, *Der Mythus des 20. Jahrhunderts. Eine Wertung der seelisch-geistigen Gestaltungskämpfe unserer Zeit* (1930), München (99.–102. Aufl.) 1936.

Martin Sasse, *Martin Luther über die Juden: Weg mit ihnen!*, Eisenach/Freiburg i. Br. 1938.

Friedrich D. E. Schleiermacher, Vermischte Gedanken und Einfälle (Gedanken I) (1796–1799), in: ders., *Schriften aus der Berliner Zeit 1796-1799* (KGA I.2), hg. v. Günter Meckenstock, Berlin 1984, 1–49.

Friedrich D. E. Schleiermacher, Vertraute Briefe über Schlegels „Lucinde", in: Heinz Bolli (Hg.), *Schleiermacher-Auswahl*. Mit einem Nachwort von Karl Barth, 2. Aufl. Gütersloh 1980, 275–287.

Friedrich D. E. Schleiermacher, *Über die Religion. Reden an die Gebildeten unter ihren Verächtern* (1799), in: ders., *Schriften aus der Berliner Zeit 1796-1799* (KGA I.2), hg. v. Günter Meckenstock, Berlin 1984, 185–326.

Friedrich D. E. Schleiermacher, *Briefe bei Gelegenheit der politisch theologischen Aufgabe und des Sendschreibens jüdischer Hausväter, von einem Prediger außerhalb Berlin* (1799), in: ders., *Schriften aus der Berliner Zeit 1796-1799* (KGA I.2), hg. v. Günter Meckenstock, Berlin 1984, 327–361.

Friedrich D. E. Schleiermacher, *Kurze Darstellung des theologischen Studiums zum Behuf einleitender Vorlesungen (1811/1830)*, hg. v. Dirk Schmid, Berlin u. a. 2002.
Friedrich D. E. Schleiermacher, *Der christliche Glaube* (1821/22), hg. v. Hermann Peiter (KGA I.7,1), Berlin 1980.
Friedrich D. E. Schleiermacher, Über seine Glaubenslehre, an Herrn Dr. Lücke, in: Heinz Bolli (Hg.), *Schleiermacher-Auswahl*. Mit einem Nachwort von Karl Barth, 2. Aufl. Gütersloh 1980, 120–175.
Johann Jacob Schudt, *Jüdische Merckwürdigkeiten: Vorstellende was sich Curieuses und denckwürdiges in den neuern Zeiten bey einigen Jahr-hunderten mit denen in alle IV. Theile der Welt, sonderlich durch Teutschland, zerstreuten Juden zugetragen [...]*, Bd. 1, Frankfurt a. M. u. Leipzig 1714.
Adolf Stoecker, Unsere Forderungen an das moderne Judentum. Rede vom 19.09.1879, in: Günter Brakelmann, *Adolf Stoecker als Antisemit*. Teil 2: *Texte des Parteipolitikers und des Kirchenmannes*, Waltrop 2004, 10–24.
Adolf Stoecker, Schreiben an Kaiser Wilhelm I. vom 23. September 1880 (Auszug), in: Günter Brakelmann, *Adolf Stoecker als Antisemit*. Teil 2, 55–57.
Adolf Stoecker, Rede im Preußischen Abgeordnetenhaus am 22. November 1880, in: Günter Brakelmann, *Adolf Stoecker als Antisemit*. Teil 2, 57–83.
Adolf Stoecker, Das Judentum im öffentlichen Leben eine Gefahr für das Deutsche Reich. Rede vom 3. Februar 1882, in: Günter Brakelmann, *Adolf Stoecker als Antisemit*. Teil 2, 127–138.
Adolf Stoecker, Die Berliner Juden und das öffentliche Leben. Rede vom 2. Juli 1883 [gehalten vor der Versammlung Deutscher Bürger in den Sälen der Berliner Bockbrauerei], in: Günter Brakelmann, *Adolf Stoecker als Antisemit*. Teil 2, 163–184.
Adolf Stoecker, Rede im Preußischen Abgeordnetenhaus vom 24. Januar 1889, in: Günter Brakelmann, *Adolf Stoecker als Antisemit*. Teil 2, 188–192.
Adolf Stoecker, Dreizehn Jahre Hofprediger und Politiker (1895), in: Günter Brakelmann, *Adolf Stoecker als Antisemit*. Teil 2, 270–340.
Adolf Stoecker, Die Anfänge der antijüdischen Bewegung in Berlin. Eine Jubiläumsbetrachtung (1906), in: Günter Brakelmann, *Adolf Stoecker als Antisemit*. Teil 2, 340–356.
Paul Tillich, Die Judenfrage – ein christliches und ein deutsches Problem. Vier Vorträge, gehalten an der Deutschen Hochschule für Politik (1953), in: ders., *Gesammelte Werke*, Bd. III: *Das religiöse Fundament des moralischen Handelns. Schriften zur Ethik und zum Menschenbild*, Stuttgart 1965, 128–170.
Heinrich von Treitschke, Unsere Aussichten, in: *Preußische Jahrbücher* 48 (1879); wieder abgedruckt in: Walter Boehlich (Hg.), *Der Berliner Antisemitismusstreit*, Frankfurt a. M. 1965, 5–12.
Heinrich von Treitschke, Luther und die deutsche Nation. Vortrag, gehalten in Darmstadt am 7. November 1883, in: *Preußische Jahrbücher* 52 (1883); wieder abgedruckt in: ders. u. Erich Marcks, *Biographische Essays* (Deutsche Bücherei, Bd. 29), Berlin o. J. [ca. 1910], 3–25.
[Wilhelm Vischer,] Das Heil kommt von den Juden (Memorandum [Oktober 1938]), in: Schweizerisches Evangelisches Hilfswerk für die Bekennende Kirche in Deutschland (Hg.), *Juden – Christen – Judenchristen. Ein Ruf an die Christenheit*, Zollikon 1939, 39–47.

3. Monographien und Sammelbände (alphabetisch nach Vf. bzw. Hg.)

Theodor W. Adorno, *Negative Dialektik*, Frankfurt a. M. 1975.
Hannah Arendt, *Elemente und Ursprünge totaler Herrschaft* (orig. engl. 1951; deutsch 1955), München (1986) 2. Aufl. 1991.
Hannah Arendt, *Rahel Varnhagen. Lebensgeschichte einer deutschen Jüdin aus der Romantik* (1959), Neuausgabe München 1981.
Oliver Arnhold, *„Entjudung" - Kirche im Abgrund*, Bd. 2: *Das „Institut zur Erforschung und Beseitigung des jüdischen Einflusses auf das deutsche kirchliche Leben" 1939-1945*, Berlin 2010.
Marianne Awerbuch, *Christlich-jüdische Begegnung im Zeitalter der Frühscholastik*, München 1980.
Avram Andrei Baleanu, *Ahasver. Geschichte einer Legende*, Berlin 2011.
Karl Barth, *Die protestantische Theologie im 19. Jahrhundert. Ihre Vorgeschichte und ihre Geschichte*, Zollikon/Zürich 1947.
Haim Hillel Ben-Sasson, *Die Geschichte des jüdischen Volkes*. Bd. 2: *Vom 7. bis zum 17. Jahrhundert*, München 1978.
Wolfgang Benz, *Was ist Antisemitismus?*, München 2004.
Doris Bergen, *Twisted Cross. The German Christian Movement in the Third Reich*, Chapel Hill (North Carolina) 1996.
Werner Bergmann, *Geschichte des Antisemitismus*, München 2002; 4. Aufl. 2010.
Werner Bergmann u. Mona Körte (Hg.), *Antisemitismusforschung in den Wissenschaften*, Berlin 2004.
Matthias Blum, *„Ich wäre ein Judenfeind?" Zum Antijudaismus in Friedrich Schleiermachers Theologie und Pädagogik*, Köln u. a. 2010.
Bernhard Blumenkranz, *Die Judenpredigt Augustins*, Basel 1946.
Reinhold Boschki u. Josef Wohlmuth (Hg.), *Nostra Aetate 4. Wendepunkt im Verhältnis von Kirche und Judentum - bleibende Herausforderung für die Theologie*, Paderborn 2015.
Daniel Boyarin, *A Radical Jew. Paul and the Politics of Identity*, Berkeley and Los Angeles, CA, 1994.
Günter Brakelmann, *Adolf Stoecker als Antisemit*. Teil 1: *Leben und Wirken Adolf Stoeckers im Kontext seiner Zeit*. Teil 2: *Texte des Parteipolitikers und des Kirchenmannes*, Waltrop 2004.
Johannes Brosseder, *Luthers Stellung zu den Juden im Spiegel seiner Interpreten. Interpretation und Rezeption von Luthers Schriften und Äußerungen zum Judentum im 19. und 20. Jahrhundert vor allem im deutschsprachigen Raum*, München 1972.
Micha Brumlik, *Deutscher Geist und Judenhaß. Das Verhältnis des philosophischen Idealismus zum Judentum*, München 2002.
Micha Brumlik, *Antisemitismus*, Stuttgart 2019.
Paul M. van Buren, *Eine Theologie des christlich-jüdischen Diskurses. Darstellung der Aufgaben und Möglichkeiten*, München 1988 (orig. englisch: *A Theology of the Jewish-Christian Reality*. Part I: *Discerning the Way*, San Francisco 1980).
Paul M. van Buren, *A Theology of the Jewish-Christian Reality*. Part II: *A Christian Theology of the People Israel*, San Francisco 1983. - Part III: *Christ in Context*, San Francisco 1988.
Eberhard Busch, *Unter dem Bogen des einen Bundes. Karl Barth und die Juden 1933-1945*, Neukirchen-Vluyn 1996.
Norman Cohn, *„Die Protokolle der Weisen von Zion." Der Mythos der jüdischen Weltverschwörung*, Baden-Baden 1998.
Heinrich Graf Coudenhove-Kalergi, *Das Wesen des Antisemitismus*. Eingeleitet durch „Antisemitismus nach dem Weltkrieg" von R. N. Coudenhove-Kalergi, Wien 1932.

Achim Detmers, *Reformation und Judentum. Israel-Lehren und Einstellungen zum Judentum von Luther bis zum frühen Calvin*, Stuttgart 2001.

Ismar Elbogen u. Eleonore Sterling, *Die Geschichte der Juden in Deutschland. Eine Einführung*, Frankfurt a. M. 1966.

Rainer Erb u. Werner Bergmann, *Die Nachtseite der Judenemanzipation. Der Widerstand gegen die Integration der Juden in Deutschland 1780-1860*, Berlin 1989.

Robert P. Ericksen, *Theologen unter Hitler: Das Bündnis zwischen evangelischer Dogmatik und Nationalsozialismus*. Wien 1986.

Trond Berg Eriksen, Håkon Harket u. Einhart Lorenz, *Judenhass. Die Geschichte des Antisemitismus von der Antike bis zur Gegenwart*, Göttingen 2019 (orig. *Jødehat. Antisemittismens historie fra antikken til i dag*, Oslo 2005).

Walter Frank, *Hofprediger Adolf Stoecker und die christlichsoziale Bewegung* (1928), 2. durchgesehene Aufl. Hamburg 1935.

Paula Fredriksen, *Augustine and the Jews: A Christian Defense of Jews and Judaism*. 2nd edition; with a Postscript, New Haven and London 2010.

Saul Friedländer, *Das Dritte Reich und die Juden*. Erster Band: *Die Jahre der Vertreibung 1933-1939*, München 1998.

John G. Gager, *The Origins of Anti-Semitism. Attitudes Toward Judaism in Pagan and Christian Antiquity*, New York/Oxford 1983.

Manfred Gailus u. Clemens Vollnhals (Hg.), *Christlicher Antisemitismus im 20. Jahrhundert. Der Tübinger Theologe und „Judenforscher" Gerhard Kittel*, Göttingen 2019.

Wolfgang Gerlach, *Als die Zeugen schwiegen. Bekennende Kirche und die Juden*, Berlin (2., bearb. u. ergänzte Aufl.) 1993.

Günther B. Ginzel (Hg.), *Antisemitismus. Erscheinungsformen der Judenfeindschaft gestern und heute*, Köln 1991.

Adolf von Harnack, *Marcion. Das Evangelium vom fremden Gott* (1921), 2. Aufl. Leipzig 1924.

Friedrich Hauschildt, gemeinsam mit Udo Hahn u. Andreas Siemens (Hg.), *Die Gemeinsame Erklärung zur Rechtfertigungslehre. Dokumentation des Entstehungs- und Rezeptionsprozesses*, Göttingen 2009, 273-285.

Hans Hermann Henrix u. Wolfgang Kraus (Hg.), *Die Kirchen und das Judentum*, Bd. 2: *Dokumente von 1986 bis 2000*, Gütersloh u. Paderborn 2001.

Siegfried Hermle, *Evangelische Kirche und Judentum - Stationen nach 1945*, Göttingen 1990.

Tanja Hetzer, *„Deutsche Stunde". Volksgemeinschaft und Antisemitismus in der politischen Theologie bei Paul Althaus*, München 2009.

Fritz Heymann, *Tod oder Taufe. Die Vertreibung der Juden aus Spanien und Portugal im Zeitalter der Inquisition*, Frankfurt a. M. 1988.

Klaus Holz, *Nationaler Antisemitismus. Wissenssoziologie einer Weltanschauung*, Hamburg 2001.

Max Horkheimer u. Theodor W. Adorno, *Dialektik der Aufklärung. Philosophische Fragmente* (1944/1947), Frankfurt a. M. 1986.

Jules Isaac, *Jesus und Israel*, Wien 1968 (orig. *Jésus et Israël*, Paris 1948).

Jules Isaac, *Genesis des Antisemitismus. Vor und nach Christus*, Wien 1969 (orig. *Genèse de l'antisémitisme*, Paris 1956).

Jules Isaac, *L'enseignement du mépris*, Paris 1962.

Martin H. Jung, *Christen und Juden. Die Geschichte ihrer Beziehungen*, Darmstadt 2008.

Gabriele Kammerer, *In die Haare, in die Arme. 40 Jahre Arbeitsgemeinschaft „Juden und Christen" beim Deutschen Evangelischen Kirchentag*, Gütersloh 2001.

Jacob Katz, *Vom Vorurteil bis zur Vernichtung. Der Antisemitismus 1700-1933*, München 1989.

3. Monographien und Sammelbände

Steven T. Katz, *Kontinuität und Diskontinuität zwischen christlichem und nationalsozialistischem Antisemitismus*, Tübingen 2001.
Bertold Klappert, *Israel und die Kirche. Erwägungen zur Israellehre Karl Barths*, München 1980.
Bertold Klappert u. Helmut Starck (Hg.), *Umkehr und Erneuerung. Erläuterungen zum Synodalbeschluß der Rheinischen Landessynode 1980 „Zur Erneuerung des Verhältnisses von Christen und Juden"*, Neukirchen-Vluyn 1980.
Bertold Klappert, *Miterben der Verheißung. Beiträge zum jüdisch-christlichen Dialog*, Neukirchen-Vluyn 2000.
Bertold Klappert, *Der Name Gottes und die Zukunft Abrahams. Texte zum Dialog zwischen Judentum, Christentum und Islam*, Stuttgart 2019.
Charlotte Klein, *Theologie und Anti-Judaismus. Eine Studie zur deutschen theologischen Literatur der Gegenwart*, München 1975.
Helmut König, *Elemente des Antisemitismus. Kommentare und Interpretationen zu einem Kapitel der Dialektik der Aufklärung von Max Horkheimer und Theodor W. Adorno*, Weilerswist 2016.
Mona Körte u. Robert Stockhammer (Hg.), *Ahasvers Spur. Dichtungen und Dokumente vom „Ewigen Juden"*, Leipzig 1995.
Heinz Kremers (Hg.), *Die Juden und Martin Luther – Martin Luther und die Juden*, Neukirchen-Vluyn 1985.
Karl Kupisch, *Kirchengeschichte I. Von den Anfängen bis zu Karl dem Großen*, Stuttgart 1973.
Eduard Lamparter, *Evangelische Kirche und Judentum. Ein Beitrag zum christlichen Verständnis von Judentum und Antisemitismus*, Berlin 1928.
Göran Larsson, *Fakten oder Fälschung? Die Protokolle der Weisen von Zion*, Jerusalem u. a. 1995.
Reinhold Lewin, *Luthers Stellung zu den Juden. Ein Beitrag zur Geschichte der Juden in Deutschland während des Reformationszeitalters* (1911), Aalen 1973.
Franklin H. Littell, *The Crucifixion of the Jews* (1975), new edition Macon (GA) 1996.
Friedrich-Wilhelm Marquardt, *Die Entdeckung des Judentums für die christliche Theologie. Israel im Denken Karl Barths*, München 1967.
Friedrich-Wilhelm Marquardt, *Die Gegenwart des Auferstandenen bei seinem Volk Israel. Ein dogmatisches Experiment*, München 1983.
Friedrich-Wilhelm Marquardt, *Von Elend und Heimsuchung der Theologie. Prolegomea zur Dogmatik*, München 1988.
Friedrich-Wilhelm Marquardt, *Das christliche Bekenntnis zu Jesus, dem Juden. Eine Christologie*, 2 Bände, München 1990 u. 1991.
Friedrich-Wilhelm Marquardt, *Was dürfen wir hoffen, wenn wir hoffen dürften. Eine Eschatologie*, 2 Bände, Gütersloh 1993, 1994 u. 1996.
Friedrich-Wilhelm Marquardt, *Eia, wärn wir da – eine theologische Utopie*, Gütersloh 1997.
Friedrich-Wilhelm Marquardt, *Evangelische Freude an der Tora*, Tübingen 1997.
Paul W. Massing, *Vorgeschichte des politischen Antisemitismus* (1949/59), Frankfurt a. M. 1986.
Wilhelm Maurer, *Kirche und Synagoge. Motive und Formen der Auseinandersetzung der Kirche mit dem Judentum im Laufe der Geschichte*, Stuttgart 1953.
William Montgomery McGovern, *From Luther to Hitler. The History of Fascist-Nazi Political Philosophy*, New York 1941.
Johann-Baptist Metz u. Jürgen Manemann (Hg.), *Christologie nach Auschwitz. Stellungnahmen im Anschluß an Thesen von Tiemo Rainer Peters*, Münster 2001.
Barbara U. Meyer, *Christologie im Schatten der Shoah – im Lichte Israels. Studien zu Paul van Buren und Friedrich-Wilhelm Marquardt*, Zürich 2004.
Kornelis H. Miskotte, *Edda en Thora. Een vergelijking van germaansche en israëlitische religie*, 2. Aufl. Nijkerk 1939. Deutsch: *Edda und Thora. Ein Vergleich germanischer und israelischer* [!; muss

heißen: *israelitischer*] *Religion*, übersetzt aus dem Niederländischen und mit einer Einführung versehen von Heinrich Braunschweiger, Berlin 2015.
Franz Mußner, *Traktat über die Juden*, München 1979.
David Nirenberg, *Anti-Judaismus. Eine andere Geschichte des westlichen Denkens* (orig. *Anti-Judaism. The Western Tradition*, New York/London 2013), München 2015.
Heiko A. Oberman, *Wurzeln des Antisemitismus. Christenangst und Judenplage im Zeitalter von Humanismus und Reformation*, Berlin 1981.
Dietrich von Oertzen, *Adolf Stoecker. Lebensbild und Zeitgeschichte*, 2 Bände, Berlin 1910.
Peter von der Osten-Sacken, *Martin Luther und die Juden. Neu untersucht anhand von Anton Margarithas „Der gantz Jüdisch glaub" (1530/31)*, Stuttgart 2002.
Andreas Pangritz, *Vergegnungen, Umbrüche und Aufbrüche. Beiträge zur Theologie des christlich-jüdischen Verhältnisses*, Leipzig 2015.
Andreas Pangritz, *Theologie und Antisemitismus. Das Beispiel Martin Luthers*, Frankfurt a. M. 2017.
Andreas Pangritz, *„Der ganz andere Gott will eine ganz andere Gesellschaft." Das Lebenswerk Helmut Gollwitzers (1908-1993)*, Stuttgart 2016.
Nikolaus Paulus, *Luthers Lebensende. Eine kritische Untersuchung*, Freiburg i. Br. 1898.
Ernst Piper, *Alfred Rosenberg. Hitlers Chefideologe*, München 2005.
Léon Poliakov, *Geschichte des Antisemitismus*. – Bd. 1: *Von der Antike bis zu den Kreuzzügen*, Worms 1977. – Bd. 2: *Das Zeitalter der Verteufelung und des Ghettos*, Worms 1978. – Bd. 3: *Religiöse und soziale Toleranz unter dem Islam*. Mit einem Anhang: Die Juden im Kirchenstaat, Worms 1979. – Bd. 4: *Die Marranen im Schatten der Inquisition*. Mit einem Anhang: Die Morisken und ihre Vertreibung, Worms 1981. – Bd. 5: *Die Aufklärung und ihre judenfeindliche Tendenz*, Worms 1983. – Bd. 6: *Emanzipation und Rassenwahn*, Worms 1987. – Bd. 7: *Zwischen Assimilation und „jüdischer Weltverschwörung"*, Worms 1988. – Bd. 8: *Am Vorabend des Holocaust*, Worms 1988.
Christopher J. Probst, *Demonizing the Jews. Luther and the Protestant Church in Nazi Germany*, Bloomington (Indiana), 2012.
Christoph M. Raisig, *Wege der Erneuerung. Christen und Juden: Der rheinische Synodalbeschluss von 1980*, Potsdam 2002.
Rolf Rendtorff u. Hans Hermann Henrix (Hg.), *Die Kirchen und das Judentum*. Bd. 1: *Dokumente von 1945-1985*, Gütersloh u. Paderborn (3. Aufl.) 2001.
Stefan Rohrbacher u. Michael Schmidt, *Judenbilder. Kulturgeschichte antijüdischer Mythen und antisemitischer Vorurteile*, Reinbek bei Hamburg 1991.
Franz Rosenzweig, *Der Stern der Erlösung* (1921), 4. Aufl., hg. v. Reinhold Mayer, Den Haag 1976.
Richard L. Rubenstein, *After Auschwitz. Radical Theology and Contemporary Judaism*, Indianapolis u. New York 1966.
Reinhard Rürup, *Emanzipation und Antisemitismus. Studien zur „Judenfrage" der bürgerlichen Gesellschaft*, Göttingen 1975.
Rosemary Ruether, *Nächstenliebe und Brudermord. Die theologischen Wurzeln des Antisemitismus*, München 1978 (orig. *Faith and Fratricide. The Theological Roots of Anti-Semitism*, New York 1974).
Jeffrey L. Sammons (Hg.), *Die Protokolle der Weisen von Zion. Die Grundlage des modernen Antisemitismus – eine Fälschung. Text und Kommentar*, Göttingen (1998) 6. Aufl. 2011.
Jean-Paul Sartre, *Überlegungen zur Judenfrage*, Reinbek bei Hamburg 1994.
Peter Schäfer, *Judenhaß und Judenfurcht. Die Entstehung des Antisemitismus in der Antike*, Berlin 2010.
Peter Schäfer, *Kurze Geschichte des Antisemitismus*, München 2020.
Heinz Schilling, *Martin Luther. Rebell in einer Zeit des Umbruchs*, München (2. Aufl.) 2013.

3. Monographien und Sammelbände

Christof Schubart, *Die Berichte über Luthers Tod und Begräbnis. Texte und Untersuchungen*, Weimar 1917.
Gottfried Seebaß, *Das reformatorische Werk des Andreas Osiander*, Nürnberg 1967.
Jan Nicolaas Sevenster, *The Roots of Pagan Anti-Semitism in the Ancient World*, Leiden 1975.
Isaiah Shachar, *The Judensau. A Medieval Anti-Jewish Motif and its History* (Warburg Institute Surveys, ed. by E. H. Gombrich and J. B. Trapp, V), London 1974.
Leonore Siegele-Wenschkewitz, *Neutestamentliche Wissenschaft vor der Judenfrage. Gerhard Kittels theologische Arbeit im Wandel deutscher Geschichte*, München 1980.
Leonore Siegele-Wenschkewitz (Hg.), *Christlicher Antijudaismus und Antisemitismus. Theologie und kirchliche Programme Deutscher Christen*, Frankfurt a. M. 1994.
Marcel Simon, *Verus Israël. Étude sur les relations entre chrétiens et juifs dans l'Empire romain (135-425)*, Paris 1948; 2. Aufl. 1964.
Notger Slenczka, *Vom Alten Testament und vom Neuen. Beiträge zur Neuvermessung ihres Verhältnisses*, Leipzig 2017.
Krister Stendahl, *Der Jude Paulus und wir Heiden. Anfragen an das abendländische Christentum*, München 1978 (orig.: *Paul among Jews and Gentiles and other Essays*, Philadelphia, PA, 1976).
Eleonore Sterling, *Judenhaß. Die Anfänge des politischen Antisemitismus in Deutschland (1815-1850)*, Frankfurt a. M. 1969 [ursprünglich u. d. T. *Er ist wie Du. Aus der Frühgeschichte des Antisemitismus in Deutschland (1815-1850)*, München 1956].
Ernst Ferdinand Ströter, *Die Judenfrage und ihre göttliche Lösung nach Römer Kapitel 11*, Kassel 1903.
René Süss, *Luthers theologisches Testament: Von den Juden und ihren Lügen. Einleitung und Kommentar*, Bonn 2017.
Uriel Tal, *Christians and Jews in Germany. Religion, Politics and Ideology in the Second Reich, 1870-1914*, Ithaca/London 1975.
Clemens Thoma, *Christliche Theologie des Judentums*, Augsburg 1978.
Clemens Thoma, *Das Messiasprojekt. Theologie jüdisch-christlicher Begegnung*, Augsburg 1994.
Joshua Trachtenberg, *The Devil and the Jews: The Medieval Conception of the Jew and its Relation to Modern Anti-Semitism*. 2nd edition; Foreword by Marc Saperstein, Philadelphia: Jewish Publication Society, 1983.
Bernard Vincent, *„Das Jahr der Wunder". Spanien 1492: Die Vertreibung der Juden und Mauren und die Einführung der Grammatik*, Berlin 1992.
Dorothea Wendebourg, Andreas Stegmann u. Martin Ohst (Hg.), *Protestantismus, Antijudaismus, Antisemitismus. Konvergenzen und Konfrontationen in ihren Kontexten*, Tübingen 2017.
Volker Weymann, *Luthers Schriften über die Juden. Theologische und politische Herausforderungen*, Hannover 2013 (Texte aus der VELKD, Nr. 168).
Klaus Wengst, *Das Johannesevangelium*, Stuttgart (Neuausgabe) 2019.
Klaus Wengst, *Wie das Christentum entstand. Eine Geschichte mit Brüchen im 1. und 2. Jahrhundert*, Gütersloh 2021.
Peter F. Wiener, *Martin Luther. Hitler's Spiritual Ancestor*, 1945.
Josef Wohlmuth, *Mysterium der Verwandlung. Eine Eschatologie aus katholischer Perspektive im Gespräch mit jüdischem Denken der Gegenwart*, Paderborn 2005.
Michael Wyschogrod, *Gott und Volk Israel. Dimensionen jüdischen Glaubens*, Stuttgart 2001.
Friedrich Zipfel, *Kirchenkampf in Deutschland 1933-1945. Religionsverfolgung und Selbstbehauptung der Kirchen in der nationalsozialistischen Zeit*, Berlin 1965.

4. Aufsätze, Lexikonartikel, Briefe und Rezensionen (alphabetisch)

Ruth Ahl, Rez. Edith Sauerbier (Hg.), Charlotte Klein – Pionierin der Verständigung, in: *Freiburger Rundbrief* NF 2 (1995), 141.

Yehoshua Amir, Jüdisch-theologische Positionen nach Auschwitz, in: Günther Bernd Ginzel (Hg.), *Auschwitz als Herausforderung für Juden und Christen*, Heidelberg 1980, 439–455.

Karl Barth, Verheißung und Verantwortung der christlichen Gemeinde im heutigen Zeitgeschehen (1944), in: ders., *Eine Schweizer Stimme: 1938–1945*, Zollikon-Zürich 1945, 301–321.

Karl Barth, Brief an Eberhard Bethge, Basel, 22. Mai 1967, in: ders., *Briefe 1961–1968*, hg. v. Jürgen Fangmeier u. Hinrich Stoevesandt, Zürich 1979, 403–406.

Karl Barth, Brief an Friedrich-Wilhelm Marquardt, 5. September 1967, in: ders., *Briefe 1961–1968*, 419–422.

Gregory Baum, Einleitung, in: Rosemary Ruether, *Nächstenliebe und Brudermord. Die theologischen Wurzeln des Antisemitismus*, München 1978, 9–28.

Yehuda Bauer, Vom christlichen Judenhaß zum modernen Antisemitismus – Ein Erklärungsversuch, in: *Zeitschrift für Antisemitismusforschung* 1 (1992), 77–90.

Doris Bergen, Storm Troopers of Christ. The German Christian Movement and the Ecclesiastical Final Solution, in: Robert P. Ericksen u. Susannah Heschel (Hg.), *Betrayal. German Churches and the Holocaust*, Minneapolis 1999, 40–67.

Eberhard Bethge, Adolf Stoecker und der kirchliche Antisemitismus. Judenhaß und Sozialistenfeindschaft – eine christlich-deutsche Tradition? (1977), in: ders., *Am gegebenen Ort. Aufsätze und Reden 1970–1979*, München 1979, 202–223.

Eberhard Bethge, Christologisches Bekenntnis und Antijudaismus. Zum Defizit von Barmen I (1983), in: ders., *Bekennen und Widerstehen. Aufsätze, Reden, Gespräche*, München 1984, 113–140.

Eberhard Bethge, Christologie und das Erste Gebot. Vortrag zur Oxforder Holocaust-Konferenz, Juni 1988, in: ders., *Erstes Gebot und Zeitgeschichte. Aufsätze und Reden 1980–1990*, München 1991, 69–82.

Hans-Joachim Birkner, Friedrich Schleiermacher, in: ders., *Schleiermacher-Studien*, Berlin 1996, 251–284.

Eberhard Busch, Barth und die Juden, in: Michael Beintker (Hg.), *Barth Handbuch*, Tübingen 2016, 148–153.

Willy Cohn, Capistrano, ein Breslauer Judenfeind in der Mönchskutte, in: *Menorah. Jüdisches Familienblatt für Wissenschaft, Kunst und Literatur* 4 (1926), 262–265.

P[aul] D[émann], Israel in Evanston, in: *Freiburger Rundbrief. Zeitschrift für christlich-jüdische Begegnung* 8 (1955), 25–30.

Maria Diemling, Daß man unter so viel tausend Menschen so fort einen Juden erkennen kann. Johann Jacob Schudt und der jüdische Körper, in: Fritz Backhaus u. a. (Hg.), *Die Frankfurter Judengasse. Jüdisches Leben in der frühen Neuzeit*, Frankfurt a. M. 2007, 77–89.

Martin Friedrich, Vom christlichen Antijudaismus zum modernen Antisemitismus. Die Auseinandersetzung um Assimilation, Emanzipation und Mission der Juden um die Wende zum 19. Jahrhundert, in: *Zeitschrift für Kirchengeschichte* 102 (1991), 319–347.

Martin Friedrich, Franz Delitzsch gegen August Rohling, in: Dorothea Wendebourg u. a. (Hg.), *Protestantismus, Antijudaismus, Antisemitismus. Konvergenzen und Konfrontationen in ihren Kontexten*, Tübingen 2017, 223–238.

4. Aufsätze, Lexikonartikel, Briefe und Rezensionen

Manfred Gailus, Der „Tag von Potsdam" und die Kirchen im Jahr 1933, in: *Beiträge, Reden Predigten aus der Kontroverse um den Wiederaufbau der Garnisonkirche in Potsdam*, epd-Dokumentation Nr. 18-19, 2016, 58-64.

Simon Gerber, Judenfeindschaft nach 1800 – unter besonderer Berücksichtigung von Rühs und Fries, in: Dorothea Wendebourg u. a. (Hg.), *Protestantismus, Antijudaismus, Antisemitismus. Konvergenzen und Konfrontationen in ihren Kontexten*, Tübingen 2017, 205-222.

Günther Bernd Ginzel, Martin Luther – „Kronzeuge des Antisemitismus", in: Heinz Kremers (Hg.), *Die Juden und Martin Luther – Martin Luther und die Juden*, Neukirchen-Vluyn 1985, 189-210.

Günther Bernd Ginzel, „… und er brüstet sich frech und lästert wild …" Über Antisemiten und Antisemitismus in Deutschland oder: Trotz und alledem … es ist eine Lust, Jude zu sein, in: ders. (Hg.), *Antisemitismus. Erscheinungsformen der Judenfeindschaft gestern und heute*, Köln 1991, 15-32.

Johannes Heil, „Antijudaismus" und „Antisemitismus". Begriffe als Bedeutungsträger, in: *Jahrbuch für Antisemitismusforschung* 6 (1997), 92-114.

Hans Hermann Henrix, Ökumenische Theologie und Judentum. Gedanken zur Nichtexistenz, Notwendigkeit und Zukunft eines Dialogs, in: *Freiburger Rundbrief* 28 (1976), 16-27.

Susannah Heschel, Theologen für Hitler. Walter Grundmann und das „Institut zur Erforschung und Beseitigung des jüdischen Einflusses auf das deutsche kirchliche Leben", in: Leonore Siegele-Wenschkewitz (Hg.), *Christlicher Antijudaismus und Antisemitismus. Theologische und kirchliche Programme Deutscher Christen*, Frankfurt a. M. 1994, 125-170.

Susannah Heschel, Deutsche Theologen für Hitler. Walter Grundmann und das Eisenacher „Institut zur Erforschung und Beseitigung des jüdischen Einflusses auf das deutsche kirchliche Leben", in: Peter von der Osten-Sacken (Hg.), *Das mißbrauchte Evangelium. Studien zu Theologie und Praxis der Thüringer Deutschen Christen*, Berlin 2002, 70-90.

Christhard Hoffmann, Christlicher Antijudaismus und moderner Antisemitismus. Zusammenhänge und Differenzen als Problem der historischen Antisemitismusforschung, in: Leonore Siegele-Wenschkewitz (Hg.), *Christlicher Antijudaismus und Antisemitismus. Theologie und kirchliche Programme Deutscher Christen*, Frankfurt a. M. 1994, 293-317.

Klaus Holz, Luthers Abweg, in: DIE ZEIT Nr. 49/2016, 24. November 2016.

Karl Jaspers, Die nichtchristlichen Religionen und das Abendland (1954), in: ders., *Philosophie und Welt. Reden und Aufsätze*, München (2. Aufl.) 1963, 156-166.

Birgit Jerke, Wie wurde das Neue Testament zu einem sogenannten *Volkstestament* „entjudet"? Aus der Arbeit des Eisenacher „Institutes zur Erforschung und Beseitigung des jüdischen Einflusses auf das deutsche kirchliche Leben", in: Leonore Siegele-Wenschkewitz (Hg.), *Christlicher Antijudaismus und Antisemitismus. Theologische und kirchliche Programme Deutscher Christen*, Frankfurt a. M. 1994, 201-234.

Werner Jochmann, Stoecker als nationalkonservativer Politiker und antisemitischer Agitator, in: Brakelmann, Greschat u. Jochmann, *Protestantismus und Politik. Werk und Wirkung Adolf Stoeckers*, Hamburg 1982, 123-198 u. 222-236.

Rainer Kampling, Theologische Antisemitismusforschung. Anmerkungen zu einer transdisziplinären Fragestellung, in: Werner Bergmann u. Mona Körte (Hg.), *Antisemitismusforschung in den Wissenschaften*, Berlin 2004, 67-81.

Hans-Martin Kirn, Luther und die Juden, in: Albrecht Beutel (Hg.), *Martin Luther. Ein Handbuch* (2005), Tübingen (2. Aufl.) 2010, 217-224.

Hans-Martin Kirn, Martin Luthers späte Judenschriften – Apokalyptik als Lebenshaltung?, in: Dietrich Korsch u. Volker Leppin (Hg.), *Martin Luther – Biographie und Theologie*, Tübingen 2010, 271-285.

Hans-Martin Kirn, Friedrich Schleiermachers Stellungnahme zur Judenemanzipation im „Sendschreiben" David Friedländers. Die „Briefe bei Gelegenheit [...]" von 1799, in: Roderich Barth u. a. (Hg.), *Christentum und Judentum. Akten des Internationalen Kongresses der Schleiermacher-Gesellschaft in Halle, März 2009*, Berlin u. a. 2012, 193–212.

Bertold Klappert, Jesus Christus zwischen Juden und Christen, in: ders. u. Helmut Starck (Hg.), *Umkehr und Erneuerung. Erläuterungen zum Synodalbeschluß der Rheinischen Landessynode 1980 „Zur Erneuerung des Verhältnisses von Christen und Juden"*, Neukirchen-Vluyn 1980, 138–166.

Bertold Klappert, Israel und die Völkerwelt. Stadien der Israeltheologie Hans Joachim Iwands (1991), in: ders., *Miterben der Verheißung. Beiträge zum jüdisch-christlichen Dialog*, Neukirchen-Vluyn 2000, 241–258.

Bertold Klappert, Mitverantwortung aus messianischer Hoffnung. Paul van Burens Theologie im christlich-jüdischen Kontext (1993), in: ders., *Miterben der Verheißung. Beiträge zum jüdisch-christlichen Dialog*, Neukirchen-Vluyn 2000, 259–277.

Bertold Klappert, Israel und Judentum, in: Christiane Tietz (Hg.), *Bonhoeffer Handbuch*, Tübingen 2021, 188–200.

Nicholas R. M. de Lange, Clemens Thoma, G. B., Theo C. de Kruijf, Willehad Paul Eckert, Gerhard Müller u. Erika Weinzierl, Art. Antisemitismus, in: *Theologische Realenzyklopädie*, Bd. 3, Berlin 1978, 113–168.

Else Liefmann, Die Legende vom Antichrist und die Sage von Ahasver. Ihre Bedeutung für den Antisemitismus, in: *Judaica* 3 (1947), 122–156.

Ellen Littmann, David Friedländers Sendschreiben an Probst Teller und sein Echo, in: *Zeitschrift für die Geschichte der Juden in Deutschland* 6 (1936), 92–112.

Hartmut Ludwig, Das ‚Büro Pfarrer Grüber' 1938–1940, in: Walter Sylten, Joachim-Dieter Schwäbl u. Michael Kreutzer (Hg.): *‚Büro Pfarrer Grüber'. Evangelische Hilfsstelle für ehemals Rasseverfolgte. Geschichte und Wirken heute*, Berlin 1988, 1–23.

Friedrich-Wilhelm Marquardt, „Feinde um unsretwillen". Das jüdische Nein und die christliche Theologie (1977), in: ders., *Verwegenheiten. Theologische Stücke aus Berlin*, München 1981, 311–336.

Friedrich-Wilhelm Marquardt, Zur Reintegration der Tora in eine Evangelische Theologie (1987), in: ders., *Auf einem Schul-Weg. Kleinere christlich-jüdische Lerneinheiten*, 2. Aufl., hg. v. Andreas Pangritz, Aachen 2004, 229–255.

Friedrich-Wilhelm Marquardt, Vom Rechtfertigungsgeschehen zu einer Evangelischen Halacha (2001), in: Hans Martin Dober und Dagmar Mensink (Hg.), *Die Lehre von der Rechtfertigung des Gottlosen im kulturellen Kontext der Gegenwart*, Stuttgart 2002, 43–75.

Peter Maser, Erbarmen mit Luther? Zu zwei neuen Büchern über den Reformator und die Juden, in: *Judaica* 39 (1983), 166–178.

Johann Baptist Metz, Ökumene nach Auschwitz. Zum Verhältnis von Christen und Juden in Deutschland, in: Eugen Kogon, Johann Baptist Metz u. a., *Gott nach Auschwitz. Dimensionen des Massenmordes am jüdischen Volk*, Freiburg i. Br. 1979, 121–144.

Kurt Nowak, Nachwort: Schleiermacher und die Emanzipation des Judentums am Endes des 19. Jahrhunderts in Preußen, in: Friedrich Daniel Ernst Schleiermacher, *Briefe bei Gelegenheit der politisch-theologischen Aufgabe und des Sendschreibens jüdischer Hausväter. Von einem Prediger außerhalb Berlin* (Faksimileausgabe), neu hg. v. Kurt Nowak, Berlin 1984, 65–86.

Harry Oelke, „Luther und die Juden" in der kirchengeschichtlichen Forschung nach 1945, in: Harry Oelke u. a. (Hg.), *Martin Luthers „Judenschriften". Die Rezeption im 19. und 20. Jahrhundert*, Göttingen 2016, 215–233.

Martin Ohst, Antisemitismus als Waffe im weltanschaulichen und politischen Kampf: Adolf Stoecker und Reinhold Seeberg, in: Dorothea Wendebourg u. a. (Hg.), *Protestantismus, An-*

4. Aufsätze, Lexikonartikel, Briefe und Rezensionen

tijudaismus, Antisemitismus. Konvergenzen und Konfrontationen in ihren Kontexten, Tübingen 2017, 275–308.
Peter von der Osten-Sacken, Walter Grundmann – Nationalsozialist, Kirchenmann und Theologe. Mit einem Ausblick auf die Zeit nach 1945, in: ders., *Das mißbrauchte Evangelium. Studien zu Theologie und Praxis der Thüringer Deutschen Christen*, Berlin 2002, 280–312.
Peter von der Osten-Sacken, „Die große Lästerung". Beobachtungen zur Gründung des Eisenacher Instituts und zeitgenössische Dokumente zur kritischen Wertung seiner Arbeit sowie zur Beurteilung Walter Grundmanns, in: ders., *Das mißbrauchte Evangelium*, 313–347.
Andreas Pangritz, Martin Luthers Stellung zu Judentum und Islam, in: Harry Noormann (Hg.), *Arbeitsbuch Religion und Geschichte. Das Christentum im interkulturellen Gedächtnis*, Bd. 2, Stuttgart 2013, 15–48.
Andreas Pangritz, Zeitgenössische jüdische Reaktionen auf Luther und die Wittenberger Reformation, in: *Begegnungen. Zeitschrift für Kirche und Judentum* 94, (2011), H. 1, 2–9.
Andreas Pangritz, Martin Luther und die Juden. War Luther ein Antisemit?, in: *Die Schattenseite des Reformators. Martin Luther und die Juden. Eine Aufsatzsammlung. BlickPunkte*, hg. v. ImDialog. Evangelischer Arbeitskreis für das christlich-jüdische Gespräch in Hessen und Nassau, Sonderausgabe Darmstadt (Juli) 2014, 54–60.
Andreas Pangritz, „Dem Rad in die Speichen fallen." Alte und neue Beobachtungen zu Dietrich Bonhoeffers Aufsatz „Die Kirche vor der Judenfrage", in: ders., *Vergegnungen, Umbrüche und Aufbrüche. Beiträge zur Theologie des christlich-jüdischen Verhältnisses*, Leipzig 2015, 57–70.
Andreas Pangritz, „Nun ist Bußtag – und die Kirche soll schweigen?", Die Reaktion von Elisabeth Schmitz auf die Novemberpogrome 1938, in: ders., *Vergegnungen, Umbrüche und Aufbrüche*, 95–113.
Andreas Pangritz, „Freie Gnadenwahl". Eine Marginalie zu Bonhoeffers *Ethik*, in: ders., *Vergegnungen, Umbrüche und Aufbrüche*, 115–121.
Andreas Pangritz, „Die Quelle als Kritik des Stroms". Helmut Gollwitzers Theologie des christlich-jüdischen Verhältnisses, in: ders., *Vergegnungen, Umbrüche und Aufbrüche*, 125–144.
Andreas Pangritz, „Wendung nach Jerusalem". Zu Friedrich-Wilhelm Marquardts Arbeit an der Dogmatik, in: ders., *Vergegnungen, Umbrüche und Aufbrüche*, 167–186.
Andreas Pangritz, Die „bleibende Erwählung der Juden" und das „Bekenntnis zu Jesus Christus", in: ders., *Vergegnungen, Umbrüche und Aufbrüche*, 257–271.
Andreas Pangritz, „Der Größere wird dem Kleineren dienen" (Gen 25,23). Die Esau/Jakob-Konstellation in der Auslegung Martin Luthers, in: *Communio Viatorum* 58 (2016), 352–365.
Andreas Pangritz, Rez. David Nirenberg, Anti-Judaismus. Eine andere Geschichte des westlichen Denkens, in: *Rottenburger Jahrbuch für Kirchengeschichte* 36 (2018), 284–286.
Andreas Pangritz, Bonhoeffer and the Jews, in: Michael Mawson and Philip G. Ziegler (Hg.), *The Oxford Handbook of Dietrich Bonhoeffer*, Oxford 2019, 91–107.
Andreas Pangritz, Die „eine große ökumenische Frage": Karl Barths Entdeckung der theologischen Bedeutung des Judentums, in: Martin Bock u. Wolfgang Hüllstrung (Hg.), *Karl Barth und der interreligiöse Dialog heute. Vorträge im Karl-Barth-Jahr 2019 an der Melanchthon-Akademie Köln*, Düsseldorf 2020, 20–29.
Andreas Pangritz, Jüdisches Leben in Deutschland als Anfrage an die innerchristliche Ökumene, in: *Materialdienst des Konfessionskundlichen Instituts Bensheim* 72 (2021), 3–10.
Hans Prolingheuer, Der Lutherisch Deutsch-Christliche Weg. Am Beispiel des Eisenacher Entjudungsinstituts, in: Christian Staffa (Hg.), *Vom Protestantischen Antijudaismus und seinen Lügen. Versuche einer Standort- und Gehwegbestimmung des christlich-jüdischen Gesprächs*, Wittenberg (3., verb. Aufl.) 1997, 57–92.

Richard L. Rubenstein, Der Tod Gottes, in: Michael Brocke u. Herbert Jochum (Hg.), *Wolkensäule und Feuerschein. Jüdische Theologie des Holocaust*, München 1982, 111–125.

Reinhard Rürup, Die ‚Judenfrage' der bürgerlichen Gesellschaft und die Entstehung des modernen Antisemitismus, in: ders., *Emanzipation und Antisemitismus. Studien zur „Judenfrage" der bürgerlichen Gesellschaft*, Göttingen 1975, 74–94.

Reinhard Rürup [gemeinsam mit Thomas Nipperdey], Antisemitismus – Entstehung, Funktion und Geschichte eines Begriffs, in: ders., *Emanzipation und Antisemitismus*, Göttingen 1975, 95–114.

Reinhard Rürup, Zur Entwicklung der modernen Antisemitismusforschung, in: ders., *Emanzipation und Antisemitismus. Studien zur „Judenfrage" der bürgerlichen Gesellschaft*, Göttingen 1975, 115–125.

Arnulf von Scheliha, Schleiermachers Deutung von Judentum und Christentum in der fünften Rede „Über die Religion" und ihre Rezeption bei Abraham Geiger, in: Roderich Barth, Claus-Dieter Osthövener u. Ulrich Barth (Hg.), *Christentum und Judentum. Akten des Internationalen Kongresses der Schleiermacher-Gesellschaft in Halle, März 2009*, Berlin u. a. 2012, 213–227.

Arnulf von Scheliha, Das junge nationale Luthertum nach dem Ersten Weltkrieg und die Juden, in: Dorothea Wendebourg u. a. (Hg.), *Protestantismus, Antijudaismus, Antisemitismus. Konvergenzen und Konfrontationen in ihren Kontexten*, Tübingen 2017, 361–375.

Reinhold Seeberg, Adolf Stoecker als geschichtliche Persönlichkeit. Gedächtnisrede [Berliner Stadtmission, 15. März 1909], in: Adolf Stoecker, *Reden und Aufsätze*. Mit einer biographischen Einleitung hg. v. Reinhold Seeberg, Leipzig 1913, 1–26.

Notger Slenczka, Die Kirche und das Alte Testament, in: Elisabeth Gräb-Schmidt (Hg.), *Das Alte Testament in der Theologie*, Leipzig 2013, 83–119.

Gertrud Staewen, Bilder aus der Arbeit der illegalen Judenhilfe, in: *Unterwegs* 1 (1947), H. 3, 20–27.

Ekkehard W. Stegemann, Von der Schwierigkeit, sich von sich zu unterscheiden. Zum Umgang mit der Judenfeindschaft in der Theologie, in: Werner Bergmann u. Mona Körte (Hg.), *Antisemitismusforschung in den Wissenschaften*, Berlin 2004, 47–66.

Andreas Stegmann, Der Berliner Antisemitismusstreit 1879/80, in: Wendebourg u. a. (Hg.), *Protestantismus, Antijudaismus, Antisemitismus. Konvergenzen und Konfrontationen in ihren Kontexten*, Tübingen 2017, 239–274.

Martin Stöhr, Luther und die Juden, in: *Evangelische Theologie* 20 (1960), 157–182.

Martin Stöhr, Martin Luther und die Juden, in: Heinz Kremers (Hg.), *Die Juden und Martin Luther – Martin Luther und die Juden. Geschichte – Wirkungsgeschichte – Herausforderung*, Neukirchen-Vluyn 1985, 89–108.

Claus P. Wagener, „Gott sprach: Es werde Volk, und es ward Volk!" Zum theologischen und geistesgeschichtlichen Kontext der Deutschen Christen in ihren unterschiedlichen Strömungen, in: Peter von der Osten-Sacken (Hg.), *Das mißbrauchte Evangelium. Studien zu Theologie und Praxis der Thüringer Deutschen Christen*, Berlin 2002, 35–69.

Michael Weinrich, Bund, in: Michael Beintker (Hg.), *Barth Handbuch*, Tübingen 2016, 313–320.

Dorothea Wendebourg, Bekanntheit von Luthers Judenschriften im 19. und frühen 20. Jahrhundert, in: dies. u. a. (Hg.), *Protestantismus, Antijudaismus, Antisemitismus. Konvergenzen und Konfrontationen in ihren Kontexten*, Tübingen 2017, 147–179.

Klaus Wengst, Martin Luther und die Juden. Über theologische Judenfeindschaft als Geburtsfehler des Protestantismus, in: ders., *Christsein mit Tora und Evangelium. Beiträge zum Umbau christlicher Theologie im Angesicht Israels*, Stuttgart 2014, 35–52.

Christian Wiese u. Doron Kiesel, Zur politischen Dimension des Theologischen. Kontinuität und

Diskontinuität von christlichem Antijudaismus und politischem Antisemitismus, in: Doron Kiesel u. Ronald Lutz (Hg.), *Religion und Politik. Analysen. Kontroversen, Fragen*, Frankfurt a. M. 2015, 207–256.

Michael Wyschogrod, *Warum war und ist Karl Barths Theologie für einen jüdischen Theologen von Interesse?*, in: Evangelische Theologie 34 (1974), 222–236.

Yosef Hayim Yerushalmi, Sephardisches Judentum zwischen Kreuz und Halbmond, in: ders., *Ein Feld in Anatot. Versuche über jüdische Geschichte*, Berlin 1993, 39–52.

Yosef Hayim Yerushalmi, Assimilierung und rassischer Antisemitismus. Die iberischen und die deutschen Modelle, in: ders., *Ein Feld in Anatot*, 53–80.

Personenregister

Aaron 51
Abel 46; 54
Abraham 79; 177; 185
Adorno, Theodor W. 18; 20f.; 169f.
Ahasver(us) 38; 57; 60; 85–87; 90–93; 120; 187
Ahl, Ruth 151
Akiba (Rabbi) 72
Albrecht (Graf von Mansfeld) 68
Alexander VI. (Papst) 63
Althaus, Paul 92; 142f.
Ambrosius von Mailand 41; 45; 47
Amir, Yehoshua 159
Arendt, Hannah 22f.; 96; 111
Arndt, Ernst Moritz 115–117; 187
Arnhold, Oliver 144
Augustinus von Hippo 41; 46–56
Awerbuch, Marianne 56

Baleanu, Avram Andrei 57; 60; 85f.; 92
Bar Kochba 72
Barth, Karl 95; 135; 142f.; 155; 161f.; 184; 191
Bauer, Yehuda 35f.
Baum, Gregory 39f.
Bedford-Strohm, Heinrich 12
Ben-Sasson, Haim Hillel 55; 64
Benz, Wolfgang 57–59
Bergen, Doris 136; 191
Bergmann, Werner 29f.; 32
Bernhard von Clairvaux 55
Bethge, Eberhard 142; 161; 179f.
Bienert, Walther 76; 79
Birkner, Hans-Joachim 105
Bismarck, Otto von 122; 190f.
Blank, Josef 41–43
Blanke, Eberhard 77
Blue, Lionel 151
Blum, Matthias 95; 97; 103f.; 106f.; 110
Blumenkranz, Bernhard 47; 51f.
Bonhoeffer, Dietrich 142; 155–157; 161; 179f.; 184; 189
Bora, Katharina von 68

Bornkamm, Günther 152f.
Brakelmann, Günter 120–124; 127
Brändle, Rudolf 44
Brosseder, Johannes 73; 114; 145
Brumlik, Micha 96; 101; 104–107; 110
Buber, Martin 48
Buchwald, Georg 80
Bullinger, Heinrich 74
Bultmann, Rudolf 151–153
Buren, Paul M. van 182f.
Busch, Eberhard 161f.; 173f.

Calvin, Johannes 74
Cohn, Norman 130
Cohn, Willy 61
Colón, Cristóbal (Kolumbus) 64
Coudenhove-Kalergi, Heinrich Graf 20
Cyrill von Alexandria 45

Delitzsch, Franz 120
Detmers, Achim 74; 83
Dibelius, Otto 127; 140–142; 155
Diemling, Maria 90

Eck, Johannes 74; 81
Eckehart (Meister) 134
Eckert, Willehad Paul 32
Eichmann, Adolf 157f.
Eisenmenger, Johann Andreas 85; 88–90; 187
Eitzen, Paulus von 86
Elbogen, Ismar 19; 114–117
Elert, Werner 142f.
Elias 92
Enoch 92
Erasmus von Rotterdam 28f.
Erb, Rainer 29f.; 57
Ericksen, Robert P. 142; 191
Eriksen, Trond Berg 58–60; 92f.; 128; 130f.
Esau 50f.; 53f.
Euler, Karl Friedrich 149

Ferdinand II. von Aragonien 63f.

Fichte, Johann Gottlieb 115; 117f.; 189
Flusser, David 152f.
Frank, Walter 127
Frantz, Constantin 91
Fredriksen, Paula 46
Friedländer, David 96; 103–106
Friedländer, Saul 33; 73
Friedrich I. von Preußen 88
Friedrich II. (Kaiser) 53
Friedrich, Martin 29; 95; 120
Fries, Jakob Friedrich 112; 115; 117–119

Gager, John G. 32
Gailus, Manfred 140
Geiger, Abraham 100
Gerbel, Nikolaus 124
Gerber, Simon 115–119
Gerlach, Wolfgang 145; 161
Ginzel, Günther Bernd 33; 79f.
Gollwitzer, Helmut 145; 182f.
Grüber, Heinrich 155; 157–161
Grundmann, Walter 144–150
Gunkel, Hermann 27

Hall, Stuart George 41f.
Haman 32
Harket, Håkon 58; 92f.; 128; 130f.
Harnack, Adolf von 110
Hauschildt, Friedrich 194
Hegel, Georg Wilhelm Friedrich 189
Heil, Johannes 24; 79
Heine, Heinrich 58
Henrix, Hans Hermann 11f.; 18; 38; 160; 175f.; 184f.; 192
Hermle, Siegfried 160
Herz, Henriette 95f.
Herz, Markus 96
Heschel, Susannah 144; 145–150; 191
Hetzer, Tanja 142
Heymann, Fritz 63f.
Hildebrandt, Franz 189
Hirsch, Emanuel 143
Hitler, Adolf 18; 32; 73f.; 79; 127; 131; 133–136; 138; 140–150; 159f.; 187–192
Hoffmann, Christhard 24f.
Holz, Klaus 192
Horkheimer, Max 20f.; 169f.
Hromádka, Josef Lukl 181

Innozenz III. (Papst) 52
Isaac, Jules 26f.; 34; 37f.
Isabella von Kastilien 63f.
Iwand, Hans Joachim 181f.

Jakob 49–51; 53f.
Jaspers, Karl 73
Jegher-Bucher, Verena 44
Jeremia 49
Jerke, Birgit 148
Jesaja 48; 51
Jesus (Christus) 14; 26; 38–42; 44; 46; 48f.; 55; 61; 65; 72; 74f.; 78; 82; 86; 105; 109; 113; 125; 134f.; 143; 145; 148f.; 151f.; 162; 164f.; 173f.; 178–185; 189
Jochmann, Werner 127
Johannes (Jünger) 125
Johannes Capistranus 61
Johannes Chrysostomus 41; 43–45; 47
Johannes XXIII. (Papst) 38
Josel von Rosheim 75
Jsaak 54
Jsmael 54
Judas Ischariot 37
Jung, Martin H. 16; 45; 60; 62–64; 88

Kain 46f.; 52; 54; 56
Kammerer, Gabriele 182
Kampling, Rainer 24
Kant, Immanuel 189
Katz, Jacob 35
Kiesel, Doron 34
Kirn, Hans-Martin 30; 103; 106; 187f.
Kittel, Gerhard 144f.
Klappert, Bertold 157; 161f.; 181; 183–185
Klein, Charlotte 151; 152f.; 156
Klein, Günter 153
König, Helmut 169f.
Krause, Reinhold 138f.
Kruijf, Theo C. de 32
Künneth, Walter 135
Kupisch, Karl 45

Ladislaus von Böhmen 61
Lamparter, Eduard 80
Landau, Johann 69f.
Lange, Nicholas R. M. de 32
Larsson, Göran 128f.

Personenregister

Levita, Elia 83
Lewin, Reinhold 75; 83; 189
Liefmann, Else 85
Littell, Franklin H. 156
Littmann, Ellen 103
Lohse, Eduard 152
Lorenz, Einhart 58; 92
Lücke, Friedrich 109
Ludwig VII. (König) 56
Ludwig, Hartmut 157
Luther, Martin 13f.; 18f.; 29; 30; 38; 53f.; 65; 67– 85; 89f.; 95; 114; 116–118; 123f.; 127; 133f.; 136; 138f.; 145–147; 187–193

Mann, Thomas 191
Marahrens, August 146f.
Marcks, Erich 124
Margaritha, Anton 190
Markion 47; 110
Marquardt, Friedrich-Wilhelm 81; 152f.; 158–163; 165f.; 171f.; 175; 180; 182–184; 194
Marr, Wilhelm 19
Marx, Reinhard 12
Maser, Peter 79
Massing, Paul W. 123; 126
Maurer, Wilhelm 76f.
McGovern, William Montgomery 188
Meiser, Hans 146
Melanchthon, Philipp 83
Melito(n) von Sardes 41–44
Mendelssohn, Moses 103
Metz, Johann Baptist 176; 185
Meyer, Barbara U. 182
Miskotte, Kornelis Heiko 135
Mommsen, Theodor 123
Moses 134; 139; 163
Müller, Gerhard 32
Müller, Ludwig 138; 143
Mußner, Franz 185

Napoleon I. 111; 116f.
Naumann, Friedrich 189
Niemöller, Martin 142; 157
Nikolaus II. (Zar) 130
Nilus, Sergej Alexandrowitsch 128
Nipperdey, Thomas 19; 31
Nirenberg, David 46f.; 50; 52f.; 55f.; 58; 61

Nobs, Ernst 174
Nowak, Kurt 105; 107

Oberman, Heiko A. 74
Oelke, Harry 188; 191
Oertzen, Dietrich von 120f.; 126
Osiander, Andreas 81–83
Osten-Sacken, Peter von der 53f.; 75f.; 79; 81–83; 136; 144–150; 152; 183; 190

Pangritz, Andreas 9; 19; 53; 67; 75; 145; 155; 157; 171; 177; 179–183; 187; 193
Paulus (Apostel) 39f.; 46f.; 77; 82; 109; 125; 139; 152f.
Paulus, Nikolaus 69
Peters, Tiemo Rainer 185
Petrus Venerabilis 56
Pfefferkorn, Johannes 28
Pilatus 43; 78
Pirkheimer, Willibald 29
Poliakov, Léon 26; 30f.; 73f.
Probst, Christopher J. 190f.
Prolingheuer, Hans 147

Rebekka 53
Renan, Ernest 20
Rendtorff, Rolf 11f.; 18; 38; 160; 175; 184f.; 192
Rohling, August 120
Rohrbacher, Stefan 57; 60; 85; 87; 128; 130
Rosenberg, Alfred 133–137; 139; 146; 187
Rosenzweig, Franz 92f.
Rotenberg, Avram (s. Baleanu) 85
Rubenstein, Richard L. 157–160
Ruether, Rosemary 39–41; 151f.; 183; 206
Rühs, Friedrich 115–119
Rürup, Reinhard 19; 23; 31f.

Sammons, Jeffrey L. 128f.; 131
Sartre, Jean-Paul 20
Sasse, Martin 73; 145
Schäfer, Peter 17; 25; 28; 31-33; 115
Scheliha, Arnulf von 92; 100
Schilling, Heinz 190
Schlegel, Friedrich 95
Schleiermacher, Friedrich 95–110; 115; 133; 137; 147; 187
Schmidt, Michael 57; 60; 85; 87; 128; 130

Schmitz, Elisabeth 145
Schopenhauer, Arthur 91
Schubart, Christof 70
Schudt, Johann Jacob 85; 88–91; 187
Seebaß, Gottfried 81; 83
Seeber, Joseph 92
Seeberg, Reinhold 126; 210
Selnecker, Nikolaus 29
Sevenster, Jan Nicolaas 25; 32
Shachar, Isaiah 71
Siegele-Wenschkewitz, Leonore 24; 34f.; 144; 148
Simon von Feltre 59
Simon(cino) von Trient 59
Simon, Marcel 26
Slenczka, Notger 15; 110
Spinoza, Baruch de 92
Staewen, Gertrud 174
Staffa, Christian 16; 147
Stegemann, Ekkehard W. 11; 151
Stegemann, Wolfgang 151
Stegmann, Andreas 80
Stendahl, Krister 40
Sterling, Eleonore 19; 29; 112–114; 116f.
Stoecker, Adolf 30; 119–127; 138; 140; 187; 189
Stöhr, Martin 73; 77
Streicher, Julius 73
Ströter, Ernst Ferdinand 125
Süss, René 67; 69; 123f.

Taubes, Zwi 173
Teller, Wilhelm 103f.
Theodosius (Kaiser) 45
Thoma, Clemens 32; 185

Tillich, Paul 180–182
Torquemada, Tomás de 63
Treitschke, Heinrich von 119f.; 123f.; 126; 138
Troeltsch, Ernst 188

Varnhagen, Rahel 95f.; 111
Veit, Dorothea 95f.
Vincent, Bernard 63f.
Vischer, Wilhelm 27; 173

Wagener, Claus P. 136
Wagner, Richard 33
Weinrich, Michael 178
Weinzierl, Erika 32
Wendebourg, Dorothea 80; 92; 115; 120
Wengst, Klaus 40; 81
Wenzel IV. (König) 61
Werner (Winzergehilfe) 58
Weymann, Volker 77f.
Wiener, Peter F. 188–192
Wiese, Christian 34
Wilckens, Ulrich 152
Wilhelm I. (Kaiser) 123
Wilhelm II. (Kaiser) 190
William von Norwich 57f.
Wizel, Georg 70
Wohlmuth, Josef 185
Wurm, Theophil 127; 146
Wyschogrod, Michael 162f.

Yerushalmi, Yosef Hayim 28; 63

Zipfel, Friedrich 136